崔希亮 著

汉语熟语与中国人文世界

（修订本）

创于1897 商务印书馆
The Commercial Press

图书在版编目（CIP）数据

汉语熟语与中国人文世界 / 崔希亮著 .-- 修订本 . 北京：商务印书馆，2024（2025.7 重印）. --ISBN 978-7-100-24557-9

Ⅰ. H136.3

中国国家版本馆CIP数据核字第20248PG598号

本成果受教育部人文社会科学重点研究基地
北京语言大学国际中文教育研究院资助

汉语熟语与中国人文世界

（修订本）

崔希亮　著

商　务　印　书　馆　出　版
（北京王府井大街 36 号　邮政编码 100710）
商　务　印　书　馆　发　行
北京盛通印刷股份有限公司印刷
ISBN 978－7－100－24557－9

2024 年 11 月第 1 版　　　开本 710×1000　1/16
2025 年 7 月北京第 2 次印刷　　印张 18¼

定价：78.00 元

目 录

弁言 …… 1
第一章 汉语熟语概观 …… 5
第一节 熟语的界定 …… 5
一、熟语的概念及范围 …… 5
二、熟语的社会评价 …… 7
三、熟语的特点 …… 8
第二节 汉语熟语的分类 …… 16
一、分类的标准 …… 16
二、各类熟语的形式特征 …… 17
三、各类熟语的意义特征 …… 28
第二章 汉语熟语与中国人的处世哲学 …… 34
第一节 熟语中的大众信条 …… 36
一、熟语中的大众道德观 …… 37
二、熟语中的天地观 …… 46
三、熟语中的人情世故 …… 52
四、熟语中的事理 …… 58
五、熟语中的养生观念 …… 66
第二节 熟语中的价值观念 …… 75
一、六亲 …… 76
二、五常 …… 79

三、做人 …… 87
四、取舍 …… 91
五、矛盾 …… 94
第三章　汉语成语与古代中国 …… 99
第一节　汉语成语的古典风格 …… 99
第二节　成语中的古代社会人物百态 …… 106
一、“三教九流”与“五花八门” …… 107
二、“道貌岸然”与市井众生相 …… 108
三、“沉鱼落雁，闭月羞花” …… 111
四、帝王将相，文武百官 …… 113
五、英雄豪杰，侠客强徒 …… 116
六、旅人 …… 118
七、闲云野鹤——隐士 …… 122
八、莘莘学子 …… 126
九、诗人 …… 128
第三节　成语与古代社会风情写真 …… 131
一、古代中国的衣食住行 …… 132
二、古代中国的治乱兴废 …… 138
三、古代中国的礼俗 …… 151
四、成语与古人的精神生活 …… 159
五、成语与古人的生活信条 …… 170
六、成语与古代山川风物、天文地理 …… 182
七、成语与古代岁时制度 …… 191
八、成语中的典故和事理 …… 197
第四章　汉语惯用语与现代社会 …… 203
第一节　汉语惯用语的时代特征 …… 203

第二节 惯用语与社会时代病 …… 207
一、惯用语中的社会丑恶现象 …… 208
二、惯用语与“国民劣根性” …… 212
第三节 舞台大世界，世界小舞台 …… 216
一、古典文学故事中的人物 …… 216
二、传统戏剧与样板戏人物谱 …… 219
三、革命英雄人物 …… 220
第四节 人界、鬼界、神界 …… 221
第五章 汉语谚语与中国人的人生经验和人生智慧 …… 224
第一节 谚语是人生百科全书 …… 224
一、人生不满百，常怀千岁忧 …… 225
二、穷居闹市无人问，富在深山有远亲 …… 226
三、是非只为多开口，烦恼皆因强出头 …… 227
第二节 谚语中的修身养生之道 …… 229
一、修身是为了立身 …… 229
二、养生是为了长生 …… 231
第三节 谚语告诉我们如何与人打交道 …… 234
一、交友之道 …… 234
二、识人之道 …… 236
三、做人之道 …… 238
第四节 治家、治国与治学 …… 240
一、治国从治家开始 …… 240
二、“一事不知，儒者之耻” …… 243
第五节 智慧之花 …… 244
一、事理概括 …… 244
二、谚语中的价值取向和传统观念 …… 247

三、生产经验的总结 …… 254
第六章 汉语歇后语与中国式的幽默 …… 260
第一节 歇后语与谜语——猜谜心理 …… 261
第二节 歇后语与比喻——曲直选择 …… 266
第三节 歇后语与“包袱”——风雅及风趣 …… 269
第四节 歇后语与语气——情趣及情绪 …… 271

结语 …… 274
附录 汉语熟语研究参考资料 …… 276
原版后记 …… 282
修订后记 …… 284

弁　言

语言是什么？对很多人来说这似乎不是问题，因为我们每天都在使用语言，理所当然地认为自己知道什么是语言。但是要给语言下一个精准的定义，却不是一件容易的事。哲学家有哲学家的定义，人类学家有人类学家的定义，心理学家有心理学家的定义，教育学家有教育学家的定义，语言学家有语言学家的定义。哲学家黑格尔说："语言是狭义的理性活动，因为语言是这种活动的外在表现。"语言学家A. 施莱赫尔说："语言是思想的有声表达，它通过声音表现出思维的过程。"人类学家E. 萨丕尔说："语言是利用任意产生的符号体系来表达思想、感情和愿望的人类特有的、非本能的方法。"语言学家A. 梅耶说："语言毫无疑问是社会现象。"哲学家K. 马克思说："语言是思想的直接现实。"[1]……以上这些说法都没有错，只不过是"横看成岭侧成峰，远近高低各不同"罢了。从语言的本质来看，它是一套符号体系；从语言的社会功能来看，语言是人类的交际工具；从语言的心理属性上看，语言是思维的工具；从人类知识积累的角度看，语言又是人类文化的载体。语言既是人类社会的交际工具，语言中所反映出来的知识和观念，又是人类社会集体认知长期发展的结果。所以通过语言我们可以看到一个系统，一个由全社会约定俗成的符号系统，而在这个系统内部，我们可以观察到许多有趣的现象，比如说我们可以观

1　以上说法均引自兹维金采夫《普通语言学纲要》，商务印书馆 1981 年。

察到这个系统的整齐性、对称性、规律性，我们还可以观察到这个系统在结构方面的某些特殊性和普遍性，我们也可以观察到符号本身所蕴含的人文信息，这些人文信息又会构成一个新的语义网络系统。这个新的系统是一个知识库，它一方面可以反映出人类知识的普遍特性，另一方面也可以反映出此知识库区别于彼知识库的个体特性。每一种语言都可以描述操这种语言的人们的所有知识，反过来说，每一个社会群体的知识也只有用他们自己的语言才能确切地描述。汉语是汉民族长期使用的交际工具和思维工具，汉语这个符号系统用于描述汉民族的知识是最合适的，有时我们不得不承认，换一种语言来描述汉民族的知识就会感到力不从心。这说明，汉语已经和汉民族的思维习惯、知识表达方式紧密地结合在一起了，这种结合是双向的：由于思维习惯和知识表达的需要我们创造了相应的语言符号系统；反过来，我们创造的这个符号系统又会制约和影响我们的思维习惯和知识表达方式。

我们还要说明一个事实，那就是汉语不仅仅是汉民族的全民交际工具，它的影响已经超出了汉民族本身，汉语以及汉语文化的影响力已经超越了民族，成了中华民族的共同语，同时，它对中国周边一些国家和地区的语言也产生了非常大的影响，如越南语、日本语、朝鲜语（韩国语）当中都有很多成语来自汉语。在东南亚，如马来西亚和新加坡，都有非常大的华人社区，汉语也是他们的交际工具。

语言是现实的交际工具，但是语言又是历史的遗产。离开历史就没有今天。所以我们可以通过语言看到某些历史的发展轨迹，这是很有意思的。语言是思想的直接现实，我们可以通过语言来观察语言背后的文化因子和社会结构。我们也可以通过语言来观察一个语言社团的群体观念和认知过程。

熟语是什么？熟语是语言符号中一类比较特殊的符号，它们是定型的语言表达形式，历史的积淀、社会的习用使得这些语言符号在形式上、意义上、功能上和使用环境上具有区别于它类语言符号的特点：它们在形式上是凝固的，不能随意改动；它们在意义上也是有固定内涵的，通常不能望文生义。如惯用语“拍马屁”不是真的去拍马的屁股，“走后门”不是真的从后门出入，“打酱油”也不是真的买酱油。在不同的语言中，熟语的形式可能不同。汉语的熟语包括成语、惯用语、俗语、谚语和歇后语，它们都是定型化的语言表达形式。从社会语言学的角度看，它们所负载的文化内容十分丰富，它们所折射的人文世界十分精彩，它们所反映的处世道理十分深刻，它们所透出的世态人心十分直接。语言与我们的日常生活有着密不可分的关系，熟语与我们的日常生活也有着密切的关系，人们在引用时这样开头：“常言说”“古语说”“古语有云”“老话说”“俗话说”“常言道”等，这里的“常言”“古语”“老话”“俗话”等都是我们所说的熟语。熟语无时无刻不在塑造着我们的观念、支配着我们的行为、影响着我们的判断、左右着我们的文化认同、雕刻着我们的个性。它们深深地根植于我们的心中，以至于习焉不察。比如“好男不和女斗”“女子无才便是德”“好汉不提当年勇”“枪打出头鸟”“好死不如赖活着”“一个篱笆三个桩，一个好汉三个帮”“各人自扫门前雪，莫管他人瓦上霜”“不到黄河不死心”“好汉不吃眼前亏”“多个朋友多条路”等，它们是我们民族文化的一部分。汉语熟语所反映出来的有积极的东西，也有消极的东西，但是不管怎么说，它们与我们的文化是不可分割的，它们与我们中国人的人文世界是不可分割的，因此，对它们进行整理和研究非常有意义，也非常有必要。

中国文化博大精深，它是中华民族长期积累的结果。要对中华文化进行发掘整理有很多角度，但是我们在如此浩大的工程面前，常常感到力不从心，有一种“老虎吃天——无从下口”的遗憾。我们选择这个题目进行研究，就是想找一个“下口”的地方，从小处着手，从大处着眼，知微见著。

外国人要了解中国文化，了解中国社会，揭开东方文化神秘的面纱，语言是第一关，也是不可回避的必由之路；而汉语中大量的成语、惯用语、俗语、谚语、歇后语等熟语形式正是这条必由之路上的拦路虎和绊脚石。要赶走这些拦路虎，踢开这些绊脚石，唯一的办法就是研究它们，了解它们，利用它们。

第一章　汉语熟语概观

第一节　熟语的界定

一、熟语的概念及范围

关于熟语，有人写过专著（孙维张 1989）专门探讨熟语的概念和熟语的范围。但是关于熟语的界定、范围、分类等问题却存在着不同的看法。我们的看法可能不是一个最流行的看法，但是在这本书中，我们吸收了许多人的研究成果，希望这项研究能够得到大多数同行的认可。在语言学领域，"熟语"这个术语已经为大多数人所接受，不过，仍有人把熟语和成语混为一谈，因此有必要对熟语这个概念进行正名。所谓熟语，就是指加工提炼过了的语言形式，它们是固定的说法。它们虽然长短不一，内容不同，特点不同，使用范围不同，但是它们都是在人们的长期习用中慢慢地固定下来的，每一个熟语都表达一个特定的意思，通常不能望文生义，在结构和意义上都有自己的特点，不能随意改动。打一个比方，如果说语言符号系统是一所房子，那么词就是盖房子的砖瓦，语素是制作砖瓦的原料，语法是盖房子的图纸，而熟语就是预制板，是定型了的初级产品。熟语包括词汇形式，也包括短语和句子形式。

熟语的"熟"是一种比喻的说法。对于食物来说，经过烹饪和加工之后就变成了熟食，它们与没有加工过的食材是不同的。当然比喻只是一种比喻，不一定很恰当。熟语是一个上位概念，范围很大，包括成语、惯用语、俗语、谚语、歇后语及其他一些定型了的语言形式（如格言、名言、名联、流行市语、流行歌谣等）。成语是已经定型的语言形式，往往是四字格的，如"刻舟求剑""守株待兔""朝令夕改""风花雪月""朝三暮四""南辕北辙""凿壁偷光"，成语往往都有一段历史或者一个故事；惯用语也是成型的语言形式，通常是三字格的，如"揪辫子""打棍子""穿小鞋""拍马屁""吃豆腐""母老虎""拦路虎""滚刀肉"，每一个惯用语都是一种隐喻的用法；俗语也叫俗话，通常是一个短句子，一般是五个字、六个字或者七个字的，有点像五言诗、六言诗和七言诗的形式，在平仄上与近体诗有一种对应关系，当然没有近体诗的格律要求那么严格，如"不打不相识""吃不了兜着走""不到黄河不死心""咸吃萝卜淡操心"；谚语通常都是有韵有辙的，一般不是单体结构，听起来合辙押韵，如"米脂的婆姨，绥德的汉，清涧的石板，瓦窑堡的炭""朝霞不出门，晚霞行千里""五谷加大枣，胜过灵芝草""五年的胳膊，十年的腿，二十年练不好一张嘴"，它们往往是民间智慧的结晶；歇后语比较特别，有点像谜语，分歇面和歇底两部分，是一种非常幽默的表达方式，如"马尾穿豆腐——提不起来""豆腐掉进灰堆里——吹不得也打不得""汽车压罗锅——死也直（值）了"。如果把范围再扩大一些，还应该把一些常用的格言、名对、流行市语等也包括进来，因为它们也是一种加工过的熟用固定语言形式。

格言如"书山有路勤为径，学海无涯苦作舟""闪光的不都是金子""业精于勤而荒于嬉""三人行必有我师""人生也有涯而知也无涯"；名言如"恻隐之心，人皆有之""诚意正心，格物致知""修身，齐家，治国，平天下""苟富贵，无相忘""人之初，性本善"；名联如"贫居闹市无人问，富在深山有远亲""生意兴隆通四海，财源茂盛达三江”“明月有情常照我，清风无事乱翻书”“风声雨声读书声，声声入耳；家事国事天下事，事事关心”；流行市语如“天要下雨，娘要嫁人，随它去吧”“老九不能走哇”“钱不是万能的，没有钱却是万万不能的”“美洲有个加拿大，中国有个大家拿”；流行歌谣如“开不完的会，站不完的队，写不完的检讨，流不完的泪”“东西街，南北走，忽闻门外人咬狗，拿起门来开开手，拣起狗来打石头，又被石头咬了手，骑着轿子抬了马，吹着锣鼓打喇叭，吃汽水，喝面包，拎着火车上提包”；“鸡蛋诚可贵，鸭蛋价更高，要买松花蛋，还得掏五毛”。前辈时贤所讨论的熟语主要涉及成语、惯用语、俗语、谚语、歇后语，其他熟语形式都没有被包含进来。我们这里所说的名联、名对、流行市语、流行歌谣、格言、警句等以前没有被划到熟语的范围内，这是很奇怪的，它们也都是不可改易的固定语言形式，其熟语性是非常明显的。

二、熟语的社会评价

不同的社会群体对熟语会有不同的评价，对熟语的使用也会有不同的态度。这种情况在跨文化交际中尤为突出，来自不同母语背景的人对熟语的看法是不同的。例如意大利人认为使用熟语是缺乏创造力的表现，熟语是陈词滥调，相当于法语的 cliché。在英国、德国、法国、意大利等西方国家中，他们的语言不像汉语那么频繁地运用成语。在他们的文化中认为这是没有创造力的表现，而在中国文化中能够熟练得体地运用成语是有文化、有修养的表现。即使在以汉语为母语背景的人群中，熟语也存在地域变体和社会变体，而且同一种熟语形式在不同的地域、不同的社会阶层、不同的年龄段、不同的职业社群、不同的文化社群中往往有不同的使用群体。不同的熟语形式在不同的社会群体中所使用的频率也是不同的。例如成语，在知识分子阶层中比较流行，而在工人农民阶层中就不太流行；与此相反，歇后语和俗语在工人农民中很流行，知识分子则尽量避免使用，甚至对之抱有鄙视的态度。流行市语有时限性，它们在某些历史阶段家喻户晓，妇孺皆知。随着大众传播媒介的进步和发展，电视、电影、网络、自媒体对人们的影响越来越大。电视节目中有特色的语言形式常会给大众留下深刻的印象，人们经常引用的结果就是会把它们慢慢地变成熟语。举个例子：电视广告中的语言，不管你是否情愿，它们都会渗透到你的生活中，像“味道好极了！”“长城电扇，电扇长城”“用顶好清香油顶有面子”之类的广告语言曾一度流行于大街小巷。但是它们的生命力一般不会太长，一旦人们的耐性到了极限，这些广告语言的生命力也就到头了。少数一些特别精彩的句子可能会以熟语的形式留存下来。

三、熟语的特点

汉语熟语是汉语词汇及表达方式中极为精练的一部分，也是中国文化的一部分。从语言学的角度看，熟语有它的独特性，无论从形式上看还是从意义上看，它们都有自己的特色，这一点已经为许多论者所注意（云生，1959；马国凡，1960；武占坤，2007；温端正、周荐，2000；孙维张，1989等）。从社会文化的角度看，语言是文化的代码，而熟语是语言代码中最经济、最有效的代码，因为熟语中所蕴含的文化内容具有历史的深度和现实的广度，使用的时候可以信手拈来，这种方便是其他词语形式和表达方式所不能比拟的。从这个意义上说，熟语具有浓缩性。我们谈汉语熟语的特点，主要考虑两个方面的因素，一个是语言方面的，一个是社会文化方面的。

1. 汉语熟语的语言学特点

从语言学的角度看，熟语的特点不外乎以下三个方面：

（1）形式上的凝固性

形式上的凝固性指熟语在形式上是固定的，一般不能随便改变其结构，也就是说，由于人们的长期习用，它们已经凝固为一个整体，就像是一个不能再切分的语言单位；一旦改变了它们的结构，或者把它们切分开，熟语就不存在了，剩下的只是一些支离破碎的语言成分。例如：

孤掌难鸣
开倒车
失败乃成功之母
常在河边站，哪能不湿鞋
小葱拌豆腐——一清（青）二白

这些凝固了的语言形式在结构上已经粘在一起了，不能随意拆开。当然，凝固性也不是绝对的，有一些熟语可能不止一种形式，是有变体存在的。例如：

青皮萝卜紫皮蒜，抬头老婆低头汉。

其中的“老婆”有“娘们”“媳妇”等变体：

青皮萝卜紫皮蒜，抬头娘们低头汉。
青皮萝卜紫皮蒜，抬头媳妇低头汉。

但是这样的例子毕竟不是很多。有一些变体有地域性。还有一些正在变化之中，属于尚未定型的那一类。

（2）意义上的特定性

熟语的意义是固定的，一个熟语表达一个特定的意义，这是约定俗成的结果。熟语一般没有多义性，熟语所表达的特定意义往往是一种修辞意义或者语用意义，因为它们有熟语性，所以不能望文生义。在这里，熟语的字面意义往往只是一种引喻，试举几例：

孤掌难鸣：本义是一个巴掌很难拍得响，比喻力量单薄，难以成事。

开倒车：本义是向后开车，比喻违反前进的方向，向后退。

戴高帽：本义是给别人戴上高帽子，比喻用漂亮的话恭维别人。

青皮萝卜紫皮蒜，抬头老婆低头汉：本来是两种蔬菜、两种人，在这里用两种辣的东西来喻指两种厉害角色。

常在河边站，哪能不湿鞋：本义十分浅显，是说经常站在河边的人总会把鞋弄湿的，比喻经常处在某种环境中，难免受到环境的影响，多指沾染上坏习气、坏作风。

汉语熟语中的成语大多都有历史来源，有的来自寓言故事，有的来自历史典故，有的来自文学作品，所以它们的意义是由它们的来源决定的；熟语中的惯用语几乎都是用一些生动形象的事物来比喻另外的事物或行为（描绘性的）；俗语谚语大多是用一些浅显易懂的话语来说明比较深刻的道理（表述性的）[1]；歇后语是汉语熟语中最有特色的形式，它代表了一种中国式的幽默，从形式上它可以分成歇面和歇底两部分，它的意义重心（或者说焦点）在歇底部分，歇面部分没有现实的交际意义，它只是为了引出歇底而铺设的一条道路。这有点像中国相声里面的包袱，只有说出歇底才等于把包袱抖开了，在抖开包袱那一刻产生幽默的效果。

（3）使用上的限制性

熟语是语言中有特色的语言形式，但是在使用上它们会受到场

1　所谓描绘性熟语和表述性熟语的说法见孙维张（1989）。

合、文体、社会阶级、语体等的限制。比如成语比较庄重，适用于庄重的场合，也适用于政论性的文章，多用于书面语，流行于知识分子中；读的书越多，掌握的成语越多，使用成语的可能性就越大。成语在口语中没有地位，在老百姓中也没有什么市场。惯用语则有所不同，具有广泛的群众基础，有庄有谐，非常大众化，但从某种意义上说，惯用语生动有余，雅训不足，所以在使用上也会受到语体、文体、场合的限制。俗语也一样，顾名思义就是不能登大雅之堂的村俗俚语，来自市井里巷，在庄重的场合、典雅的文章里是很少见的。“见什么人说什么话，到什么山唱什么歌”，这一点在熟语使用中可以得到充分的证明。

熟语的产生和运用受社会文化背景的制约，它不能离开本土文化，一般来说，熟语是很难移植的，但是在文献中我们也偶尔可以看到一些移植的例子，比如汉语中的“马拉松”“火中取栗”“条条大路通罗马”“闪光的不全是金子”等都是外来的。在我们的邻国，在汉语文化圈中，与汉语相同或相近的熟语不少，这也说明熟语的借用也不是不可能的。

2. 汉语熟语的社会文化特点

语言是一种社会现象，它在社会中产生，也在社会中发展。一个社会的面貌一定会在语言中有所反映，反过来也一样，作为社会现象的语言也一定会打上那个社会的烙印。汉语的熟语反映的是汉文化和中国文化的特点，它们反映的是中国人的生活方式和价值观念，代表的是中国人的人生哲学。

（1）熟语与生活方式

一种语言的熟语跟该语言的大背景是密不可分的，而这个大背景包括许多内容，其中之一就是社会的生活方式。不了解这种生活方式就很难真正了解熟语的内容。比如你要向外国人介绍“绱鞋不用锥子——针

（真）好”这条简单的歇后语，起码有两个问题是我们连想都想不到的：①什么是锥子？②绱鞋为什么要用锥子？这两个问题对于我们这些熟悉小农经济、习惯手工操作的中国人来说根本不是问题。类似的例子俯拾即是。汉语的歇后语，绝大部分例子跟我们这个以农耕为主的农业社会和中国农民的生活方式有关系：

凉锅贴饼子——出溜下去了
裂嘴的包子——露馅了
骑毛驴吃豆包——乐颠馅了
二亩地不耕——罢（耙）了
棉花店挂弓——不谈（弹）了
卤水点豆腐——一物降一物
老母猪吃碗碴儿——肚子里有词（瓷）儿

汉语的谚语以农谚居多，“头伏萝卜二伏菜，过了三伏种荞麦”等直接与中国的农业生产挂钩，其中的节气更与中国的农历分不开。这些以农业生活为背景的歇后语和农谚对于生活在大都市里的现代人来说已经相当有隔膜了。这里只是举例性地说一说，不做进一步的讨论。我们在第五章会详细讨论这个问题。

（2）熟语与人生哲学

汉语的熟语种类繁多，来源不一，其中俗语、谚语有很大一部分带有鲜明的思想内容。如果把中国比作一个大家庭的话，那么这些俗语、谚语就相当于这个大家庭的“家训”。中国人素来重视家训，颜之推（531—597）、范仲淹（989—1052）、陈宏谋（1696—1771）、曾国藩（1811—1872）都写过家训，这些家训对后世的影响不可低估。从这些家训中，我们也可以看出他们的人生态度。汉语俗谚中有许多劝诫性或表明心志的话，都可以看作是中国人的人生座右铭。例如：

人生贵相知
人生何处不相逢
人生难得月当头
男儿有泪不轻弹
大丈夫四海为家
宁为玉碎，不为瓦全
四海之内皆兄弟
酒逢知己千杯少，话不投机半句多
良言一句三冬暖，恶语伤人六月寒

这些人生座右铭有积极的也有消极的，里边所蕴含的人生哲理却都是很深刻的。人生哲学这个题目是个大课题，三言五语说不清楚。儒释道三家都想解决人生这个大课题，因为这个问题关系到每个人，所以普通百姓对这个问题也有兴趣。这部分内容我们将在第二章详细讨论。

（3）熟语与民间禁忌

任何一个民族都会有一些民间禁忌，中国的民间禁忌也是很多的。如人体禁忌、婚姻禁忌、生养禁忌、性的禁忌、服饰禁忌、饮食禁忌、居住禁忌、语言禁忌、行旅禁忌、社交禁忌、风水禁忌等，禁忌几乎无所不在。许多禁忌以熟语的形式昭示世人，因为熟语精练简明，易于记诵。下面我们看一些实例：

男不露脐，女不露皮。（人体禁忌）
双脚中指长，不养爹和娘。/女子颧骨高，杀夫不用刀。

（骨相禁忌）

主不请，客不饮。（社交禁忌）

男做女工，越做越穷。（性别禁忌）

酒后不行房。（房事禁忌）

正月不缝连，缝连穷半年。/ 正月不剃头，剃头死舅舅。

（岁时禁忌）

老不看《三国》，少不看《西游》。（书籍禁忌）

病人不忌嘴，大夫跑断腿。（医疗禁忌）

人串门子惹是非，狗串门子挨棒槌。（居家禁忌）

饱了不剪头，饿了不洗澡。（养生禁忌）

当着瘸子不说短话，当着秃子不说和尚。（言语禁忌）

宁走十步远，不走一步险。（行旅禁忌）

后不种柳，前不栽桑。（风水禁忌）

（4）熟语与思维方式

语言是思想的直接现实，语言又会反映人们观察事物的角度和模式。不同的民族有不同的思维方式，表现在语言的运用上就呈现出各种各样的表达方式。熟语是语言中的凝固形式，它可以从不同的角度反映出形式背后的东西来，而这背后的东西就是思维方式。试以英语和汉语为例，表达相同的事实，两种语言有不同的说法。

英语	汉语
ants in one’s pants（skirts）	坐立不安 / 如芒在背
black and blue	青一块紫一块
crazy like a fox	装疯卖傻
come to the point	开门见山

one foot in the grave	风烛残年（黄土埋半截了）
a place of milk and honey	鱼米之乡
take it into one's head	心血来潮

英语说“蚂蚁在某人的裤子（或裙子）里”，汉语说“坐立不安”或“如芒在背”；英语描写遍体鳞伤用“黑一块蓝一块”，汉语则用“青一块紫一块”，这说明操不同语言的人对相同的所指有不同的认知方式。英国人说“某个想法突然进入大脑”，中国人说“心血来潮”，这是因为中国人认为心是思维的器官。英语描写装疯卖傻用“像狐狸那样发疯”，这是因为在英语文化中狐狸惯于装疯卖傻。英国人把将死之人比喻为“一只脚踏进坟墓”，比喻得非常好，而中国人把将死之人比喻为风烛残年则更为形象。

人类思维有普遍性，反映在语言表达事实的形式上也有殊途同归的地方。仍以英语和汉语为例，熟语中也有立意相同的地方（我们不敢说它们的意义是等同的，因为从理论上说，不同语言之间的熟语是很难完全对应的）：

英语	汉语
bad egg	坏蛋
all bark no bite	叫狗不咬，咬狗不叫
at one's fingers' tips	了如指掌
four-letter-words	“三字经”
easier said than done	说来容易做来难
easy come easy go	来得容易去得快
east or west, home is the best	穷家难舍，热土难离 （金窝银窝不如自己的草窝）

之所以比较英语和汉语里边的熟语，是因为英语和汉语不存在文化孕育关系。汉语和周边国家的语言之间在词汇方面存在着很多对应关系，这种对应关系往往是由于语言的接触造成的，因此，比较它们的异同只能说明两种语言的渊源关系，而不能说明它们之间思维方式上的异同。

第二节 汉语熟语的分类

一、分类的标准

熟语是一个上位概念，一般来说它们包括成语、惯用语、俗语、谚语、歇后语以及格言、警句等，还包括其他一些固定词组和固定表达法。这种分类不是很严格，内部有交叉。按照不同的标准进行分类当然可以分出不同的类来，最理想的分类标准应该是对外有排他性，对内有普遍性。但是在熟语的分类中很难找到这样的标准，以前的研究者在他们的论著中所选择的分类标准大多以熟语的内容为基础，以流行的说法为根据，因此彼此打架或自己跟自己打架的现象不可避免。比如说成语词典中会收入一些惯用语词条，惯用语词典中收入一些俗语词条，俗语和谚语不分，等等。

熟语是语言中一种特殊的词汇现象，每一类熟语都有其特殊的背景和发展历史，也都有其形式上的共性，因此从形式上看常常是可以进行类推的。语言所表现的客观事物不一定都界限分明，所以从表达的内容上进行分类很难分得彻底。我们准备采用形式标准进行分类，当然，这样分出的类可能跟别人的看法有分歧，所以我们的分类有时也不得不做一些妥协，在以形式做标准的同时，意义和内容也会用来作为分类的佐证。分类是为一定的目的服务的，熟语的分类不必像生物分类那样界限分明（其实生物学上的分类也有界限模糊的时候），在最大程度上能反映语言的本质特征就是最好的分类。

形式分类标准主要考虑以下一些因素。第一个因素是音节数量，四个音节的是成语，三个音节的是惯用语，这可以覆盖98%的成语和惯用语，而俗语大部分是五个音节和七个音节的，还有一部分是六个音节和七个音节以上的，但是数量比较少。格言警句等其他类型的熟语形式没有规律，如果是来自古诗词，那么它们基本上符合五言诗或七言诗的规矩；如果是来自翻译作品，长短则没有一定之规。第二个因素是看它们是单体结构还是双体结构，谚语和歇后语都是双体结构，成语、惯用语和俗语都是单体结构。第三个因素是看是否押韵。谚语通常都是押韵的，而歇后语不押韵。歇后语是比较好辨认的，因为它们都由歇面和歇底两部分组成。

辅之以意义标准主要考虑以下一些因素。第一个因素参考它们的来源，成语书面语特征突出，多来自历史故事、寓言故事，有典故，有出处。惯用语口语特征突出，多来自民间，不太容易找到出处。俗语口语特征也很突出，主要也是来自民间，只有很少一部分可以从文献上找到出处。第二个因素是考虑它们的内容。俗语所反映的通常是中国社会的价值理念和观念，谚语所反映的通常是中国社会的生活经验、生产经验、医疗卫生、气候气象、天文地理等知识，这些知识往往是民间口耳相传的经验。第三个因素是考虑熟语的修辞特点。是否是隐喻的用法，所有的惯用语都是隐喻的用法；是否是双关的修辞手法，所有的歇后语都是通过双关的方式构成的；是否是对仗的修辞手法，谚语通常都是对举的方式。

二、各类熟语的形式特征

以形式为标准进行分类也会分出不同的类来，关键看你采用什么样的形式标准。我们对现在出版的各类成语词典、惯用语词典、俗语大全、谚语大观之类的工具书进行了考察[1]，一般来说，大家都用成语、惯用语、俗语、谚语这样的名字，但是各家所指实际上常常不尽相同。这也难怪，因为不同的学者分类标准不同。下面是我们的分类。

1. 成语

（1）四字格。汉语成语大部分都是四个音节的，我们对《分类实用成语词典》（高光烈编，1987）进行了统计，该词典共收词条 3200 条，其中四字格形式的 3150 条，占总数的 98.4%，其余的条目有许多可以看作是其他的熟语形式，如：

丁是丁，卯是卯	前怕狼，后怕虎
一不做，二不休	百闻不如一见
巧妇难为无米之炊	不分青红皂白
恨铁不成钢	树倒猢狲散
杀人不见血	心有余而力不足

“丁是丁，卯是卯”“前怕狼，后怕虎”“一不做，二不休”都是六个音节的俗语，“百闻不如一见”“巧妇难为无米之炊”“恨铁不成钢”“树倒猢狲散”“心有余而力不足”等语言形式都是很典型的俗语。这样一来，几乎百分之百的成语都是四音节的了。

（2）四个音节均势分布。多数成语在意义关联上呈 AB—CD 分布，

1 例如：马国凡（1973）；武占坤、马国凡（1980）；孟守介等（1990）；徐宗才、应俊玲（1985a）；徐宗才、应俊玲（1985b）；施宝义、姜林森等（1985）；施宝义、吴书荫等（1985）；徐振邦编选（1980）；王涛等 1987 年编的《中国成语大辞典》；等等。

少数呈 A—BCD 分布，极少数为 A—B—C—D 分布，如：

AB—CD	A—BCD	A—B—C—D
风调—雨顺	各—奔前程	博—大—精—深
冰天—雪地	好—为人师	牛—鬼—蛇—神
愁眉—苦脸	机—不可失	骄—奢—淫—逸
千军—万马	怒—不可遏	魑—魅—魍—魉
改头—换面	力—不从心	妖—魔—鬼—怪

（3）ABCD 在节奏型中属于中顿型，即 AB—CD，不论音节是什么样子的，四字格成语总是在中间停顿，如：

AB—CD	A—BCD	A—B—C—D
发号—施令	奋—不顾身	短—小—精—悍
目瞪—口呆	事—必躬亲	正—大—光—明
慢条—斯理	了—如指掌	声—色—犬—马
廉洁—奉公	利—令智昏	
立竿—见影	事—与愿违	
横眉—立目		
高瞻—远瞩		
乘风—破浪		

（4）并列四字格的平起仄收势。并列四字格在汉语成语中所占比例是 26%，而并列四字格在音型分布上呈平起仄收势（崔希亮，1993），即 AB 多为平声，CD 多为仄声，在我们随机抽取的 400 例中，ABCD 的平仄分布共有 16 种形式，但是它们的分布是很不均匀的：

平平平平	2例	仄仄仄仄	16例
平平平仄	17例	仄仄仄平	18例
平平仄仄	178例	仄仄平平	27例
平仄仄仄	10例	仄平平平	2例
平仄平仄	8例	仄平仄仄	77例
平仄平平	13例	仄平平仄	10例
平仄仄平	2例	仄仄平仄	7例
平平仄平	8例	仄平仄平	5例

从这种不均匀的分布中我们发现一些规律：平平仄仄和仄平仄仄是强势分布，这两种分布加在一起占总数的63.75%；以平声收尾的共77例，而以仄声收尾的共有323例，可见仄声收尾的并列四字格占绝大多数。

我们还有另外一个统计，它说明了在ABCD中平声和仄声的具体分布情况：

	A	B	C	D
平	59.50%	74.75%	21.50%	19.25%
仄	40.50%	25.25%	78.50%	80.75%

从这个表中我们可以看出来，在前两个音节AB中，平声占绝对优势；在后两个音节CD中，仄声占绝对优势。我们举一些例子看看：

唉声叹气	安居乐业	冰天雪地	兵荒马乱
残兵败将	缠绵悱恻	称兄道弟	承先启后
出神入化	出谋划策	出头露面	穿针引线
窗明几净	垂头丧气	粗茶淡饭	单枪匹马
翻江倒海	刀光剑影	灯红酒绿	低三下四
多愁善感	翻云覆雨	分门别类	风餐露宿
风驰电掣	丰功伟绩	风和日丽	风平浪静

风调雨顺	浮光掠影	高风亮节	高官厚禄
高谈阔论	高瞻远瞩	歌功颂德	根深蒂固

2. 惯用语

（1）三字格。汉语惯用语绝大多数是三个音节的，我们对《惯用语例释》（徐宗才、应俊玲编著，1985a）统计的结果充分说明了这一点：在 696 条惯用语中，三字格有 470 条，占 67.5%，剩下的大部分词条在切分上还大有商榷的余地，有一些在长度上大于或者小于三字格的形式都不是最小的固定格式（崔希亮，1992:557—563），这样一来，三字格的比例还会大大增加。仅举几例：

摆花架子→花架子	受夹板气→夹板气	吞定心丸→定心丸
唱对台戏→对台戏	杀回马枪→回马枪	喝迷魂汤→迷魂汤
当耳边风→耳边风	说风凉话→风凉话	捅马蜂窝→马蜂窝
扯腿→扯后腿	台柱→台柱子	嚼舌→嚼舌头
揭底→揭老底	乌纱→乌纱帽	骂街→骂大街

在上边的这些例子当中，箭头后边的才是固定形式。因为“摆花架子”还可以说“弄花架子”“做花架子”，“受夹板气”还可以说“给夹板气受”，“吞定心丸”还可以说“吃定心丸”，“唱对台戏”还可以说“打对台戏”，“喝迷魂汤”还可以说“灌迷魂汤”，“当耳边风”还可以说“吹耳边风”……所以我们说箭头前面的不是已经凝固了的熟语形式。而“扯腿”“骂街”“嚼舌”“揭底”等词汇形式尽管已经有了熟语性，但它们是普通词汇，从使用频率上来说，远不如“扯后腿”“嚼舌根 / 嚼舌头”“揭老底”等形式更加具有熟语性。我们根据北京语言大学语料库中心（BCC）的多领域语料来看，三字格的才

是定型的惯用语格式。还有少数六音节的惯用语，它们的基础仍是三字格，如：

陈芝麻烂谷子　　七大姑八大姨　　求爷爷告奶奶

（2）三字格的结构类型有 7 种，节奏型有 3 种，但分布是很有规律的：

述宾式：拉关系　走后门　拍马屁　出洋相　戴高帽
抬轿子
述补式：矮半截　冷半截　笑掉牙　老掉牙
定中式：母老虎　定心丸　吹鼓手　老狐狸　笑面虎
墙头草
状中式：急刹车　白瞪眼　白费蜡　倒插门　呱呱叫
对着干
主谓式：狗吃屎　狗咬狗　耳朵软　眼窝浅　脸皮厚
联合式：老大难　马大哈
连谓式：没咒念　没牙啃

以上 7 种结构类型在数量分布上是极不平衡的，其中联合式只有 2 例（张清常先生解释“马大哈”是由“马马虎虎大大咧咧嘻嘻哈哈”压缩而成的，见张清常，1993），最近几年在网络语言中又产生了“高富帅”“白富美”“白骨精（白领、骨干、精英）”这样新兴的联合结构惯用语。连谓式也只有 2 例。另外还有一个外来语“马拉松”，只能算作是个特例。我们对《惯用语例释》所做的统计如下：

结构类型 / 节奏型	A/BC（个）	AB/C（个）
述宾式	304	4
述补式	9	0
定中式	40	68
状中式	9	18
主谓式	6	6

从该表里我们可以得出下面的结论：惯用语绝大部分是述宾式和定中式的，其中述宾式占 66.09%，定中式占 23.18%，其他结构类型加起来只占 10.73%。

（3）抛开主谓结构、连谓结构和联合结构，我们发现 AB/C 型几乎全是偏正结构（只有 4 个例外，它们是“述补＋宾”：撕破脸、撕开脸、打破脸、抓破脸），而 A/BC 型既有偏正结构，又有述宾结构和述补结构。这也就是说，述宾和述补结构在节奏型上都是 A/BC 型，这也意味着在三字格中，单音节动词带双音节宾语或补语是很自由的，而双音节动词带单音节宾语或补语是很不自由的。在教学中，我们发现学生常常把“保护伞”“拦路虎”“夹生饭”“拿手戏”“滚刀肉”“垫脚石”“省油灯”误认为是述宾结构[1]，从而在理解上出现偏误，如果我们给出它们的节奏型，这样的错误是可以避免的。

3. 俗语

俗语的形式比较复杂，粗看起来似乎没有外在的标记，但是只要仔细观察就会发现，它们形式上的特点还是很鲜明的：

（1）五六七。俗语是句子，短小精练，已经定型的俗语从音节数目上看大多都是五、六、七，就好像旧体诗一样有规律，只有少数未定型的俗语是七言以上，如：

1　留学生把它们分析为述宾结构：保 / 护伞、拦 / 路虎、夹 / 生饭、拿 / 手戏、滚 / 刀肉、垫 / 脚石、省 / 油灯；其实它们是定中结构：保护 / 伞、拦路 / 虎、夹生 / 饭、拿手 / 戏、滚刀 / 肉、垫脚 / 石、省油 / 灯。

病急乱投医	吃不了兜着走	不到长城非好汉
兵败如山倒	打肿脸充胖子	君子动口不动手
不打不成交	百闻不如一见	寡妇门前是非多
恶人先告状	表壮不如里壮	贪小便宜吃大亏
狗眼看人低	求人不如求己	不撞南墙不回头

（2）单体结构。汉语俗语和谚语在内容上有一些共同点，所以常常俗谚并称，然而从形式上看它们的区别还是很明显的。俗语都是单体结构，而谚语则都是双体结构或者多体结构。如：

俗语：初生牛犊不怕虎。（单体结构）
谚语：远亲不如近邻，近邻不如对门。（双体结构）
青草地，西瓜皮，王八盖子，邮电局。（多体结构）

（3）节奏型。五言俗语都是二三型，六言俗语二四型和三三型占绝对优势，七言俗语四三型占绝对优势。也就是说，汉语的俗语大多以三个音节煞尾，五言俗语和七言俗语尤为典型（五言和七言是汉语俗语的主要形式）。如：

五言（二三型）	六言（三三或二四型）	七言（四三型）
帮理／不帮亲	鸡蛋里／挑骨头	兵随将领／草随风
人穷／志不短	吃一堑／长一智	不到黄河／不死心
笨工／出巧匠	好男／不和女斗	车到山前／必有路
伴君／如伴虎	脚正／不怕鞋歪	大路不平／众人踩
独木／不成林	草中／饿不死蛇	人逢喜事／精神爽
褒贬／是买主	不知／天高地厚	每逢佳节／倍思亲

4. 谚语

（1）谚语从结构上看都是复体结构，其中大部分是双体结构，如：

来说是非者，就是是非人。

南风暖来北风寒，东风多湿西风干。

南风不过三，过三有寒天。

亲身下河知深浅，亲口尝梨知酸甜。

朝穿皮袄午穿纱，围着火炉啃西瓜。

（2）一部分谚语前后两句是押韵的。《中华大字典》（陆费逵、欧阳博存等编，1915:2352）［谚］字条第一个义项释义为“传言也。见说文段注：传言者，古语也，凡经传所称之——无非前代故训，而宋人作注，乃以俗语俗论当之，误矣”。另有一个义项说“善谣也”，《新华字典》释“谣”：“歌谣，随口唱出，没有伴奏的韵语。”这起码说明了两个问题：第一谚语不是俗语，第二谚语有韵文性，必须上口。

不听老人言，吃亏在眼前。

（中原音韵：寒山，十三辙：言前）

米脂的婆姨绥德的汉，清涧的石板瓦窑堡的炭。（同上）

庄稼一枝花，全靠肥当家。

（中原音韵：家麻，十三辙：麻沙）

腊七腊八，冻掉下巴。（同上）

蚂蚁搬家蛇过道，大雨不久要来到。

（中原音韵：萧豪，十三辙：遥条）

上有天堂，下有苏杭。（中原音韵：江阳，十三辙：江阳）

三十年的小溪流成河，三十年的媳妇熬成婆。

（中原音韵：歌戈，十三辙：梭波）

不会烧香得罪神，不会讲话得罪人。

（中原音韵：真文，十三辙：人辰）

清明前后，种瓜点豆。（中原音韵：尤侯，十三辙：由求）

三人同了心，黄土变成金。

（中原音韵：侵寻，十三辙：人辰）

（3）有些复体结构的谚语，也可以说就是一段歌谣，如流行民谣：

肥了海边儿的，富了摆摊儿的，饱了当官儿的，苦了上班儿的。

老婆的唠叨要听从，老婆上街要跟从，老婆的意见要服从；老婆发脾气要忍得，残汤剩饭要吃得，老婆买衣服要舍得，烧火做饭要晓得。（新“三从四德”）

民间有很多流行的顺口溜，这些顺口溜有的是描写某一个地方的风土人情的，如中国好多地方都有“四大怪”：

云南四大怪：三个蚊子一盘菜，摘下斗笠当锅盖，背着孩子谈恋爱，老太太爬树比猴快。

关东四大怪：窗户纸糊在外，养个孩子吊起来，反穿皮袄毛在外，大姑娘叼个大烟袋。

有的是描写人生境遇的，如“人生四喜”“人生四傻”：

久旱逢甘雨，他乡遇故知，洞房花烛夜，金榜题名时。（人生四喜）

下班就回家，挣钱别人花，吃饭点龙虾，购物去燕莎。（人生四傻）

民间有好事者会在“四大怪”的基础上增加内容，变成一段歌谣，如：

你说奇怪不奇怪，云南就有十八怪。
四个竹鼠一麻袋，蚕豆花生数着卖；
袖珍小马多能耐，背着娃娃再恋爱；
四季衣服同穿戴，常年能出好瓜菜；
摘下草帽当锅盖，三个蚊子一盘菜；
石头长在云天外，这边下雨那边晒；
鸡蛋用草串着卖，火车没有汽车快；
和尚可以谈恋爱，有话不说歌舞代；
蚂蚱当作下酒菜，竹筒当作水烟袋；
鲜花四季开不败，脚趾常年露在外。

中国各地都有“四大怪”“八大怪”“十大怪”“十八怪”等。这些歌谣都从不同的侧面反映了中国各地风土人情。很多歌谣具有方言色彩，例如青海“八大怪”：

六月里草黄着不成，
草没有羊多着不成，
水喝着嘴干着不成，
没激动心跳着不成，
吃饭俩酒喝着不成，

家里冷炕烫着不成，
用水身上脏着不成，
美女脸蛋红着不成。

5. 歇后语

歇后语的形式特征最为明显，它分为歇面和歇底两部分，歇面只是一个引子，歇底才是语义焦点所在。如：

打破沙锅——问（璺）到底（问～璺谐音）
外甥打灯笼——照旧（舅）（旧～舅谐音）
泥菩萨过河——自身难保（逻辑推理）
黄鼠狼给鸡拜年——没安好心（逻辑推理）
竹篮打水——一场空（经验推断）
木头眼镜——看不透（经验推断）

歇后语从某种意义上说就是一种谜语，说话人给出谜面，谜底由听话人去猜，如果听话人猜不出来，说话人接着就会给出谜底；有些歇后语的歇底是尽人皆知的，而有些不常用的歇后语则说话人必须给出歇底，否则达不到交际的目的。歇后语前后两部分有各种各样的关联方式。有的歇底是由谐音造成的，有的歇底是由逻辑推理得出的，有的歇底是由显而易见的经验推断出来的。

三、各类熟语的意义特征

熟语不仅在形式上有标记，在意义上也有自己的特色，因为熟语是在长期习用中慢慢固定下来的，因此它们的意义也是约定俗成的，不能望文生义。而且各类熟语都有自己的意义范围，可以说基本上是泾渭分明的。

1. 汉语成语的意义

汉语成语从意义上看可以分成三个部分：词汇义、特指义和附加义。

词汇义是成语的字面意义。由于成语来源不一，所以很难确定成语的意义是不是就是字面意义的简单加合，有的是，如：

丧权辱国：丧失主权，使国家蒙受耻辱。

仗势欺人：倚仗某种权势欺压人。

深思熟虑：反复深入细致地思考。

不知所云：不知道说的是什么。指语言紊乱或空洞。

即使是字面意义的简单加合，成语中的语素也大都是古代汉语的语素，不能用现代汉语的意义去理解。原因很简单：成语的历史都比较悠久。如：

望洋兴叹："望洋"，连绵词，仰视貌，不能理解为"望着海洋"。

日薄西山："薄"，逼近，不能理解为"薄厚"的"薄"。

老态龙钟："龙钟"，连绵词，行动不灵便的样子。

大部分成语的意义不是字面意义的简单加合，如：

青梅竹马：语本唐李白《长干行》诗："郎骑竹马来，绕床弄青梅，同居长干里，两小无嫌猜。"形容幼年男女天真无邪地在一起玩耍，亲密无间。又指从小就在一起的异侣。

人面桃花：语本唐崔护《题都城南庄》诗："去年今日此门中，人面桃花相映红。人面不知何处去，桃花依旧笑春风。”比喻面容姣好的女子，令人一见倾心。

卷土重来：卷土指车马军队行进中所卷起的尘土，唐杜牧《题乌江亭》诗：“胜败兵家事不期，包羞忍耻是男儿。江东子弟多才俊，卷土重来未可知。”比喻失败后重新恢复势力。

四面楚歌：《史记·项羽本纪》记载：楚汉相争时，项羽兵困垓下，兵少粮尽，一夜忽然听到汉军中尽是楚人的歌声，大惊失色，说：“汉皆已得楚乎？是何楚人之多也！”后用来比喻四面受敌，孤立无援。

以上四个成语都来源于历史掌故，它们都有特定的含义，因此不能只看字面意义，必须了解它们的来源才能正确地理解和运用。比如“相敬如宾”只能用在夫妇之间，“一见钟情”只能用在男女之间，“天伦之乐”只能用在家庭成员之间，“平易近人”通常用在伟人、领导、长者、尊者身上，“看风使舵”通常用在坏人身上，“月下老人”特指媒人，“花前月下”特指情人幽会的地方，等等。我们把成语的这种特定含义叫作成语的特指义。汉语中这一类成语在数量上是很可观的。

有些成语不仅有特指意义，还有感情色彩，不理解这一点就会犯错误，下面两个例子是外国学生造的句子：

* 我的老师很会讲课，他是个能说会道的老师。

* 老师对我们很关心，总是甜言蜜语，问寒问暖。

由于不了解成语的感情色彩，所以造出了令人啼笑皆非的句子。我们把成语的这种感情色彩叫作成语的附加意义。附加意义是会变的，如“天花乱坠”本来是褒义词，传说梁武帝时云光法师讲经感动上天，香花从空中纷纷落下，后来这个成语变成了贬义，指话说得极其动听，但是空洞无物，指用甜言蜜语骗人。

2. 汉语惯用语的意义

汉语惯用语从意义上看，有三个明显的特点：

第一，它们都是修辞用法，不能按字面意义理解。如“走后门”“拍马屁”“抬轿子”“戴高帽”“穿小鞋”“母老虎”“绊脚石”“老狐狸”“老油条”“保护伞”“寄生虫”“墙头草”“一刀切”“马大哈”“滚刀肉”等，都有特殊的含义，不能望文生义。

第二，绝大多数惯用语都是贬义的，使用时必须搞清楚。我们再举一些例子，如“红眼病”“笑面虎”“关系户”“气管炎”“丧家犬”“骂大街”“翘尾巴”“装门面”“抱粗腿”“泡蘑菇”“敲竹杠”“走过场”“抹稀泥”“白眼狼”“小白脸儿”“花架子”等。

第三，惯用语的时代色彩很浓，它们的生命力比成语要短得多，比如《宋元语言词典》中的一些惯用语我们今天已经不用：土木八（羊尾巴），肉吊窗（眼皮），马骑灯（走马灯），歹事头，皮解库，歪剌骨，活太岁，乔家公，狗探汤，等。很多惯用语都有明显的时代特征，如：

20世纪50年代：大跃进　小高炉　放卫星　瓜菜代
老大哥

20世纪60年代：掺沙子　喷气式　打招呼　靠边站
黑五类　落水狗　揭盖子

20世纪70年代：反潮流　割尾巴　排头兵　上管改
帝修反　小爬虫　坐火箭

20世纪80年代：关系网　个体户　万元户　洋插队
向钱看　大锅饭　第三者

20世纪90年代：三角债　砸三铁　追星族　官呆子
跳楼价

21世纪00年代：割韭菜　正能量　高富帅　伤不起

躲猫猫　不差钱

21 世纪 10 年代：单身狗　绿茶婊　白富美　小鲜肉

打酱油　老司机

21 世纪 20 年代：薅羊毛　彩虹屁　凡尔赛　打工人

爷青回　柠檬精　绝绝子

有很多惯用语来源不详，所以上面所列的时间不一定很准确。我们通过BCC 语料库的历时检索功能可以发现某些惯用语出现的高频时间点。例如“万元户”这个惯用语流行于 20 世纪 80 年代，在 1984 年和 1985 年达到顶峰，以后就慢慢衰落（如图）：

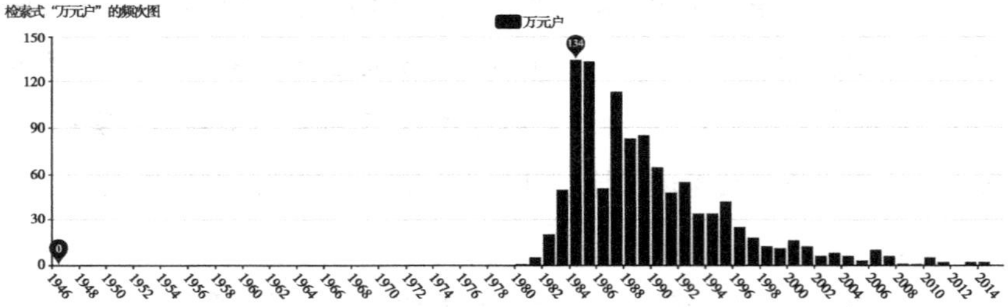

3. 汉语俗语的意义

汉语俗语中包含着丰富的思想内容，包括大众观念、信条、情理、古训、世态、天道、伦常等社会文化内容。如：

女子无才便是德（观念—才德）　平安就是福（信条—福祸）

四海之内皆兄弟（古训—爱憎）　潮水有定人无定（常理—恒变）

情人眼里出西施（情理—美丑）　十谒朱门九不开（世态—贵贱）

车到山前必有路（天道—天人）　夫妻没有隔夜仇（伦常—夫妇）

可以说，俗语中的社会文化内容最丰富，它们是人民群众创造的，又是人民群众所喜闻乐见的，在大众生活中有很高的实用价值，因此俗语根植于广大人民群众这片沃土，具有极强的生命力。从某种意义上说，俗语反映了中国世俗社会的价值观念，反映了中国人文世界的精神风貌。

4. 汉语谚语的意义

谚语从内容上看有讽颂谚、规劝谚、事理谚、农谚、气象谚、风土谚等，由于中外文化背景和生产方式、生活方式的差异，很多谚语的意义对外国人来说很难理解。如：

富人四季穿衣，穷人衣穿四季（贫富）

宁为玉碎，不为瓦全（气节）

种瓜得瓜，种豆得豆（因果）

要想吃大蒜，地要挖八遍（农事）

清明前后，种瓜点豆（农时）

腊七腊八，冻掉下巴（节气）

上有天堂，下有苏杭（地理）

关东山三件宝：人参貂皮乌拉草（风物）

谚语大多是人生经验、生产经验的总结，这些东西是和中国的历史传统和民族性格联系在一起的，构成了中国人文生活不可或缺的一部分。

以上我们从形式和意义两个方面分类描述了汉语熟语的特征，认识熟语对于我们研究熟语来说是最基本的工作，划定各类熟语的界限也是必不可少的工作。一般来说，俗语和谚语性质比较接近，虽然有一些形式上的标志，但是在人们的心中常常是混为一谈的。

限于篇幅，还有一些被收入熟语词典的语言形式我们没有讨论，它们有的是名联，有的是名对，还有些是流行市语。它们与其他熟语形式的区别是比较明显的。

第二章　汉语熟语与中国人的处世哲学

中国的历史很长。按照中国传统的说法，中国的历史是十二万年，当然这在目前是无法证实的；从河姆渡文明算起，中国已经有了 7000 多年的文明史；即使从黄帝算起，中国也已经有了 5000 年的文明史。中国文化的发展经历了萌芽、生长、壮大、成熟几个阶段，到今天已经像一棵饱经沧桑的老树。这棵老树几经风雨，多少枯荣，如今已是枝繁叶茂，硕果累累，树上的果实已经熟透了。中国人在数千年的劳作、征战、奋斗和繁衍生息之中，与天斗，与地斗，与人斗，认识了自然，认识了社会，也认识了自己，从而形成了中国人独特的人生观和价值观，并把它们提炼成一句句精辟的话语，一代代传下去。这些精辟的话语就是熟语，它们有的出自历代贤哲之口，有的出自普通百姓之口。出自贤哲之口的在经史子集中有记载，出自百姓之口的则流传于民间，或者通过小说家的笔墨传世。一些特别精彩的句子成了一些人的座右铭，人们把这些座右铭作为处世准则，一生谨守。

林语堂先生在《吾国与吾民》（*My Country and My People*）中拿西洋人和中国人相比，发现中国人有如下一些不同于西洋人的“德性”（character）：

1. 圆熟；2. 忍耐；3. 无可无不可；4. 老猾俏皮；

5. 和平；6. 知足；7. 幽默；8. 保守

其中圆熟被列为八大德性之首，这绝不是偶然的。所谓圆熟，就是遇事胸有成竹，处变不惊，任你有千条妙计，我有一定之规。这一定之规就是成训或者座右铭。这些格言式的成训或座右铭由父亲传给孩子，一代一代传下去，自然而然地融入了中国人的血液，成了中国人处世哲学的一部分。有些熟语形式见于中国社会传统的蒙学课本，如《女儿经》《朱子治家格言》《增广贤文》《训蒙增广改本》《名贤集》《老学究语》等。

与世界上其他民族相比，中国人的人生格言多得惊人，这对于昨天的中国人和今天的中国人来说既是一种精神财富，又是一种精神负担，既是一种行为的准则，又是一种行动的桎梏。从某种意义上说，熟语就是一种套话，现成的话，也可以说是一种缺乏创造力的话，而我们对它们的偏爱是不足与外人道的。要想让外国人了解中国人五花八门的人生座右铭是相当困难的。现成的话虽然缺乏新鲜的活力，却是最省力气、最安全、最不容易被误解的话，因此选择现成的话不仅可以壮自己的声势，为自己的论断增强说服力，还可以显示自己的老成和博学。引经据典向来是中国知识分子所热衷的，也是中国老百姓所钦佩的。古人说话，言必称尧舜禹汤，孔孟老庄；今人说话，言必称黑格尔、萨特、尼采、弗洛伊德、海德格尔。老百姓不知道尧舜禹汤，孔孟老庄，也不知道黑格尔、萨特、尼采、弗洛伊德、海德格尔，他们却知道自己都有祖宗先人，因此祖宗先人的话也是可以引用的。中华民族是个尊老的民族，因此“老”在这里有特别重要的地位，这一点在称谓上表现得很清楚，“小张”不如“老张”有地位，“老张”不如“张老”有地位。既然“老”是可以骄人的资本，那么说话办事显得老成持重就是一件值得推崇的事了。汉语熟语中与“老”有关的熟语有很多都是称赞“老”的。以成语为例：

老成持重　老成见到　老成练达　老成之见　老当益壮
老骥伏枥　老马识途　老马嘶风　老谋深算　老师宿儒

对于中国人来说，“老”不仅仅意味着年龄的累积，也不仅仅意味着行动的迟缓，而是意味着“成熟”“有经验”“可靠”，老人可以骄傲地对年轻人说“我过的桥比你走的路都长”，他还可以鄙夷地说年轻人“嘴上没毛，办事不牢”。至于老人的思想僵化，知识老化，耳聋眼花，那是不能批评的。诸葛亮在刚刚辅佐刘备的时候，出了许多奇谋，打了许多胜仗，他给人的印象是个老头儿，今天的戏剧舞台上我们看到的诸葛亮都是老头儿，羽扇纶巾，一缕长髯，其实诸葛亮领兵打仗的时候还很年轻，六出祁山，七擒孟获，都是诸葛亮年轻时的功劳。在他晚年的时候，因为指挥失当，用人不力，失去了许多战机，开始走下坡路的时候，没有人想到这样一个事实：“丞相老矣！”中国人的确相信经验，甚至迷信经验，因此才有那么多的经验以熟语的形式流传下来。

第一节　熟语中的大众信条

中国没有严格意义上的本土宗教，人们的信仰如同穿衣戴帽，各有所好，有人信奉玉皇大帝，有人信奉太上老君，有人信奉释迦牟尼，有人信奉真主安拉，有人信奉孔儒之教，有人信奉老庄之说，有人信奉山神，有人信奉河神，有人信奉妈祖，有人信奉关公，有人信奉王母娘娘，有人信奉南海观世音菩萨，有人信奉东海龙王，甚至有人信奉狐仙，有人信奉蛇仙，不一而足。表现在人们奉为至宝的大众信条方面也就呈现出百花齐放的局面。人世间的人生百态极其生动，单凭一些熟语是描绘不尽的，但是我们可以从现成的语言形式中发现一些有趣的现象，从而增加一些对中国文化的了解，对中国人文世界的洞悉。

本节所讨论的大众信条指的是那些在大众中有广泛基础的背景知识（background knowledge）和庸常意识（common sense）。它们是社会中的公理系统，在老百姓看来其正确性和合理性是无须证明的。

一、熟语中的大众道德观

德为教化之首。在中国文化里，德的概念无处不在。

在人伦方面，有所谓的“七德”——尊贵，明贤，庸勋，长老，爱亲，礼新，亲旧；在妇道方面，有所谓的“六德”——柔顺，清洁，不妒，俭约，恭谨，勤劳；在礼教方面，也有所谓“六德”——知，仁，圣，义，忠，和。此外还有许多有关德的概括。

中国封建社会的帝王在取士的时候要求德才兼备，今天我们选拔干部也要求德才兼备，从某种意义上说，德的砝码更重。

中国旧知识分子的所谓“三立”——立德，立功，立言，德还是放在首位的；知识分子必修的“八条目”——格物，致知，诚意，正心，修身，齐家，治国，平天下，修身就是修自身在德方面的涵养。

德有不同的层次，也有不同的时代特色。不同的时代对德有不同的要求，比如说在封建社会里要求“女子无才便是德”，今天则强调“妇女能顶半边天”。过去的“三从四德”早已成为历史的陈迹，灰飞烟灭了。

德是一种社会的约束力量，当然，对不同的人有不同的道德要求，君有君德，臣有臣德，老百姓有老百姓的德。在中国文化中德有具体的内容：“温润而泽，仁也；栗而理，知也；坚刚而不屈，义也；廉而不刿，行也；折而不挠，勇也；瑕适并见，情也；扣之，其声清扬而远闻，其止辍然，辞也。”（《荀子·法行》）对不同的人有不同的道德要求。在事父母、事君、事友、事国、事家等方面都有道德约束。

1. 对父母

父母在，不远游

不孝有三，无后为大

父母教，须敬听，父母责，须顺承

在家靠父母，出门靠朋友

儿不嫌母丑，狗不嫌家贫

父母给予我们生命，没有父母就没有我们的一切。所以孝敬父母是子女的义务。而孝敬父母的方式有很多，当然最重要的是要完成传宗接代的任务，也就是要有后，即“不孝有三，无后为大”。所谓有后必须是有儿子，因为只有儿子才能接续香火，才能使宗族不至于湮灭。“养儿防老”的古训一是说老有所养，二是说老有所终，三是说身后有人烧香祭祀。所以对于中国的老百姓来说，“无后”是一件很严重的事，“绝后”（或“断子绝孙”）是一句非常恶毒的诅咒。孝敬父母的其他内容包括听父母的话，守在父母身边，“父母在，不远游”。父母去世了要为父母守孝，在外边做官的人也要回家为父母守制。如果有谁胆敢违反规矩，就会遭到亲朋好友的唾弃，甚至遭到官府的刑事处罚。因为从中国封建伦理道德上说，子女是父母的私有财产，父母有权以任何方式安排子女的一切，处置子女的一切，无论父母说了什么、做了什么，子女都不能表示反对，更不能批评，“父母教，须敬听，父母责，须顺承”，甚至对父母连名字都不能提，当众说出父母的名字那是大不敬，往小里说，是不懂礼，没有教养；往大里说就是忤逆，是要受到处罚的。

父母的确是世界上最无私的人，古今中外都一样，所以孝敬父母是应该的，从这个角度说，应该是“儿不嫌母丑，狗不嫌家贫”。但是传统中国式的孝敬方式比较特别。父母与子女的关系也比较特别，是一种共生关系，父母得到了荣华富贵，儿女也一起跟着得到荣华富贵，“一人得道，鸡犬升天”；父母犯了死罪，儿女也跟着受到株连，更严重的甚至会株连九族。在中国历史上，皇帝家为了争夺权力出现过父不慈子不孝或者同根相煎的事情，而在平民百姓中父母跟儿女的关系一般来说总是比较好的。“虎毒不食子”，何况人呢？

2. 对朋友

朋友妻，不可欺

士为知己者死

为朋友两肋插刀

友直，友谅，友多闻

君子之交淡如水

什么是朋友？古人说“同门为朋，同志为友”，在古人那里，“朋”和“友”是两个概念。不过今天我们所说的朋友意义已经泛化：凡是彼此有交情的人都可以互相称朋友。朋友虽然居于“天地君亲师”之后，但是其在我们的一生中有着举足轻重的作用。人生无论得意还是失意，都少不了与你共同分享幸福、分担忧愁的人，那个人就叫作朋友。生活的脚步在平平淡淡中慢慢地走过去，有时你会突然有所感触：

看到树上的叶子翩翩落下，忽然想到又一个冬天来到了，心里若有所失。此时你需要有一个人听你述说，或者默默地陪着你在撒满落叶的林间小路上走一走，那个人可能就是你“声气相投”的朋友。

听到一首熟悉的老歌，忽然一句歌词或一段旋律把你带回到过去的某个日子，想到往日的恋人和伙伴已经风流云散，心里若有所失。此时你需要有一个人懂得你的心情，他可以有时间坐下来陪你喝一杯清茶，那个人可能就是你“心心相印”的朋友。

吃一道家常豆腐，忽然想起儿时常吃的种种家常菜，可今天已是难得的佳肴，回首往事，多少年的风风雨雨已经吹落了青春梦幻，心中感慨万千，此时你可以拨通一个很熟悉的电话号码，只是听听对方的声音，说几句不关痛痒的话，仿佛心里得到一丝安慰，那个能够耐心听你唠叨的人可能就是你“心有灵犀”的朋友。

我们从哪儿来？要到哪儿去？我们究竟是谁？滚滚红尘，茫茫人海，我们在哪儿安身立命？我们到哪儿去寻找归宿？当你找不到答案的时候，黯然神伤，此时能够和你一起探索的那个人可能就是你“志同道合”的朋友。

“滚滚长江东逝水，浪花淘尽英雄。是非成败转头空，青山依旧在，几度夕阳红。白发渔樵江渚上，惯看秋月春风。一杯浊酒喜相逢，古今多少事，都付笑谈中。”那个能够给你带来喜悦，并且能够和你笑谈古今的人可能就是你“肝胆相照”的朋友。

朋友之间靠什么联结？感情？道义？同气相求？还是势利？酒肉？其实朋友有各种类型，有君子之交，有小人之交，“君子之交淡如水，小人之交甘若醴”。古人择友有许多标准，最高的标准是“友直，友谅，友多闻”，当然能“为朋友两肋插刀”的朋友也是好朋友。至于说“朋友妻，不可欺”，这是对朋友最起码的道德要求了。至于那些势利之交，酒肉朋友，“有酒有肉皆兄弟，患难何曾见一人？”，诸葛亮说得好：“势利之交，难以经远。士之相知，温不增华，寒不改叶，贯四时而不衰，历夷险而益固。”（诸葛亮《论交》）

朋友是我们人生内容的重要组成部分，有时朋友比亲戚还要紧密。常言说：“投亲不如靠友”，可见有时交情胜于亲情。关于朋友方面的熟语，我们在第三章里还会进一步探讨。

3. 对荣誉

人过留名，雁过留声

宁为玉碎，不为瓦全

人的名，树的影

宁叫身受苦，不叫脸受热

穷死不下道

在一个真正文明的社会里，人们把荣誉看得很重，为了荣誉甚至可以牺牲自己最宝贵的生命。当然荣誉往往是跟正义的事业联系在一起的，虽然不同的人对什么是正义会有不同的看法，但是可以肯定地说，为荣誉献身的人一定相信自己为之献身的事业是值得的。“宁为玉碎，不为瓦全”的说法可以反映出人们对荣誉的重视。荣誉就是名节，一个没有气节、没有骨气的人最后会被人们唾弃。从某种意义上说，中国人特别重视“面子”也跟中国人对名誉的重视有关，许多人在现实生活中都是“宁叫身受苦，不叫脸受热”的实践者，当然也有人“死要面子活受罪”，那就是虚荣心在作祟了。“名”可以跟荣誉联系在一起，“名”也可以跟利益联系在一起，当今社会，“名”已经与荣誉脱钩，它已经成了广告里的大美人，变成了商家用来招徕顾客、为自己赢得商业利润的幌子。“追名逐利”把“名”和“利”变成了一对孪生兄弟，所以当今汉语语汇里又添了一个新成员，叫作“打知名度”，影视界开了“打知名度”的先河，影视明星先要“混个脸儿熟”，一旦有了知名度，片约和钞票就滚滚而来了。现在人们的商业意识已经非常明确，学术界也要“打知名度”了。一时间“知名学者”“著名演员”“文化名人”“著名 ×× 家”如雨后春笋一般涌现出来。这与过去“人过留名，雁过留声”的信仰已经相去甚远了。于谦有一首《石灰吟》，表达了他对于名誉的看法：

千锤百炼出深山，烈火焚身若等闲。
粉骨碎身浑不怕，要留清白在人间。

4. 君子

君子成人之美
君子坦荡荡，小人长戚戚
君子一言，快马一鞭
君子动口不动手
君子不念旧恶
君子爱财，取之以道

“君子”是中国特有的称谓。这个词在古代使用频率很高，下面的统计是“君子”一词在《十三经》中出现的次数：

书名	出现频率（次）
周易	79
尚书	6
毛诗	62
周礼	1
仪礼	5
礼记	199
左传	148
公羊传	28
谷梁传	15
论语	86
孝经	4
尔雅	1
孟子	54
共计	688

“君子”的内涵是什么？《礼记·曲礼上》说：“博闻强识而让，敦善行而不怠，谓之君子。君子不尽人之欢，不竭人之忠，以全交也。”君子是知识渊博而谦虚知礼的人，君子是经常做好事而无怨无悔的人。“一个人做点好事并不难，难的是一辈子做好事，不做坏事”，君子就是一辈子做好事不做坏事的人。君子处处都为别人着想，“君子成人之美”。君子在古代本来指地位高的人，后来转指品格高尚的人。君子与“小人”是相对的。《礼记·檀弓上》说：“君子爱人也以德，细人（即“小人”）爱人也以姑息。”君子和小人有不同的道德标准和行为规范。“君子坦荡荡，小人长戚戚”“君子爱财，取之以道”“君子一言，驷马难追”。中国古典小说《镜花缘》里有一个“君子国”（第十一回：“观雅化闲游君子邦，慕仁风误入良臣府”），城门上写着“惟善为宝”四个大字。在那里人人都是谦谦君子，“好让不争”“耕者让畔，行者让路”“士庶人等无论富贵贫贱，举止言谈莫不恭而有礼也”，真正是“我为人人，人人为我”，不过我们看到“卖者降价，买者加价”所带来的新的“争执”，那也很麻烦。

“君子国”毕竟是虚构出来的，不过社会安定、人心稳定、路不拾遗、夜不闭户确实是人们的太平理想。如果这个社会多一些君子，少一些小人，这个理想就能变成现实。中国有一句老话：“人不为己，天诛地灭。”这话听起来颇不入耳，它很容易跟“极端个人主义”“自私自利”联系在一起，不过仔细品味一下，这句话倒是一个科学的结论。世界上各种生命（无论是动物还是植物），有哪一种生命是“毫不利己，专门利人”的？如果有，那么它也早就灭绝了，因为它必须为别的物种让出自己的生存空间，比如说现在有一只羚羊，还有一只老虎。老虎饿了，它要吃这只羚羊。这只羚羊会心甘情愿地喂老虎吗？如果它就是那个“毫不利己，专门利人”的动物，那么现在世界上早已经没有羚羊这个物种了，它早就被自然（天地）“诛灭”了。所以“人不为己，天诛地灭”说出了自然界的一个真理。

5. 好汉

好汉不提当年勇

好汉做事好汉当

好汉不吃眼前亏

不到长城非好汉

好汉不怕出身低

好马不吃回头草

“好汉”从字面上理解就是“好男人”，那么什么样的男人才算好男人呢？这要由女人来评价。奶油小生今天是不吃香了，人高马大、面带杀气的冷面郎君也已经过时了，时谚说“男人不坏，女人不爱”，所以今天的“好男人”要具备某些“坏品质”才能赢得女士的芳心。时代在变化，人们的观念也在改变，而且这种变化往往是循环上升的。其实在中国传统观念里，“好汉”特指江湖上的英雄豪杰（“绿林好汉”）。“好汉”常常与“英雄”连用，如“英雄好汉”“老子英雄儿好汉”等。作为一名好汉，应该有一些常人不能企及之处，如“好汉不提当年勇”“好汉做事好汉当”；“好汉”不是蛮汉，应该懂得策略，处事灵活，“好汉不吃眼前亏”。梁山一百单八将个个都称得上好汉，不仅仅因为他们武艺超群，还因为他们具有某些特殊的气质：豪爽（大碗喝酒、大块吃肉）、讲义气（不爱财、不恋色、为兄弟可以两肋插刀）。他们人人都是杀人不眨眼的天罡地煞，但是他们在老百姓心目中是杀富济贫的英雄。“好汉”的概念在中国有广泛的群众基础，就连无知无识的阿Q在临刑前都会想起戏文上的一句道白："二十年后又是一条好汉！"（鲁迅《阿Q正传》）可见在中国文化的土壤里"好汉"的概念是多么深入人心。

6. 英雄

乱世出英雄

唯大英雄能本色

英雄不怕战，只怕中暗箭

英雄流血不流泪

自古英雄出少年

英雄生于四野，好汉长在八方

英雄所见略同

"英雄"与"好汉"这两个词都有一个语素是标明性别的。其实在现代汉语里，"英雄"和"好汉"都是不分性别的。有时为了特意指明性别，有"女英雄"的说法（偶尔也有"英雌"的说法）。英雄生于乱世，"乱世出英雄"，在中国历史上，每逢天下大乱，总会出现一些在文治或者武功方面特别优秀的人物，这些人就是英雄。从上古的尧舜禹汤到秦皇汉武，从三国的曹操刘备孙权到唐宗宋祖，一直到马上得天下的成吉思汗，他们都被称为大英雄。中国古代英雄辈出，如果要列出一张英雄谱的话，恐怕不是一件容易的事。仅《三国演义》一部小说，就有数不尽的英雄。"青梅煮酒论英雄"一回对天下英雄的议论代表了那个时代人们对英雄的认识。与英雄有关的熟语从某种意义上也代表了人们对英雄的认识。"唯大英雄能本色"，说的是只有真正的大英雄才能保持自己的本来面目，不虚伪，不造作，不当变色龙；"英雄不怕战，只怕中暗箭"说的是英雄不怕刀对刀、枪对枪的战斗，怕的是被人暗算；“英雄流血不流泪”说的是英雄气概，“自古英雄出少年”说的是英雄与年龄的关系，等等。楚霸王项羽和汉高祖刘邦争雄天下，最后刎颈乌江，演出了一场霸王别姬的悲剧，成了千古绝唱，项羽虽然以失败收场，但是他那种“力拔山兮气盖世”的英雄气概一直震撼着人们的心灵。那个时候“不以成败论英雄”，所以才有了西楚霸王可歌可泣的故事，如果像后世这样“专以成败论英雄”的话，那英雄就很珍稀了。后世俗语有“成者英雄败者贼”（“成者英雄败者寇”的变体）的说法，可见英雄在古代和后世有不同的含义，英雄的概念随着时代的变迁而变化。曾几何时，华夏神州出现了许多“文攻武卫”的“英雄”，表演了一幕幕荒诞剧，随着时代的变迁，历史的烟尘早已把他们深深地埋葬了，“老子英雄儿好汉，老子反动儿混蛋”的叫嚣也已经随风飘去，现在应该是还“英雄”本来面目的时候了。

二、熟语中的天地观

天圆地方

天玄地黄

天高地厚

天尊地卑

这是人们对天地的初步认识。天地为万物之母，天地是有知的，天地是有灵性的，这是人们长期以来敬天地、惧天地的原因。在人类诞生之前，天地曾经是一个混沌乾坤，后来造物主给混沌凿出了七窍，混沌死，天地生。混沌初开，清气上升为天，浊气下沉为地。这就是中国开天辟地的神话。在人类刚刚告别了蒙昧，迎来文明社会的第一缕曙光时，自然界的威胁是人类生存的主要敌人，风雨雷电山崩海啸等自然现象让我们的祖先相信在冥冥之中有一种不可知的力量在控制着一切，他就是天。渔猎有得，他们就载歌载舞，祭祀天地；遭遇坎坷，他们也载歌载舞，祈求天佑；经历不幸，他们就呼天抢地，怨天尤人。天地是初民时代最重要的神。经过了宇宙洪荒的漫漫长夜，人们对天地的敬畏之情与日俱增，关于天地的熟语一直流传至今。

1. 天道

天道好还，无往不复

天有不测风云

天道无亲

天网恢恢，疏而不漏

得道者多助，失道者寡助

天是什么？“天，颠也。”（《说文》）“穹苍苍，天也。”（《尔雅》）可见天就是在我们头顶上，抬头就能看见的一个蓝色的大穹隆，这是我们的先民对天的自然理解。在我们头顶上的这个蓝色大穹隆里有一个无所不知、无所不在的主宰，他是造物主，他也是审判者，我们的一举一动都在他的监视与控制之下，所以行善者会得到他的奖励，一辈子无灾无难，寿终正寝；修道者会得到他的赏识，将来会得道飞升，一步登天；作孽的人会受到他的惩罚，叫作“天罚”，又叫作“报应”。要想逃脱这种天罚是徒劳的，“天网恢恢，疏而不漏”，而且“天道无亲”，想要用贿赂的办法“走后门”那是没门儿的。什么是天道？天道就是上天的规矩，天道与下面要谈到的天理一样，都是大自然的法则。天道在老百姓的心中可以具象化，天道具体化后叫作“天条”，其实天的法律只有一条：惩恶扬善。至于区分善恶的标准是什么，只有天知道了。天有时也喜怒无常，有时他老人家心情好，高兴了，会带给人们很多礼物，比如让天下（也就是他老人家的治下）五谷丰登，六畜兴旺，这时人们会“谢天谢地”，用隆重的仪式来祭祀天地（至于用什么样的礼、天会不会怪罪等等，我们的先民曾经正儿八经地讨论过，比如祭祀天地的时候要宁奢勿俭还是应该丰俭适度）；有时他老人家不高兴了，就会用洪水、地震、干旱、瘟疫来警告他的子民，这时人们就会对天敬畏不已，感叹“天有不测风云”。然后人们就会从自己开始检讨，看看是不是哪里做错了，惹怒了天老爷，让他发那么大的火。从此以后，人们就会调整自己的行为，使自己的一切行为都能符合天的意志，人们相信“得道多助，失道寡助”，“道”是什么？“道可道，非常道”。既然“可道”，我们不妨猜一猜。这里所说的道其实就是天道，后来引申为道义、道理、道德、正义、人间正道。《周易》谦卦在讲到天道、地道、人道的时候，有这样一段话：“天道下济而光明，地道卑而上行；天道亏盈而益谦，地道变盈而流谦，鬼神害盈而福谦，人道恶盈而好谦，谦尊而光，卑而不可逾，君子之终也。”

2. 天理

天理昭昭

伤天害理，必遭天谴

天不生无禄之人，地不长无名之草

老天爷饿不死瞎家雀儿

天无绝人之路

天地之大德曰生

所谓“天理”指的是自然法则。人与自然的关系是一种共生关系，在自然这个客体中，人只不过是无数种生命当中的一种，人只有与其他生命形式和平相处才能生存下去。人在任何时候都不应该违背自然法则，否则就会遭到自然的惩罚，这就是熟语所说的“伤天害理，必遭天谴”。在中国人的心目中，“天理”是无处不在的，自然法则是无处不在的，做坏事天理难容。《庄子》有一段话对天理说得很清楚：“夫至乐者，先应之以人事，顺之以天理，行之以五德，应之以自然。然后调理四时，太和万物。四时迭起，万物循生。一盛一衰，文武伦经。一清一浊，阴阳调和，流光其声。”“天地之大德曰生”说的是天理的另一面：任何人只要不做伤天害理的事，能够顺应自然法则，天理的存在就不是一种威胁，人们认为万事万物都是由天地化育出来的，所以人对天地要有敬畏之心，要有感激之情。人类在繁衍生息的过程中会遇到许多困难，有的时候看起来似乎已经走到了绝路，可是往往在走投无路的时候会忽然看见隧道里的一线光明，继续向前走就会看到柳暗花明又一村，这时人们就会说“天无绝人之路”。自然为我们提供了无数个选择的机会，只要你能把握住。俗话说“老天爷饿不死瞎家雀儿”，大自然自己在维持着微妙的平衡，并不厚此薄彼。可是在人们心目中也还有一种信念，就是“天不生无禄之人，地不长无名之草”，生存的机会是自己争取来的，正如汤姆叔叔说的：“只有你能自救，上帝才会救你。”所以人类在与自然和平相处的同时，总有一部分人想要改造自然，战胜自然，为自己争取更大的生存空间。

3. 天人

天有无情灾，人无回天力

人的命，天注定

人算不如天算

人间私语，天闻若雷

天命不可违

中国人之所以对天产生兴趣，实在是因为天有人力所不能及的力量。人们对天的态度是敬而远之，天与人之间的关系是一种微妙的关系，“人法地，地法天，天法道，道法自然”（《道德经》第25章）。天可以决定人的命运，人只能被动地接受天的意志。“人的命，天注定”“人算不如天算”“天有无情灾，人无回天力”“天有不测风云，人有旦夕祸福”“天命不可违”，这些熟语都说明了人对于天的敬畏与无奈。熟语说“死生有命，富贵在天”，所以天是最后的主宰。孔子说：“君子有三畏：畏天命，畏大人，畏圣人之言。”天是不能得罪的，因为“获罪于天，无所祷也”。“故水旱未至而饥，寒暑未薄而疾，袄怪未至而凶。受时与治世同，而殃祸与治世异，不可以怨天，其道然也。故明于天人之分，则可谓至人矣。”（《荀子·天论》）只有乐天知命的人才能永远无忧，可是要知天命也不容易，孔子不是五十岁才知天命的么？《易经》里有“天行健，君子以自强不息”的话，作为一个人，对天的期望不能过高，但是也不能凡事都听天由命，君子还是要自强不息，要在尊重天意的前提下发挥主观能动性。

4. 天缘

有缘千里来相会，无缘对面不相识

千里姻缘一线牵

“缘”这个概念来自佛教里边的因缘或者缘法，有一种宿命论的观念在里面。在唐宋和尚语录和后世的小说中，经常会出现天缘这个概念。人们在日常生活中总会遇到一些偶然的事，这些偶然的事令人困惑，于是有人就把这些偶然的令人迷惑不解的事归结为天意。这就是人们常说的天缘。我们一直相信，我们的婚姻都是先天决定的，只有有缘的人才能走到一起，熟语把这种现象叫作“千里姻缘一线牵”。这种宿命论的观念在老百姓中是非常普遍的。这跟佛教在中国的传播有关，因为佛家讲究缘法，凡事都是由缘法决定的，人与人之间的任何恩怨都离不开缘。缘有善缘有恶缘，结善缘得朋友，结恶缘得冤家。只有有缘才有关系，张三和李四之所以会成为朋友那是因为他们有缘，“有缘千里来相会，无缘对面不相识”说的就是这个道理。“天缘”这个概念可以说是很有中国特色的，在翻译成其他语言的时候，往往找不到一个十分贴切的对应词。

5. 恒变

车到山前必有路，船到桥头自然直

山重水复疑无路，柳暗花明又一村

三十年河东，三十年河西

穷则变，变则通，通则久

天道向善，所以为善的人总会得到天的奖赏。天道好还，无往不复，所以作恶的人总会受到天的惩罚。天道无亲，所以天总是最公正的。在天的面前你不必担心得不到公正的审判，这就是中国老百姓的信念。他们相信“多行不义必自毙”，坏事做多了天老爷不会饶恕他的。从另一方面看，中国哲学中“物极必反”的思想是深入人心的，一件事如果好到极致了就会朝它的反面转变；反之亦然，一件事如果坏到顶点了它也会朝好的方面转化。这就是不变与变的辩证关系，也就是我们这里所讨论的恒变。“穷则变，变则通，通则久”表达的就是这种思想。当你遇到困难、进退维谷的时候，你要记住：“车到山前必有路，船到桥头自然直”“没有过不去的火焰山”。当你觉得“山穷水尽”的时候，忽然看到“柳暗花明又一村”，你就会相信“天无绝人之路”。人无常贵，也无常贱，即使是贵胄也不过三世而殁，老百姓看过许多沧桑变化，昔日的亭台舞榭早已变成了狐穴鼠巢，世事变幻就像演戏一样“你方唱罢我登场”，于是人们用“三十年河东，三十年河西”来表达这种变幻，有了这种变的观念，无论遇到什么难事，人们都会处之泰然。“皇帝轮流做，今朝到我家”，一旦时来运转，就会麻雀变凤凰。

三、熟语中的人情世故

与天地相比，人世间的生存法则似乎更重要一些。人们更关心怎样与人相处，因为对天地毕竟可以敬而远之，而对人世间的事情，则必须事事关心，处处留心，对于我们中国人来说，人事关系是非常重要的生存知识，不可等闲视之。所以在中国，关于人情世故方面的熟语特别多，通过它们我们可以加深对我们身边这个社会的认识，也可以学会一些有用的处世原则。

1. 人情

世事洞明皆学问，人情练达即文章
识破人情便是仙
人熟是一宝
人情大于王法
人情留一线，日后好相见
来而不往非礼也
秀才人情纸半张

“世事洞明皆学问，人情练达即文章”，这句话说的是人世间的事和人世间的情，如果你都弄明白了，那么你就会成为一个大学问家，你也会成为一个大作家，可见要洞悉人世间的人情世故需要极大的智慧。俗语说“识破人情便是仙”，神仙是无所不至、无所不知、无所不能、无所不在的，可见人情这门学问是多么艰深！的确，在中国，人情是一件宝物，谁得到了这件宝物，谁就得到了整个世界。什么是人情？这个词至少有五个义项（《现代汉语词典》）：

> （1）人的感情；人之常情：不近人情。（2）情面：托人情｜旧社会专讲人情势力。（3）恩惠；情谊：做个人情｜空头人情。（4）指礼节应酬等习俗：行人情。（5）礼物。

第一个义项说的是人与人相处所表现出来的自然情理，也可以说人情就是人类在待人接物方面所遵守的共同准则，它反映的是人类的共性，比如说“人心都是肉长的”“虎毒不食子”等。第二个义项说的是人与人之间的远近亲疏，人情有远近，关系有亲疏，所以在处理事情时有了人情这个砝码，公正就消失了，人心的天平就倾斜了，“是亲三分向”“人情大于王法”的现象也就不奇怪了，所以说“人熟是一宝”，宝在什么地方？宝就宝在“人熟好办事”“朝中有人好做官”，其实古今中外概莫能外，如果说有例外的话，包公的故事可以算一个。像包公这样清正廉洁的人之所以能够大义灭亲，实在是因为在他的心目中存在着一个比人情更加重要的东西，那就是王法——国家的法律，可惜我们只有一个包公。今天我们戏剧舞台上所看到的包公与历史上的包公已经有很大的距离，舞台上的包公实际上是人们追求清官理想所塑造出来的典型形象，这个形象是中国人情社会这个大泥潭中的一线曙光。舞台上的海瑞、银屏上的刘罗锅也都是人们清官理想的寄托。其实这种理想在春秋战国时代就已经是可望而不可即的了，儒家的

“天下为公”[1]、墨家的“兼爱非攻”都是一种美好的理想，就好比是《列子》中黄帝梦游的“华胥国”、柏拉图的“理想国”、摩尔的“乌托邦”以及佛家的“西方极乐世界”、基督教的“天堂”。第三个义项说的是恩惠和情谊，其实恩惠和情谊没有什么必然联系，有恩惠不一定就有情谊，有情谊也不一定就靠恩惠。中国人向来恩怨分明，报恩和报怨是人生的义务，“有恩不报非君子”“家仇国恨，不共戴天”，不过有时中国人大度得很，“宰相肚里能撑船”，常常以德报怨，看到自己的仇人在自己的大度面前感激涕零，心里会油然升起一种崇高感。“化干戈为玉帛”固然是好事，“滴水之恩，涌泉相报”也的确是美德，问题是是否天下的人都遵守同样的游戏规则？第四个义项和第五个义项说的都是礼节应酬方面的人情，一是指送礼这种行为，一是指所送的礼品。这种人情虽然不是中国的特产，但是中国绝对可以称得上是人情大国。婚丧嫁娶要送礼，升迁搬家也要送礼，至于小儿百日、老人寿诞那是更得送礼了，可以说无礼不成敬意，无礼不成人情。古时候江山城池、金钱美女、奇珍异宝莫不可以作为送礼的人情，只有知识分子又穷又酸，既没有江山城池，又没有金钱美女，也没有奇珍异宝，有的只是一点知识。俗话说“秀才人情纸半张”便是极言秀才人情之轻、之薄，这说明在人们的观念里，一幅字、一张画是不算人情的，只有财货才

---

1 《礼记·礼运第九》表达了这样的理想：“大道之行也，天下为公。选贤与能，讲信修睦，故人不独亲其亲，不独子其子，使老有所终，壮有所用，幼有所长，矜寡孤独废疾者，皆有所养。男有分，女有归。货恶其弃于地也，不必藏于己；力恶其不出于身也，不必为己。是故谋闭而不兴，盗窃乱贼而不作，故外户而不闭，是谓大同。今大道既隐，天下为家，各亲其亲，各子其子，货力为己，大人世及以为礼。城郭沟池以为固，礼义以为纪；以正君臣，以笃父子，以睦兄弟，以和夫妇，以设制度，以立田里，以贤勇知，以功为己。故谋用是作，而兵由此起。禹、汤、文、武、成王、周公，由此其选也。此六君子者，未有不谨于礼者也。以著其义，以考其信，著有过，刑仁，讲让，示民有常。如有不由此者，在势者去，众以为殃，是谓小康。”

算人情，也就是说，物质方面的施与才是人情，精神上的馈赠不能算是人情。当然，一幅字、一张画如果能在嘉德拍卖行变成现钞几何，那么精神就会变成物质，此时的“秀才人情”就会身价百倍。今天的送红包之风吹得如此强劲，风源就是中国人在人情世故方面所恪守的传统观念。

2. 人心

得陇望蜀

人心不足蛇吞象

事不关己，高高挂起

各人自扫门前雪，莫管他人瓦上霜

恻隐之心人皆有之

人心深似海

人心隔肚皮

宁可人负我，切莫我负人

路遥知马力，日久见人心

画虎画皮难画骨，知人知面不知心

做了皇帝想成仙

三个和尚没水吃

人心是个很有意思的东西，谁也摸不透。所谓“人心深似海”“人心隔肚皮”“画虎画皮难画骨，知人知面不知心”，在生命的漫漫旅途中，总有许多人在你的生活中来了又去，去了又来，你总想知道和你一起喝茶聊天的人是个什么样的人，可是你可能永远都不知道他们在想什么，人的心思很难捉摸。我们甚至常常不知道我们自己在想什么。虽然如此，还是有一些普遍性的东西，这些东西是人性的自然表露。老百姓发现“恻隐之心人皆有之”；老百姓还发现“爱美之心人皆有之”。这是人性当中积极的一面。另一方面，“得陇望蜀”“人心不足蛇吞象”“做了皇帝想成仙”说的就是比较消极的东西了，人的欲望永远不会满足，所谓“欲壑难填”。除了不餍足之外，人性当中还有一个弱点，就是自私自利，“事不关己，高高挂起”“各人自扫门前雪，莫管他人瓦上霜”，这种自私自利的处世哲学所带来的直接后果就是人情冷漠，没有人热心公益事业，真正愿意做事而不是做官的人太少了，做公仆的人里边有“极个别的人”为了那远远比主人优裕的待遇投机钻营，完全忘记了“全心全意为人民服务”的宗旨，这可以作为自私自利哲学的一个旁证。当然，“路遥知马力，日久见人心”，无论是真公仆还是假公仆，到最后都会有公断的，“天地之间有杆秤，那秤砣是老百姓”。

3. 世风

上梁不正下梁歪

城中多高髻，城外高一尺

墙倒众人推

墙内开花墙外香

外来的和尚会念经

他山之石可以攻玉

世风就是时风，它是某个历史阶段所流行的社会风气，它是那个社会世道人心的直接表现。领导世风的人物叫作风流人物，风流人物的爱好会影响到整个社会。“楚王好细腰”，于是饿死了多少宫娥。因为君王喜欢细腰的女子，所以为了迎合君王的爱好，许多年轻美貌的女子牺牲了自己的生命，这种牺牲精神一直传承下来，为了追求新潮时髦，也就是说为了迎合时风，多少妙龄女子不惜承受皮肉之苦，减肥、隆胸、整容、割双眼皮儿，无所不用其极。魏晋六朝时，上层人物喜欢清谈，于是清谈之风日盛，柔媚婉转、华丽铺排成了那个时候文坛的风气。到了大唐盛世，国家开边拓疆，一扫柔靡之风，于是全国上下纷纷投军戍边，建功立业，就连文弱书生也都希望能到边塞去博取功名。改革开放，要搞市场经济，于是就出现了“十亿人民九亿商”的壮观景象。可见时风的力量是多么强大。因此，墨子提倡“兼爱”，反对“偏爱”，为上者不可不察。什么是“偏”，“偏”就是不正，不正就是歪，“上梁不正下梁歪”，这是非常朴素的道理。熟语所反映出来的人生哲理是非常深刻，又非常浅显的，深刻的道理蕴含在浅显的话语表述之中。熟语有“城中多高髻，城外高一尺”的说法，观察得多么细致；熟语还有“上有好之者，下必甚焉”的说法，概括得多么准确！人们看到社会上有一些丑陋的现象，常常感叹“世风日下”，且不论这种感叹有没有道理，它起码说明世风是在不断变化的。“墙内开花墙外香”“外来的和尚会念经”“他山之石可以攻玉”说的都是社会现象，它们的背后就是世道人心。

4. 世态

十谒朱门九不开

锦上添花者多，雪中送炭者少

天下熙熙，皆为利来，天下攘攘，皆为利往

久病床前无孝子

门庭冷落车马稀

贫居闹市无人问，富在深山有远亲

狗仗人势

狐假虎威

世态炎凉

“世态炎凉”说的是人世间的一种现象，有钱有势，就有人巴结，一旦无钱无势了，原来巴结自己的人都去巴结新的权贵了，这种冷热的变化其实与自然界的寒暑变化一样，毫不足奇。不过对于身经其事的人来说是一种刺激。你升官了，发财了，立刻会觉得眼前多了许多灿烂的笑脸，耳边多了许多动听的声音，家里“门庭若市”；你丢官了，破产了，那些灿烂的笑脸立刻失去了娇艳的颜色，忽然之间变得冷若冰霜，那些动听的声音立刻变得带刺长角，“门庭若市”马上变成“门可罗雀”，昔日的熙来攘往变成了“门庭冷落车马稀”。这就是世态。“趋炎附势”其实是人性的弱点，“拍马屁”的人其实拍得很累，生怕拍错了地方。世态炎凉已经把世间的人生百态概括尽了，如果再说得详细一些，又有各种各样的情况。其实对于那些费尽心机投机钻营的人我们除了表示鄙视之外还应该给予一丝同情，因为投机钻营总是为了个人利益。“天下熙熙，皆为利来，天下攘攘，皆为利往”，这是可以理解的。而对于那些“狗仗人势”“狐假虎威”的人我们只能表示鄙夷和不齿。有些事虽然令人心寒齿冷，但是这就是人间世态，是我们不能回避的。常言道：“锦上添花者多，雪中送炭者少。”这是情理之中的事。在一个以礼治天下的国度里，就会产生很多谦谦君子，温良恭俭让；而在一个以利治天下的国度里，大量复制再生“势利眼”和趋炎附势之徒那是再正常不过的事了。老百姓通过自己的观察总结出“穷居闹市无人问，富在深山有远亲”这样的话，只有那些有过切身体会的人，才能理解这句话的含义。

四、熟语中的事理

常言道：“有理走遍天下，无理寸步难行。”成语则有“理直气壮”“理屈词穷”等。中国是个讲理的国度，无论什么事都有理在。这里的“理”包括自然界的变化法则，也包括人世间的组织规则。自然界的理是自然形成的，人世间的理是约定俗成的，凝聚在熟语中的事理都反映了人们对客观事物的认识和评价。不同的社会有不同的理，不同的人群也有不同的理，这些理都是在人们对自然、社会和历史进行深入观察的基础上悟出来的，是人们对自然、社会和历史发展规律的概括和总结。之所以用熟语的形式表述是由熟语的特点决定的。熟语的精练和信息容量都适合阐释一定的哲理，熟语的凝固形式又便于哲理的传播和接受。汉语熟语中所包含的事理相当丰富，这些熟语无论从哪方面看都是经得住推敲的。在表达事理的时候选择熟语的形式还有一个原因，熟语多喻。有许多深刻的道理都是通过比喻的方式来表达的，比喻的表达方式适合曲说，而不适合直陈。有很多抽象的道理都是不适合直陈的，而通过比喻恰好能够弥补在理论表述中语言的贫乏。中国所说的“哲学”在很多方面不同于欧洲人所说的philosophy，中国人的哲学思想大部分都寓于具体的、形象的事物之中，即寓理于象，而抽象的表述很少。用语言进行抽象的表述经常会感到力不从心和言不及义，《老子》《庄子》里边的哲学思想大部分是通过具体的形象或事例来表达的。例如：

曲则全，枉则直，洼则盈，敝则新，少则得，多则惑。是以圣人抱一，为天下式。不自见，故明；不自是，故彰；不自伐，故有功；不自矜，故长。夫唯不争，故天下莫能与之争。古之所谓“曲则全”者，岂虚言哉！诚全而归之。（《老子·二十二章》）

上善若水。水善利万物而不争，处众人之所恶，故几于道。居善地，心善渊，与善仁，言善信，政善治，事善能，动善时。夫唯不争，故无尤。（《老子·八章》）

宠辱若惊，贵大患若身。何谓宠辱若惊？宠为下，得之若惊，失之若惊，是为宠辱若惊。何为贵大患若身？吾所以有大患者，

为吾有身，及吾无身，吾有何患？故贵以身为天下，若可寄天下；爱以身为天下，若可托天下。(《老子·十三章》)

庄子干脆就用寓言故事来阐述他的哲学思想，如《逍遥游》《骈拇》《马蹄》《秋水》《山木》《知北游》等篇。我们以《山木》为例，看看庄子是如何表述他的哲学思想的：

庄子行于山中，见大木，枝叶盛茂，伐木者止其旁而不取也。问其故，曰："无所可用。"庄子曰："此木以不材得终其天年！"

夫子出于山，舍于故人之家。故人喜，命竖子杀雁而烹之。竖子请曰："其一能鸣，其一不能鸣，请奚杀？"主人曰："杀不能鸣者。"

明日，弟子问于庄子曰："昨日山中之木，以不材得终其天年；今主人之雁，以不材死；先生将何处？"

庄子笑曰："周将处乎材与不材之间。材与不材之间，似之而非也，故未免乎累。若夫乘道德而浮游则不然。无誉无訾，一龙一蛇，与时俱化，而无肯专为；一上一下，以和为量，浮游乎万物之祖；物物而不物于物，则胡可得而累邪！此神农黄帝之法则也。若夫万物之情，人伦之传，则不然。合则离，成则毁；廉则挫，尊则议，有为则亏，贤则谋，不肖则欺，胡可得而必乎哉！悲夫！弟子志之，其唯道德之乡乎！"

故事很简单，也很好懂，但是庄子所说的道理确实是非常深刻的。庄子走在大山里，看见一棵枝繁叶茂的大树，伐木的人在旁边休息，但是并不砍这棵树，因为伐木的人认为这棵树没有用。庄子由此感悟到，这棵树因为没有用，不成材，才能得以终其天年。出了山以后住在老朋友家，老朋友很高兴，就叫童仆杀鹅来招待客人。童仆问：“一只能叫，一只不能叫，请问杀哪一只？”主人说：“杀不能叫的。”次日，庄子的学生们就问老师：“昨天山里边的树，因为不成材得终其天年，现在主人的鹅因为不能鸣叫而被杀死了。您怎么看待这件事？”于是庄子就这个事引发了一大段的议论。这个议论就是在讲事物之间的理。

在哲学表达方面，欧洲人最终选择了数学语言，用符号来表述自然语言难以表述的道理（如数理逻辑、符号学、语言哲学、语义学、蒙太古语法、转换生成语法等）。下面我们分几个方面来分析验证汉语熟语中所蕴含的事理，当然这几个方面的分类是相当主观的，我们的分析也是翻译性的，其中片面之处在所难免。

1. 势理

人无千日好，花无百日红

智者千虑，必有一失

人往高处走，水往低处流

树大招风

木秀于林，风必摧之

龙游浅滩遭虾戏，虎落平阳被犬欺

落毛的凤凰不如鸡

强龙压不过地头蛇

“势”指事物在发展过程中所表现出来的必然趋向，这种必然趋向是由事物内在的动力推动的，它所表现出来的是一般性的规律，这种规律是人力所不能改变的。比如“人无千日好，花无百日红”说的就是这样一种必然现象。“龙游浅滩遭虾戏，虎落平阳被犬欺”“强龙压不过地头蛇”说的也都是这样一种必然现象。此外还有“防人之口，甚于防川”“千里之堤，毁于蚁穴”“学如逆水行舟——不进则退”“瘦死的骆驼比马大”“养儿方知父母恩”“没有高山，不显平地”“有无相生，难易相成”“辅车相依，唇亡齿寒”“物极必反，否极泰来”等。“有无相生，难易相成”“物极必反，否极泰来”是抽象的表达，这种抽象的表达并不多见，在汉语熟语中大都是寓理于象。例如“龙”和“虾”，“虎”和“犬”，“凤凰”和“鸡”，“口”和“川”，“堤”和“穴”，“骆驼”和“马”，它们都不是实指，而是比喻里边的“象”，是喻体。我们还会说“智者千虑，必有一失”，日本人说“猴子也有从树上掉下来的时候”，说得都是很有道理的。另外，“人往高处走，水往低处流”是自然之理，也是人情之理。庄子的故事讲了这样一个道理“木秀于林，风必摧之”，老百姓会说“树大招风”或者“出头的椽子先烂”。俗话说“人怕出名猪怕壮”说的是同样的道理。

2. 情理

情人眼里出西施

皇帝的女儿不愁嫁

病急乱投医

初生牛犊不怕虎

贵人多忘事

家家都有难唱曲

男大当婚，女大当嫁

每逢佳节倍思亲

势理是客观的理，情理是主观的理。势理是物理，情理是人理。“情人眼里出西施”说的就是人在面对人生问题时所表现出来的倾向性，这种倾向是柔性的。黄山谷有诗曰：

草茅多奇士，蓬荜有秀色。西施逐人眼，称心斯为得。

西谚有云“爱情是盲目的”（Love is blind），这句话似乎可以和“情人眼里出西施”相互印证。一旦堕入爱河，那么眼所见、耳所闻都是美好的，自己所爱的人是世界上最完美无缺的人，这种现象是爱情的力量所致，也是情理之中的事。在局外人看来，恋爱的人有许多不可理解的举止，两个人可以在盛夏无言枯坐几个小时，一点儿也不觉得热；两个人也可以在隆冬并肩踏雪一个晚上，一点儿也不觉得冷。自己所爱的人明明相貌平平，在情人眼里却是貌若天仙，这就是熟语说的“当局者迷，旁观者清”。

“初生牛犊不怕虎”说的也是一种情理之中的事。年轻人涉世不深，没有受到过大的挫折，也没有经历过大的磨难，对人生的艰难和世事的险恶还没有切身的体验，所以说话办事都冲劲十足，不知顾忌，什么都不怕，有话就开门见山地说，知无不言，言无不尽，毫不遮掩地把自己暴露在对方面前。不像那些老成持重的人，“见人只说三分话”，对事“不说好，不说坏，谁也不见怪”。那些“老牛”和初生牛犊比起来，多了几分圆滑，少了几分勇气，多了几分世故，少了几分真率，多了几分成熟，少了几分可爱。“初生牛犊不怕虎”是一种值得大力提倡的精神。

情理是常理，是大家认可的一般的道理，但是不一定就是真理，比如“家家都有难唱曲”（又说“家家都有难念的经”），说的也是一种情理之中的事。这只是一个大致的概括，这个概括在很大程度上是符合事实的，但是不一定“放之四海而皆准”。“病急乱投医”“三个和尚没水吃”“贵人多忘事”“皇帝的女儿不愁嫁”“每逢佳节倍思亲”等都可以作如是观。

3. 变理

不怕一万，就怕万一

大智若愚

水至清则无鱼，人至察则无徒

物极必反

吃亏就是福

乐极生悲，否极泰来

塞翁失马，焉知非福

祸福相倚

失败是成功之母

事物总是在不断变化的，事物变化的方向有两个：或者朝好的方向变化，或者朝坏的方向变化。这就是事物发展变化的两面性，也就是我们所说的变理。根据这个道理，有些人总能把坏事变成好事，比如自行车被人偷走了，他会说："这是一件好事嘛！旧的不去，新的不来。"钱被人骗走了，他也会说："这是一件好事嘛！塞翁失马，焉知非福！"由于决策失误导致企业破产了，他还会说："没关系，只当交学费了，吃一堑长一智。"这种盲目的乐观主义带来的负面影响就是老为自己的失败辩护，为自己没有先见之明找借口，逃避现实。但是从某种意义上说，"旧的不去，新的不来""吃一堑，长一智"一点儿也没说错。表达变理的熟语都是人们在实践中得来的认识，这种认识是深刻的，可以说它把握住了事物发展变化的本质特点，它是智慧的产物。"塞翁失马，焉知非福""失败是成功之母""祸福相倚""水至清则无鱼，人至察则无徒"说得多么精辟，多么富有哲理！这是最朴素的辩证法。这些熟语可以称得上是至理名言。

4. 恒理

上山容易下山难
看起来容易做起来难
知难行易
世上无难事，只怕有心人
黄金易得，知己难寻
江山易改，本性难移
明枪易躲，暗箭难防
良药苦口利于病，忠言逆耳利于行
只要有恒心，铁杵磨成针
车到山前必有路，船到桥头自然直

难和易是一对同卵双胞胎，没有难也就没有易，没有易也就没难。老子说：美和恶、善和不善、有和无、长和短、高和下、音和声、前和后都是孪生概念，二者谁也离不开谁，这是恒理。“天下皆知美之为美，斯恶已；皆知善之为善，斯不善已。故有无相生，难易相成，长短相形，高下相倾，音声相和，前后相随，是以圣人处无为之事，行不言之教；万物作焉而不辞，生而不有，为而不恃，功成而弗居。夫唯弗居，是以不去。”（《老子·二章》）这种恒理推而广之便可应用在生活中的各个方面。比如说“上山容易下山难”“看起来容易做起来难”“江山易改，本性难移”就是关于难易的思辨性表述；“寸有所长，尺有所短”便是关于长短的思辨性表述；“长江后浪推前浪，世上新人换旧人”便是关于前后、新旧的思辨性表述。“良药苦口利于病，忠言逆耳利于行”“只要有恒心，铁杵磨成针”“车到山前必有路，船到桥头自然直”表达的也是一种辩证关系。在这里面我们还看到了一个有趣的现象，在两句话当中，前一句基本上是为了衬托后者，为后一句进行铺垫。这基本上遵守了焦点在后的原则。“黄金易得”不是重点，“知己难求”才是重点；“江山易改”是拿江山来做个比方，重点在于说“本性难移”；又如“长江后浪推前浪”，这是起兴，这句话的关键在后边“世上新人换旧人”；同样的道理，“良药苦口利于病”也是先打一个比方，真正要说的是后边的意思，“忠言逆耳利于行”。世上的人都喜欢听甜言蜜语，而不喜欢听批评的话。通过这句话，我们知道一个道理：甜言蜜语往往都是谗言，听多了就会被麻醉，要多听一听逆耳忠言。

五、熟语中的养生观念

俗话说“治病不如防病，防病先学养生”。中国人历来重视养生保健，古代的修道炼丹，气功导引，五禽戏，鹤翔桩，调息静虑，气循周天，忍默平直，目的都在于养生健身，当然也有所谓修大道者，除了求长生不老之外，还要达到五通：肉眼通，天眼通，慧眼通，法眼通，佛眼通，参透宇宙玄密，共与天地始终。今天，气功又在中华大地上御风而行，广传福音，各家各派纷纷出山传功带徒，气功的信徒越来越多，大多数人的目的是养生祛病。当然这里边有真有假，滥竽充数者不在少数。求健康、求长寿是许多代人的共同心愿，因此关于健康、长寿方面的观念一代代积累、一代代流传、一代代创新，到今天已经成了许多人坚定不移的信念。许多古代的气功典籍、医学典籍也都被不断地挖掘、不断地验证，结果是越来越多的人相信，我们祖国的传统医学有西方医学不可企及的地方，尤其是中医辨证施治的理论比起西医头痛医头、脚痛医脚的做法要高明得多。

与古老的气功和中医并行的还有民间流行的养生验方，它们在老百姓中间有更牢固的基础，因为它们更朴素，更直接，更简便易行。熟语中反映的养生诀窍都是民间的信仰。这些民间信仰有许多是有医学根据的，有些还得到了现代医学的支持。

1. 饮食

少吃香，多吃伤
少吃多得味，多吃活受罪
桃养人，杏伤人，李子树下抬死人
冬吃萝卜夏吃姜，不用医生开药方
原汤化原食
药补不如食补
食后不可怒，怒后不可食
食无求饱，居无求安
病从口入
闷酒伤身，闷气伤心
三九补一冬，来年无病痛
蔬菜是个宝，赛过灵芝草

“民以食为天”，所以在中国的养生观念中，处于第一位的是吃。俗话说“病从口入，祸从口出”，所以，把好吃这一关是相当重要的。生病以后人们宁愿在吃的方面调理好，也不愿意请医生，很多人相信“药补不如食补”“是药三分毒”。老百姓有许多与吃有关的养生格言，这些养生格言在一定程度上代表了中国人关于养生的观念。比如说：“少吃香，多吃伤”“少吃多得味，多吃活受罪”，反对暴饮暴食。在一日三餐的调配上，中国人的观念是“早吃好，午吃饱，晚吃少”，这与中国人的生活方式和作息时间表是有联系的。中国属于农耕型文明，“日出而作，日入而息”，所以早餐要吃好，一天的能量和热量全靠早晨这一餐，“一日之计在于晨”，早餐之后是繁重的体力劳动；中午这一餐应该吃饱，因为午后的劳动也不轻松；到了晚上，太阳落山，暮鸦归巢，劳动了一天的人们也都回到了自己的家，晚上没有什么夜生活，吃了晚饭就睡觉，所以晚餐吃得要少，一般是两瓯薄粥，加上一点儿咸菜。对于各种水果，中国人也有许多药理和功用上的认识。中国传统水果常见的有李子、桃子、杏、梨、山楂、梅子、石榴、龙眼、荔枝等，这些水果大都可以入药，但是它们在药用价值和药性方面是不同的，如：

山楂：味酸甘，性微温，功用是健胃消食、活血化淤。

龙眼：味甘，性平，功用是补心脾，益气血。

杨梅：味甘酸，性温，功用是生津止渴、和胃消食。

李子：味甘酸，性平，功用是清肝、生津、利水。

荔枝：味甘酸，性温，功用是生津益血、理气止痛。

梨：味甘微酸，性凉，功用是清热、润肺、消痰、止咳、降火、清心[1]。

一般的老百姓也许并不清楚每一种水果的药性和功用，但是在民间有一些说法，比如"桃养人，杏伤人，李子树下抬死人"，这种说法是否有根据我们不清楚，但是我们的态度是宁可信其有，所以在吃杏和李子的时候很有节制。饮食养生方面，孔子有一通精辟的议论，可以说孔夫子对饮食的讲究已经达到了吹毛求疵的地步：

食不厌精，脍不厌细。食饐而洁，鱼馁而肉败，不食。色恶，不食。臭恶，不食。失饪，不食。不时，不食。割不正，不食。不得其酱，不食。肉虽多，不使胜食气。唯酒无量，不及乱。沽酒市脯不食。不撤姜食，不多食。祭于公，不宿肉。祭肉不出三日，出三日，不食之矣。（见《论语·乡党第十》）

1　这一部分内容参考了鲍迪富（1989）；河北医学院主编（1980）。

有那么多的“不食”，可见孔夫子是个不好伺候的人。孔夫子之所以这样做，实在是出于卫生方面的考虑，吃的粮食要加工得精，鱼和肉要切得细；粮食放久了，霉变（有黄曲霉菌）了，鱼和肉腐烂变质（有各种细菌和毒素）了，都不能吃；食物的颜色难看，不能吃；烹饪得不到家，不能吃；不当令的东西，不能吃；不是按照规范切割的肉不能吃，没有调料不能吃；吃肉不能超出主食（所以今天我们仍然是以淀粉类食物为主，肉蛋奶为辅）；只有酒可以敞开喝，但是不能喝醉；小铺里打的酒、小摊上买的腊肉不能吃（谁知道酒里掺了多少水、腊肉有没有经过卫生部门检疫）……对吃的东西这么挑剔，这与那个“发愤忘食，乐以忘忧”的形象好像不是一个人。但是孔夫子的挑剔是绝对有道理的，这样才能杜绝不洁的食品上餐桌，不会得急性肠胃炎，不会得肝炎，甚至不会得癌症。在中国人的食谱中，蔬菜是非常重要的保健食物，“蔬菜是个宝，赛过灵芝草”。这与欧美人不能离开肉食是很不一样的。

2. 情志

喜伤心，怒伤肝，忧伤肺，思伤脾，劳伤身
多沐浴，少情欲
笑一笑，十年少；愁一愁，白了头
情急百病生，情舒百病除
不气不愁，活到白头

《庄子》第八十九章有一段惠子与庄子关于情的对话：

惠子谓庄子曰：“人故无情乎？”庄子曰：“然。”惠子曰：“人而无情，何以谓之人？”庄子曰：“道与之貌，天与之形，恶得不

> 谓之人？”惠子曰：“既谓之人，恶得无情？”庄子曰：“是非吾所谓情也。吾所谓无情者，言人之不以好恶内伤其身，常因自然而不益生也。”惠子曰：“不益生，何以有其身？”庄子曰：“道与之貌，天与之形，无以好恶内伤其身。今子外乎子之神，劳乎子之精，倚树而吟，据梧而瞑。天选子之形，子以坚白鸣。”

从这段对话中，我们可以看到惠子和庄子在对待人是否应该有情欲的问题上是有不同见解的。人肯定是有七情六欲的，不仅人有七情六欲，飞鸟走兽，甚至草木虫鱼，也都有七情六欲。中医在辨病的时候区分内伤和外感，伤于情欲、饮食，为内伤；伤于风寒、暑湿，为外感。汉语成语有“七情六欲”的说法，究竟什么是“七情”，什么是“六欲”？各家说法不一。先说“七情”，儒家指的是“喜、怒、哀、惧、爱、恶、欲”[1]；佛家指的是“喜、怒、忧、惧、爱、憎、欲”；而医家指的是“喜、怒、忧、思、悲、恐、惊”。可见各家所指有同有异。“六欲”也一样，各家解释各家的。比如高诱注《吕氏春秋·贵生》时把“六欲”理解为“耳目口鼻之欲”，而佛家的“六欲”指“色欲、形貌欲、威仪姿态欲、言语音声欲、细滑欲、人想欲”（见《大智度论》卷二十一）。今天我们所说的“七情六欲”已经泛化，泛指人的各种情欲。中国人很早就知道，人的情欲会影响健康。所以中国的养生观念里边有一条，叫作“多沐浴，少情欲”“情急百病生，情舒百病除”。中国人认为“喜伤心，怒伤肝，忧伤肺，思伤脾，劳伤身”，所以应该尽量避免“喜怒忧思劳”，这样才能健康长寿。平时情绪要乐观，不能悲观，熟语说的“笑一笑，十年少；愁一愁，白了头”就是这个意思。谚语有“不气不愁，活到白头”的说法。

1　见《礼记·礼运第九》：“何谓人情？喜怒哀惧爱恶欲七者，弗学而能。”

3. 理疗

洗头洗脚，强如吃药
剃头常洗澡，身体自然好
静则神藏，躁则消亡
冬练三九，夏练三伏

除了注意饮食和节制情欲以外，物理疗法和运动健身也是很好的办法。中国传统的物理健身术有按摩、沐浴、针灸，熟语说“洗头洗脚，强如吃药”，意思是说，沐浴保健比药物保健还好，沐浴不仅仅能让人神清气爽，还可以活血舒筋。在中国的东北有很多洗浴中心，有很多老人经常去洗浴中心泡澡搓背，都是为了养生。中国传统的运动健身术有气功、鹤翔桩、八段锦和太极拳等等。其中的气功有静功和动功之分，站桩需要入静，“静则神藏，躁则消亡”，俗话说“病来如山倒，病去如抽丝”，一旦染病或者受伤，不能急躁，需要静养，老百姓说“伤筋动骨一百天”，如果摔倒了伤了筋骨，没有一百天是好不了的。八段锦和太极拳都是动功，需要“曲不离口，拳不离手”。

4. 岁时

春捂秋冻（春不减衣，秋不加帽）
腊七腊八，冻掉下巴
三九四九，打骂不走
春品绿，冬饮红，一年四季喝乌龙
冬吃萝卜夏吃姜，不劳医生开药方
春吃芽，夏吃叶，秋吃果，冬吃根

“冬吃萝卜夏吃姜”说的是吃，“春捂秋冻”说的是穿，

“三九四九，打骂不走”说的是行。注意节气的变化也是保健养生的一个重要内容，不同的季节要进补不同的药膳，进食不同的瓜果，穿戴不同的衣物，等等。任何一个好的医生都知道在一年之中应该根据四时的变化调配药方，在一天之中也要根据时辰的不同改变施治方案，作为一个笃信中医的中国人，在养生活动中会自觉地和岁时变化结合起来。中国人爱茶就如同欧洲人爱酒一样，对中国人来说，不同的季节要喝不同的茶。春天要品绿茶，而且最好是明前茶；冬天要喝红茶，因为红茶暖胃；乌龙茶一年四季都可以喝。最近几年大家开始追捧老白茶，主要是福鼎白茶和政和白茶。按照当地人的说法，“一年茶，三年药，七年宝”，喝龙井茶要在春天，而且以新茶为上品，而老白茶基本不喝新茶，三年的茶叶对养生才有好处。古代中国人吃东西要讲究时令，跟着时令走，只吃阳气最充足的东西，叫作“不时不食”。春天的芽菜聚集了一冬天的阳气和能量，比如香椿芽、花椒芽、柳芽尖儿等，所以要“春吃芽”；到了夏天，所有的叶子都吸收了大量的阳光和营养，这时候的叶菜是最好的，比如大白菜、小油菜、油麦菜、芹菜等；到了秋天我们会吃各种各样的果实，因为秋天的果实凝聚了天地精华，包括作物的果实、坚果和各种水果；到了冬天我们就吃各种块茎植物，比方说土豆、红薯、大萝卜、胡萝卜等。现在我们反季节蔬菜和水果越来越多，这种道家养生的秘诀已近乎失传了。

5. 药饵

吃药不忌嘴，大夫跑断腿

十个大夫九当归

良药苦口利于病

养生除了饮食、理疗、禁欲和注意岁时变化之外，药饵养生也是必不可少的。南方流行的药膳就是药饵养生的一个突出的例子。在北方，没有病一般是不吃药的，所以关于药补的熟语不是很多。虽然大家都知道“良药苦口利于病”，但是最好的养生办法是锻炼，预防在先，不生病最好。有一些比较好的中药材是保健良品，比方说人参、鹿茸、虫草、当归、雪莲、藏红花等。民间有“冬天的萝卜赛人参”的说法。俗话说“一方水土养一方人”，不同的地方有不同的药饵，与药饵有关的熟语也不同。在中国人的观念中，茶叶也是保健养生的佳品。

6. 运动

饭后百步走，能活九十九

冷练三九，热练三伏

流水不腐，户枢不蠹

管住嘴，迈开腿，少说闲话，多喝水

出汗不迎风，跑步不凹胸

运动好比灵芝草，何必苦把仙方找

说起锻炼，汉语熟语中与锻炼有关的熟语并不是很多，除了专门练功的人“冷练三九，热练三伏”以外，一般的人几乎没有什么体育运动。唯一普遍的运动是散步，熟语有“饭后百步走，能活九十九”的说法，在今天看来似乎也是不科学的，按照西医的理论，饭后最好静卧半个小时，让肠胃得到充分的休息，以利于胃液的分泌，促进胃动力，饭后如果马上运动的话，胃部受到地心引力的作用下坠，长此以往就会造成胃下垂。“流水不腐，户枢不蠹”是一句古老的格言，这句话的含义很广泛，用于说明养生秘诀也是很恰当的。今天我们说“生命在于运动”也是这个意思。中国传统的养生观念中有动也有静，动中有静，静中有动，就好比《易经》里面讲的，阴中有阳，阳中有阴，一阴一阳之谓道。过度的不动和过度的运动都是不好的，古人说“一张一弛，文武之道”，说的就是这个道理。“管住嘴，迈开腿”告诉我们一要注意饮食，二要注意运动。在运动中也要注意一些细节，比方说“出汗不迎风，跑步不凹胸”。“少说闲话多喝水”也是养生妙方。说闲话容易招惹是非，水是生命之源，补充水分可以让我们的身体元气充盈。我们现在已经知道了，运动可以激活我们体内的多巴胺，让我们快乐，从而达到养生的目的。所以我们说“运动好比灵芝草，何必苦把仙方找”。

7. 作息

早睡早起身体好

早起早眠，益寿延年

睡觉不蒙头，活到九十九

食不言，寝不语

合理地安排作息时间也是养生的一部分。前面说过，中国是个以农耕为主的国家，“日出而作，日入而息”，所以养成了早睡早起的习惯，并一直认为“早睡早起身体好”“早起早眠，益寿延年”。一个有自制能力、勤俭持家、深谙养生之道的中国人，会自觉地按照中国的传统习惯安排自己的作息时间表，“黎明即起，洒扫庭除”，绝不会等到日上三竿还高卧不起。“黎明即起，洒扫庭除”有两层好处，一是符合“早起早眠，益寿延年”的古训，二是可以活动活动筋骨，呼吸一些新鲜空气，毫无疑问，这对于健康是大有好处的。在中国的养生观念中，子午觉是对身体特别重要的，所以晚上 11 点之前一定要睡觉，否则对身体健康不利。

除了安排好作息时间表之外，睡觉时还有一些讲究，如“睡觉不蒙头，能活九十九”“食不言，寝不语”（见《论语·乡党第十》）。这些对健康也是有好处的。

第二节　熟语中的价值观念

中国封建社会的历史很长，虽然历经了无数次的改朝换代，但是封建社会的价值观念一直都很稳定，这也正是中国封建社会稳固而缓慢前进的原因之一。辛亥革命推翻了中国最后一个封建王朝，建立了资产阶级共和国，从某种意义上说这仍然是一次改朝换代，封建社会的深层结构并未触及多少；1949 年红色中国——中华人民共和国诞生，她以全新的面貌出现在世人面前，经过了 20 世纪 50 年代的大跃进、人民公社，六七十年代的“文化大革命”，70年代的“批林批孔运动”，历次政治运动暴风骤雨般的洗礼使得中国的社会结构发生了天翻地覆的变化，人们的思想意识也发生了地覆天翻的变化，尤其是 20 世纪 80 年代改革开放之后，中国向世界敞开了大门，外部世界的很多理论观念思潮影响了中国社会，这种影响是深刻而深远的。但是毋庸讳言，根植于人们灵魂深处的、渗透到人们血液里的东西绝不是一朝一夕就能改变的。

熟语作为信息的载体和文化的载体，存在于大众的心理词典中，它常常充当大众的路标和人生指南，因此熟语完全可以从一个侧面反映大众心理，从而也就会从一个侧面反映全社会的价值取舍，因为社会的价值观念与大众的心理是契合的。

社会价值观念有历史性，它不是一成不变的；同时它也有连续性，继承和发展是并行不悖的。但是熟语中所反映出来的社会价值观念大多是传统的，因为熟语本身就是传统不可分割的一部分。

一、六亲

成语中有“六亲不认”的说法，形容做事决绝，不讲情面，这句话有时是褒语，是对铁面无私的赞扬；有时也是贬语，是对无情无义的责骂。黑老包秉公执法铡了侄子包勉，老百姓赞他六亲不认，他的嫂子则骂他六亲不认。

所谓六亲者，父子兄弟夫妇是也（一说父母兄弟妻子），现在一般泛指所有的亲属，甚至包括朋友。在中国人的价值砝码上，亲戚故旧的分量是很重的。中国是个人情味十足的社会，它的好处是个人总是和一定的社会群体相联系，个人总是生活在一个大的、家庭氛围浓郁的圈子里，从某种意义上说，人们多多少少会感到很安全；它的坏处是人情导致人治，甚至“人情大于王法”，人们的法制观念淡泊，掌管国家法律的人“徇私枉法”的事情屡有发生，法律建设举步维艰。我们在讨论价值观念的时候绝不能离开社会、历史这些大背景。

1. 亲情

亲不亲，故乡人

远亲不如近邻

姑表亲，是真亲，打断骨头连着筋

兄弟如手足

亲不过父母，近不过夫妻

亲情包括由血缘关系决定的人与人之间的感情，也包括由地缘关系决定的人与人之间的感情。“兄弟如手足”“姑表亲，是真亲，打断骨头连着筋”说的是血缘关系，“亲不亲，故乡人”“远亲不如近邻”说的是地缘关系。由血缘关系决定的人与人之间的感情是一种“血浓于水”的感情，是一种天然的亲情，这种亲情是无法割断、牢不可破的，一旦破裂就会给当事者造成巨大的精神伤害，关系越近的人造成的伤害越大。因此中国人小心翼翼地守护着这种关系，把这种关系看得很重。乡情是一种人与土地之间的感情，也是由土地联系起来的人与人之间的感情，“老乡见老乡，两眼泪汪汪”，共同的人文背景、共同的生活习俗，熟悉的乡音、熟悉的礼节都会给人一种亲切感，让人觉得舒服，也觉得安全。所以中国人觉得“背井离乡”是一件很悲惨的事，离开自己熟悉的土地，离开自己熟悉的人群，离开自己熟悉的家园，天涯飘萍，有那么多的未知等在前边，心里总会感到紧张和不安。所以中国人说“穷家难舍，热土难离”，除非迫不得已，中国人不会像吉普赛人那样到处流浪。从某种意义上讲，重视亲情不是一件坏事，亲戚相亲、邻里和睦、父子夫妇亲密无间，这不是一件好事吗？古人说：“四体既正，肤革充盈，人之肥也。父子笃，兄弟睦，夫妇和，家之肥也。大臣法，小臣廉，官职相序，君臣相正，国之肥也。天子以德为车、以乐为御，诸侯以礼相与，大夫以法相序，士以信相考，百姓以睦相守，天下之肥也。是谓大顺。大顺者，所以养生、送死、事鬼神之常也。”（《礼记·礼运第九》）意思是说，一个人，四肢都发育得很好，皮肤有很多脂肪，滑腻滋润，这是人的福分；一个家庭，如果父亲和儿子感情深厚，兄弟之间和睦相处，夫妇之间不吵架，这是家庭的福分；一个国家，如果大臣遵纪守法，小官清正廉洁，官职有上下尊卑之分，君臣之间的关系摆得正，这是国家的福分；天子如果能够以德当车，以乐当作驾车的工具，诸侯之间彼此按照礼的要求来往，大夫之间按照规定各守本分，知识分子以信义相互比照，老百姓之间和睦相处，这是天下的福分。这就叫作大顺。这样，就可以养生送死、祭祀鬼神了。人有了安顿处，鬼神也有了安顿处，社会的安定团结就指日可待了。由此可见，亲情在中国社会中的地位是多么的重要。

2. 亲力

打仗亲兄弟，上阵父子兵

亲帮亲，邻帮邻

亲望亲好，邻望邻好

亲向亲，故向故

一人得道，鸡犬升天

为什么我们这么重视亲情呢？因为亲情有一种力量，它可以把人们团结在一起，形成一种集团力量，这种合力远远大于个人的力量，任何个人在这种集团力量面前都得低下高傲的头颅，它是一种冠冕堂皇的、名正言顺的、顺理成章的力量，它的存在可以为自己的集团牟取利益。“打仗亲兄弟，上阵父子兵”，意思是说打仗还得靠亲兄弟相助，战场上还得靠父子兵冲锋陷阵，在生死关头，最可靠的人还是自己的亲人。中国过去打仗就是靠亲力组织起来的军队，打起仗来英勇无比。亲力表现在人们生活的各个方面，“亲帮亲，邻帮邻”“亲望亲好，邻望邻好”“亲向亲，故向故”是人们普遍接受的价值观念。至于“一人得道，鸡犬升天”“朝中有人好做官”更是司空见惯的事情，所以“走后门”虽然是一件不正当的事情，但在人们的心目中并非是什么见不得人的事情，君不见有人为自己会“走后门”正自鸣得意呢，也有人看见别人“走后门”而心生羡慕之情。

3. 亲疏

亲有远近，亲有内外

亲者割之不断，疏者续之不坚

亲不间疏，后不僭先

既然亲情是一种重要的人生内容，那么别亲疏、分远近就是一件很有意义的事情，亲疏有别，远近有别，内外有别，对不同的人要采取不同的态度。“亲有远近，亲有内外”，而分别远近、亲疏、内外属于礼的范畴。古人说：“夫礼者所以定亲疏，决嫌疑，别同异，明是非也。”（《礼记·曲礼上》）不懂得亲疏、远近、内外就是不懂礼。在汉语的称谓里边，亲疏、远近、内外分得很清楚，外亲和内亲的地位是不同的，男亲和女亲的地位也是不同的。比如说同样是第三代血亲，内为孙，外为外孙（在英语里都是 grandson）；再比如同样是父亲的兄弟姐妹，男性要分长幼，比父亲大的叫伯，比父亲小的叫叔，女性则不分长幼，一律叫作姑；母亲的兄弟姐妹则不用分长幼，男性都叫舅，女性都叫姨。宗法社会最明显的标志就是长幼有序，内外有别。一个人的一言一行都必须合乎宗法社会的礼，只有这样才能得到社会的认同。处理人际关系就是从别亲疏、分内外开始的。中国社会有一些人际关系准则，如“亲不间疏，后不僭先”，这就是从区分亲疏远近开始的。中国是一个人情社会，一个人在社会中要想生存得好必须要掌握好亲疏远近的分寸。很多人认为“在家靠父母，出门靠朋友”，没有朋友寸步难行。这句话多多少少带有一点儿江湖气，但是在一个人情社会里需要一点儿江湖义气。“为朋友两肋插刀”的人会赢得朋友的尊敬。

二、五常

“三纲五常”是儒家提倡的封建礼教，其中“三纲”指“君为臣纲、父为子纲、夫为妻纲”，“五常”指常行不变的五项道德标准“仁义礼智信”。在儒家经典《十三经》里，“仁义礼智信”出现的频率很高，群儒对“五常”进行了多角度、多方位的阐述。所以，很难一言以蔽之说什么是仁，什么是义，什么是礼智信。不过在《礼记》里它们出现的次数最多，所以要研究“五常”的具体内涵可以参考《礼记》。下面是我们对《十三经》的统计：

十三经\五常	仁	义	礼	智	信
周易	8	31	9	0	15
尚书	5	18	13	2	11
毛诗	5	2	7	1	16
周礼	3	3	77	0	13
仪礼	1	5	112	0	1
礼记	66	117	309	3	51
左传	30	80	321	0	127
公羊传	6	21	39	2	7
谷梁传	8	34	51	1	13
论语	59	20	43	0	32
孝经	0	5	4	0	0
尔雅	1	0	2	3	3
孟子	73	55	39	18	21
总计	**265**	**391**	**1026**	**30**	**310**

根据上面的统计，我们可以看出出现频率最高的是礼（1026次），其次是义（391次），然后是信（310次），接下来是仁（265次），智出现的次数最少（只有30次）。由此可见，在儒家经典中五常的重要性是不同的。这个统计可以从一个侧面反映出儒家对五常的关注度是有分别的。由于中国古代的读书人都是在《十三经》的熏陶下长大的，所以“五常”的内容他们是很熟悉的，不仅能够理解其中的精神内涵，而且其中的句子也都能够背诵出来。“故礼义也者，人之大端也，所以讲信修睦，而固人之肌肤之会、筋骸之束也。所以养生送死，事鬼神之大端也。所以达天道顺人情之大窦也。故唯圣人为知礼之不可以已也，故坏国、丧家、亡人，必先去其礼。”（《礼记·礼运第九》）这意思是说礼义非常重要，如果想要把一个国家毁了，或者把一个家毁了，或者把一个人毁了，必须先让他们远离礼教。这种思想和我们上边的

统计是相吻合的。在古人看来，礼是一个社会稳定和繁荣发展的重要基石，因为礼是要靠全民族素质的提高来保证的，而全民族素质的提高必须依靠教育，礼的基础是教化。一个没有礼教滋养的社会必定是一个尔虞我诈、巧取豪夺、寡廉鲜耻、唯利是图的社会。

1. 仁

仁者见仁，智者见智
仁言利博
黄金不为贵，仁义值千金
舍生取义，杀身成仁
当仁不让

什么是仁？“仁者爱人”，仁常常和“爱”连用，“仁爱”之心就是慈悲善良之心，对人世间充满爱心。仁又常常和“义”连用：“仁者，义之本也，顺之体也，得之者尊。”（《礼记·礼运第九》）“仁义”指为人乐善好施：“恤贫者仁，乐施者义。”（明·沈龄《冯京三元记》）“仁者人也，道者义也。”（《礼记》）仁说的是人与人之间的关系。“为人君，止于仁；为人臣，止于敬；为人子，止于孝；为人父，止于慈；与国人交，止于信。”（《礼记·大学第四十二》）这里说了各种各样的关系，作为人君，应该以仁为追求的目标，作为人臣，应该以敬事王业作为追求的目标，作为人子，应该以孝顺作为追求的目标，作为人父，应该以慈爱作为追求的目标，与国人相交，应该以信用作为追求的目标。从这里我们可以看出，“五常”中的“仁义礼智信”是一个整体，其中的仁是这个整体的根本，也是最高标准，一般人很难做到。所以孔子说：“仁之难成久矣，惟君子能之。”（《礼记·表记第三十二》）成语有“仁者乐山，智者乐水”的说法，因为仁者心地善良，沉着厚重，这很像是大山的性格，所以仁者喜欢山，而智者聪明多变，“敏于事而慎于言”，这很像是水的性格，所以智者喜欢水。成语还有“仁言利博”的说法，仁德的言论可以给很多人带来好处。民间有“黄金不为贵，仁义值千金”的说法，说明仁义是非常珍贵的。仁人志士在需要的时候可以“杀身成仁，舍身取义”，绝不苟且偷生，可见仁和义的力量是很大的，它是一种理想，一种信仰，为了实现这个理想，捍卫这个信仰，牺牲生命在所不惜。孔子曰：“上好仁，则下之为仁争先人。”（《礼记·缁衣第三十三》）一个国家，一个社会，如果作为君主的人提倡仁，喜欢仁，那么整个国家、整个社会就会争先恐后效法仁人的作法。“仁义礼智信”是中国知识分子作为一支独立的社会力量在社会上发挥作用的标志，也是中国知识分子处世的盾牌。“儒有忠信以为甲胄，礼义以为干橹；戴仁而行，抱义而处，虽有暴政，不更其所。”（《礼记·儒行第四十一》）

前边说过，仁是一个很高的道德标准，它包含的内容十分广泛。“温良者，仁之本也；敬慎者，仁之地也；宽裕者，仁之作也；孙接者，仁之能也；礼节者，仁之貌也；言谈者，仁之文也；歌乐者，仁之和也；分散者，仁之施也；儒皆兼此而有之，犹且不敢言仁也。”（《礼记·儒行第四十一》）我们不可能通过几个熟语就能把握仁的本质，但是我们的确可以通过熟语了解一些有关仁的内容。

2. 义

君子重义，小人重利

君子喻于义，小人喻于利

舍生取义

义不辞难

义无反顾

义不取容

什么是义？儒家有所谓“十义”：父慈、子孝、兄良、弟弟、夫义、妇听、长惠、幼顺、君仁、臣忠[1]。“义”包含正义、道义、侠义、义务、义气等意思。“是故圣人之记事也，虑之以大，爱之以敬，行之以礼，修之以孝养，纪之以义，终之以仁。”（《礼记·文王世子第八》）这里的义是一种约束力量；“发号出令而民说，谓之和；上下相亲，谓之仁；民不求其所欲而得之，谓之信；除去天地之害，谓之义。”（《礼记·经解第二十六》）这里的义指的是侠义、正义，为了正义的事业所做的一切都可以叫作义（今天叫作“义举”）。义和礼是不可分割的，义是礼的具体化。如《礼记·郊特牲第十一》中关于男女行为规范的规定：

> 男子亲迎，男先于女，刚柔之义也。
>
> 出乎大门而先，男帅女，女从男，夫妇之义由此始也。
>
> 男女有别，然后父子亲，父子亲然后义生，义生然后礼作，礼作然后万物安。无别无义，禽兽之道也。

这里明文规定，在结婚、迎娶的时候，男子要走在女子的前边，以表示刚柔有别；进大门的时候，男子要领着女子，女子应该跟着男子，以表示夫妇有别。这种礼节与西方的“Lady first”恰好相反，也就是说，中国传统的礼与今天西式的礼有完全不同的义。

熟语说“君子重义，小人重利”，或者说“君子喻于义，小人喻于利”，对君子，你可以用道理来说服他，因为他深明大义；而对小人，你

1　见《礼记·礼运第九》：“何谓人义？父慈、子孝、兄良、弟弟、夫义、妇听、长惠、幼顺、君仁、臣忠十者，谓之人义。讲信修睦，谓之人利。争夺相杀，谓之人患。故圣人所以治人七情，修十义，讲信修睦，尚辞让，去争夺，舍礼何以治之？饮食男女，人之大欲存焉；死亡贫苦，人之大恶存焉。故欲恶者，心之大端也。人藏其心，不可测度也；美恶皆在其心，不见其色也，欲一以穷之，舍礼何以哉？”

必须用利害关系来说服他，因为他只知道利。我们经常说小人是“见利忘义”的人，是“忘恩负义”的人，是“无情无义”的人，所以对小人我们不能要求他“见义勇为”，因为那是不现实的。小人是“无利不起早”（以前我们这样说商人），没有利益、没有回报的事，小人是不做的。而君子碰到“义不容辞”的事会“义无反顾”地去做，比如说“路见不平，拔刀相助”。一个社会如果见义勇为的人很多，说明这个社会是健康的，君子很多；如果见义勇为的人很少，那就说明这个社会出毛病了，小人多了。义要靠教育，不教不知。中国以前的蒙学课本《三字经》中有“玉不琢，不成器，人不学，不知义”的说法，这是非常正确的。

3. 礼

礼多人不怪

礼轻情义重

礼尚往来

来而不往非礼也

非礼勿视，非礼勿听，非礼勿言，非礼勿动

礼贤下士

礼义生于富足，盗窃起于贫穷

仁是心，义是理，礼是用。礼是仁和义的具体体现。正如古人说的：“道德仁义，非礼不成，教训正俗，非礼不备。分争辨讼，非礼不决。君臣上下父子兄弟，非礼不定。宦学事师，非礼不亲。班朝治军，莅官行法，非礼威严不行。祷祠祭祀，供给鬼神，非礼不诚不庄。是以君子恭敬撙节退让以明礼。……鹦鹉能言，不离飞鸟；猩猩能言，不离禽兽。今人而无礼，虽能言，不亦禽兽之心乎？夫唯禽兽无礼，故父子聚麀。是故圣人作，为礼以教人。使人以有礼，知自别于禽兽。”（《礼记·曲礼上》）作为人类，与禽兽之间最显著的区别就是人依礼行事。道德仁义、匡世救俗、解决纷争、确定君臣上下父子兄弟关系，都要以礼为依据；做官、求学、执政、行法、祭祀等也都要以礼为依据。禽兽无礼，所以才是禽兽，人如果也没有礼的话，那么与禽兽有什么分别呢？圣人制定礼的目的就是要教人懂礼。与礼有关的成语很多，如：

礼崩乐坏　礼不亲授　礼让为国　礼奢宁俭　礼士亲贤
礼顺人情　礼无不答　礼贤远佞　礼义廉耻　礼贤下士

礼是做人、处世的原则，"知书达礼"是人类脱离野蛮、走向文明的标志。"故礼之于人也，犹酒之有糵[1]也，君子以厚，小人以薄。故圣王修义之柄、礼之序，以治人情。故人情者，圣王之田也。修礼以耕之，陈义以种之，讲学以耨之，本仁以聚之，播乐以安之。"（《礼记·礼运第九》）古代的礼是社会的道德规范和行为规范，是一个国家精神文明建设的重要内容，是一个国家兴盛的基础。礼的普及又和社会的物质文明建设有不可分割的关系，所以俗语说"礼义生于富足，盗窃起于贫穷"，一个人首先要解决的人生问题是温饱的问题，温饱的问题解决以后，就会考虑如何提高生活质量的问题了，修礼的问题也就提到议事日程上来了。为上者如果能"礼贤下士"，重视知识，尊重人才，社会就会朝着健康的方面发展。

后世的礼只看重形式，不注重内容，礼由社会的道德规范和行为规范演变成了人与人交往中的物质关系（物质馈赠），这与古代的礼已经相去甚远了。可惜，我们今天的请客送礼、结婚纳彩礼已经变成了人与人交往中的物质关系。

1　糵，音 niè，酿酒的酒曲。

4. 智

智不诈愚

智者千虑，必有一失

上智下愚

智指的是智慧，是个人判断是非高下的能力。一个人活在世上，如果不辨是非，不知美丑，不明事理，那就是一个愚者。孟子说："恻隐之心，仁也；羞恶之心，义也；恭敬之心，礼也；是非之心，智也。"（《孟子·告子章句上》）孟子还说："由是观之，无恻隐之心，非人也；无羞恶之心，非人也；无辞让之心，非人也；无是非之心，非人也。恻隐之心，仁之端也；羞恶之心，义之端也；辞让之心，礼之端也；是非之心，智之端也。人之有是四端也，犹其有四体也。"（《孟子·公孙丑章句上》）老子说："知人者智，自知者明。"（《道德经》第三十三章）可见，懂得是非曲直，能够透彻地了解他人，这就是智。孔夫子认为"上智下愚"，他说："唯上知与下愚不移。"上指地位高的人，即高贵者，下指地位低的人，即卑贱者，孔夫子说得很肯定。实际上话不好说得太绝对，还是熟语说得比较客观："智者千虑，必有一失；愚者千虑，必有一得。"再聪明的人也有犯错误的时候。

5. 信

信言不美，美言不信

君子言而有信

君子一言，驷马难追

孟子说："有天爵者，有人爵者。仁义忠信，乐善不倦，此天爵也；公卿大夫，此人爵也。古之人修其天爵，而人爵从之。今之人修其天爵，以要人爵；既得人爵，而弃其天爵，则惑之甚者也，终亦必亡而已矣。”（《孟子·告子章句上》）仁义忠信是上天赐予人的高贵品质，它比世俗社会的爵禄要有价值得多，可惜很多人不懂得这个道理。信是做人的必要条件之一，孔子说：“人而无信，不知其可也。”作为一个人，应该言而有信，这样才能得到朋友的信赖。所以熟语说“君子言而有信”“君子一言，驷马难追”。与朋友交要讲信用。治理国家也要讲信用，“国无信不兴”。“子曰：君子进德修业。忠信，所以进德也；修辞立其诚，所以居业也。”（《周易·恒解》）信是君子的标配。但是我们又说信言不美，美言不信。诚信的话听起来不一定那么动听，花言巧语听起来很动人，但往往是不可信的。

三、做人

做人是一切学问里面最艰深的学问，这门学问要学习一辈子，不仅要在书本里学，而且要在实践中学。儒家提倡的仁义礼智信只是说到了做人的一般原则，而真正学会做人还得靠身体力行。只有以身体之，以力行之，才能知道做人的堂奥。中国人非常重视做人这门学问，一生都在探索做人的道理。汉语熟语中有许多都是阐述做人道理的。在做人这门学问中，中庸之道是比较有市场的。程子说：“不偏之谓中；不易之谓庸。中者，天下之正道。庸者，天下之定理。”凡事都取不偏不倚的态度是很难的，但是在做人时如果能够最大限度地体现中庸的思想，那么离中国人所谓的“做人做到家了”也就相差不远了。

1. 穷达

穷则独善其身，达则兼济天下

贫贱不能移，富贵不能淫

穷则思变

穷人的孩子早当家

穷和达是人生的两种境遇，穷是落魄、贫贱、困窘、无奈、穷困潦倒，达是发达、富贵、走运、亨通、春风得意。熟语告诫人们“贫贱不能移，富贵不能淫”。《孟子》说：“富贵不能淫，贫贱不能移，威武不能屈，此之谓大丈夫。”也就是要保持中庸，不偏不倚，无论是贫贱还是富贵都不改本色。当然这是很难做到的，只有真正的人、纯粹的人、脱离了低级趣味的人才能做到这一点。对于中国的知识分子来说，大多怀有报国之心，但是不是每一个人都会有报国的机会，所以中国的知识分子做事做人总是“先天下之忧而忧，后天下之乐而乐”，失意时能够独善其身，“独行其道”，得意时能够兼济天下，“与民由之”。即熟语说的“穷则独善其身，达则兼济天下”。也就是范仲淹所说的：“处江湖之远，则忧其君；居庙堂之上，则忧其民。”（范仲淹《岳阳楼记》）责任感和使命感一直是中国知识分子的胸中锦绣，是中国知识分子的宝贵财富，是历经磨难而九死不悔的硬骨头精神。

2. 善恶

善有善报，恶有恶报，不是不报，时候未到

行善之家有余庆，积恶之家有余殃

人善被人欺，马善被人骑

善必寿长，恶必早亡

善恶不同途，冰炭不同炉

“善有善报，恶有恶报。不是不报，时候未到”，这是中国老百姓最普遍的信念。至于什么是善，什么是恶，理论上很容易说，做好事就是善，做坏事就是恶。那什么是做好事，什么是做坏事呢？每个人可能有每个人的看法。不同的历史阶段也会有不同的善恶标准，如何判断，只能靠老百姓心里的那杆秤了。反正他们相信“多行不义必自毙”，相信“行善之家有余庆，积恶之家有余殃”，相信“善必寿长，恶必早亡”。积德行善是佛家修行的不二法门，所以佛门内外有许多信徒，他们被称为“善男信女”。当然，大部分善男信女行善事实际上是为来生储蓄，虽然来生未卜，但是人们还是希望自己此生的努力能够为来生积累一些善因，争取在轮回中少受一些苦，来世不要变牛变马，最好还托生为人，最好托生在锦衣玉食之家。

3. 人己

先人后己

若要人前显贵，须得背后受罪

若要人不知，除非己莫为

害人之心不可有，防人之心不可无

宁可人负我，切莫我负人

责人之心责己，爱己之心爱人

做人的学问有很大一部分在于如何处理人己之间的关系。熟语中有很多关于人己关系方面的说法，如“先人后己”“宁可人负我，切莫我负人”“责人之心责己，爱己之心爱人”等。经常设身处地地为别人想想，“己所不欲，勿施于人”，有好处让给别人，有困难留给自己，宁可别人对不起自己，也不要做对不起别人的事，这样，自己与别人的关系就会比较融洽。一个人一生中总免不了有一些隐私，但是千万不能做坏事，“天理昭昭”，做坏事总会遭报应的。“你知，我知，天知，地知”之外，总还会有第三人知道，密室策划，免不了隔墙有耳，窗外有人。熟语说得好："若要人不知，除非己莫为。"古代的君子，为人坦荡，绝不做鸡鸣狗盗的事，熟语叫作"明人不做暗事"。熟语说"平生不做亏心事，半夜敲门心不惊""心里没冷病，不怕吃西瓜"，这就是做明人的好处。做君子免不了会经常吃亏，甚至遭人暗算，所以熟语又告诫人们说："害人之心不可有，防人之心不可无。"防人之心已经是做人的难题了，有人希望自己一生能够做到"书有未曾经我读，事无不可对人言"，也有人会告诫你"见人只说三分话，未可全抛一片心"，这很显然是一种矛盾的说法，"事无不可对人言"是理想境界，很少有人能做得到；"未可全抛一片心"是理性做法，毕竟这个世界上还有坏人，有小人，有见利忘义、利令智昏、丧尽天良的人，"养人养只狗，回身咬一口"的事也不是没有。如何处理人己之间的关系才算会做人呢？各人的悟性不同，结论自然也就不同了。

4. 恩怨

知恩图报

滴水之恩，当涌泉相报

知恩不报非君子

知恩不报不如猪，恩将仇报不如狗

君子报仇，十年不晚

量小非君子，无毒不丈夫

人活在世上，总会有各种恩恩怨怨，有人对你好，有人对你不好。在中国文化中知恩图报是做人的起码道德标准。对有些人来说，受人滴水之恩，当以涌泉相报，这些人被称作君子。人们都认为"知恩不报非君子""知恩不报不如猪，恩将仇报不如狗"。不是所有的人都是懂得感恩的，所以恩将仇报的事时有发生。在我们这个社会中，大家赞赏那些嫉恶如仇的人。在中国古代小说中卧薪尝胆，终于报仇雪恨的故事，总能让人拍手称快。“君子报仇，十年不晚”。以君子之道对待君子，以小人之道对待小人。“量小非君子，无毒不丈夫”，前一句说的是对待君子之道，后一句说的是对待小人之道。对小人宽宏大量就等于姑息养奸。

四、取舍

在人生哲学中，有一件事情我们是无法回避的，那就是在生活当中取什么，舍什么。我们所取的都是我们认为有价值的，而我们所舍弃的都是我们认为无价值的。汉语熟语中有一些说法可以看出我们中国人在人生价值方面看重什么，不看重什么。这就是中国熟语中所蕴含的价值观念，它从一个侧面反映了中国人在某些事情上的价值取向。

1. 光阴

> 一寸光阴一寸金，寸金难买寸光阴
>
> 光阴似箭，岁月如梭

“一寸光阴一寸金，寸金难买寸光阴”，人们把光阴比作黄金一点儿也不过分，因为黄金是有价的，而光阴是无价的。在光阴面前人人平等，因为不管你是否愿意，光阴总是无声地流逝，孔夫子在它面前也不得不发出“逝者如斯夫！不舍昼夜”的感慨。“百年光阴匆匆过，人生能有几回搏？”人生是短暂的，光阴荏苒，如白驹过隙，所以我们应该珍惜这短暂的人生。光阴是什么？“光阴可惜，譬诸逝水。”（《颜氏家训·勉学》）有人把光阴比作流水，日夜不停地流淌，在你不知不觉的时候已经悄悄地流走了，永远地失去了。所以诗人对光阴飞逝特别敏感，杜荀鹤《赠李蒙叟》诗有“百年能几日，忍不惜光阴”

的句子，柳永有“须信画堂绣阁，皓月清风，忍把光阴轻弃”（柳永《玉女摇仙佩》）的句子。也有人把光阴比作箭，说明光阴流逝的速度是飞快的。熟语有“光阴似箭，岁月如梭”的说法。人们在飞快流逝的光阴面前很自然会有“时不我待”的想法。

2. 生命

好死不如赖活

留得青山在，不怕没柴烧

生死事小，失节事大

生命是一个过程，我们的祖先早就说过“方生方死，方死方生”，当生命刚刚诞生的时候，它就已经在逐步走向死亡；当生命刚刚走到尽头的时候，它就开始了新的生命旅程。从宗教的角度看，这叫作生命的轮回；从科学的角度看，物质是不灭的，作为一个人，身上寄居着无数个生命形式，它们与人处于一种共生的关系中，它们当中的一些每天都在死去，它们当中的一些又每天都在诞生。当一个人的生命结束的时候，它们有些还继续活着，作为一个人死去的那部分有的变成了新的生命形式。当代生命科学的研究已经证实了“方生方死，方死方生”的观点[1]。对于人来说，生命是宝贵的，第一，生命很短暂，人只不过是这个世界上的匆匆过客，如何在短暂的生命旅程中为世人留下点有价值的东西，这是每个人都会遇到的问题。第二，生命对于我们来说只有一次，所以我们认为生命非常宝贵。中国人尤其重视生命，认为“好死不如赖活”，但是在他们认为必须牺牲生命的时候，还是能够舍生取义、视死如归的。熟语中有“生死事小，失节事大”的说法，

1　参看刘易斯·托马斯（1995）。

说明人们把名节看得比生命还重，对于贪生怕死、苟且偷生、醉生梦死的人，人们是嗤之以鼻的。今天的中国人很推崇匈牙利诗人裴多菲的几句诗：

> 生命诚可贵，爱情价更高。
> 若为自由故，二者皆可抛。

这几句诗也能够代表中国人对生命的态度，当一个人面临生死选择的时候，这几句诗会成为取舍的指路灯。

3. 职业

> 家有三斗粮，不当孩子王
> 好铁不打钉，好儿不当兵
> 男怕入错行，女怕嫁错郎
> 家财万贯不如薄技在身

职业是一个人在社会上安身立命的基础，所以我们在选择职业的时候是非常慎重的。熟语说“男怕入错行，女怕嫁错郎”，过去，男人选择职业和女人选择丈夫都是终身大事。改行或者半路出家总是要比常人付出更大的代价才能获得成功，而嫁错郎则更为严重，因为丈夫是不能更换的，女人必须从一而终。现在已经今非昔比了，换一个职业不是什么大不了的事，换一个丈夫（妻子）也是家常便饭，真的是时代不同了。熟语说“三百六十行，行行出状元”，这话没错，无论从事什么职业，都能为社会作贡献。理论上讲是这样，但是在人们的心目中，不同的职业还是有差别的。今天人们在择业的时候一般要考虑三个方面的因素：或者有权，或者有钱，或者有闲。如果三者一样也没有的话，这个职业就很成问题了。比如说中小学教师，理论上说是一个非常神圣的职业，理应得到全社会的尊敬，因为他们是塑造人类未来的工程师，没有他们便没有我们的未来。但是他们属于既无权（即使有一点儿，权也很有限）、又无钱（工资不高，有些地方甚至半年、一年都不给他们发工资）、也无闲的人（他们的工作量是很大的）。有鉴于此，所以老百姓认为“家有三斗粮，不当孩子王”。中国老百姓在选择职业时还是比较重视技术的。一个人要养家糊口，必须有一技之长，“家财万贯不如薄技在身”说的就是这个意思。

五、矛盾

汉语熟语中的各种说法，内容丰富，包罗万象，但是我们会发现有些说法彼此之间是矛盾的。这也非常好理解，因为世界上的人人生经历不同，所处境遇不同，所以从生活中得到的经验和教训也不同。我们可以从这些看起来互相矛盾的熟语中发现不同的人有不同的人生信条。这也可以看出中国人在处世中的灵活性，到什么山唱什么歌，到什么时候说什么话。

1. 注重名节与明哲保身

> 宁为玉碎，不为瓦全——留得青山在，不怕没柴烧
>
> 路见不平拔刀相助——各人自扫门前雪，莫管他人瓦上霜
>
> 男子汉大丈夫，宁折不弯——男子汉大丈夫，能屈能伸
>
> 匹夫不可夺志——人穷志短
>
> 宁愿站着死，绝不跪着生——好死不如赖活着

中国古代的读书人非常注重名节，他们特别相信人过留名，雁过留声。所以很多人在重大的历史时刻会舍生取义，“宁为玉碎，不

为瓦全”。但是也有许多人在生死面前选择苟活，因为还有一句话，“留得青山在，不怕没柴烧”，越王勾践卧薪尝胆，终于等到有一天可以报仇雪恨。中国古代的侠客“路见不平，拔刀相助”，这需要勇气和本领；对于普通的凡夫俗子来说，自我保护是最重要的，于是就有了“各人自扫门前雪，莫管他人瓦上霜”的说法。俗话说“男子汉大丈夫，宁折不弯”，俗话又说“男子汉大丈夫，能屈能伸”，司马迁受了腐刑，能够忍辱含垢，最终写出《史记》；淮阴侯韩信年轻的时候受胯下之辱，后来为汉王刘邦所重用，拜为大将军，在楚汉相争中为大汉作出了卓越贡献。古人说“穷且益坚，不坠青云之志”，老百姓说“人穷志短，马瘦毛长”。有人说“宁愿站着死，绝不跪着生”，有人说“好死不如赖活着”，可见人和人之间的观念差别很大。

2. 善恶正邪与现实困境

善有善报，恶有恶报——人善被人欺，马善被人骑

邪不压正——道高一尺，魔高一丈

明是一盆火，暗是一把刀——一人不说两面话，人前不讨两面光

口蜜腹剑，笑里藏刀——宁可直中取，不向曲中求

老百姓相信善有善报，恶有恶报。但是又有一句俗话说“人善被人欺，马善被人骑”，相信善恶有报是把现世的矛盾推给了上天，希望天公能够给自己做主，其实很多人也明白这是靠不住的，所以“人善被人欺，马善被人骑”是我们看到的现实状态，这句话告诉我们不能太好欺负，遇到邪恶的力量要反抗。我们都愿意相信“邪不压正”，同时也知道“道高一尺，魔高一丈”。邪和正总是相辅相成，此消彼长的。

3. 顺天应人与怨天尤人

> 天命不可违——人定胜天
>
> 万般皆是命，半点不由人——不认命，只拼命
>
> 命里有时终须有，命里无时莫强求——穷不信命，富不信鬼

在现世生活中总有一些不可抗拒的力量影响着我们的人生轨迹，我们把这种不可抗拒的力量叫作天命。在天命面前，人的力量是极其渺小的。所以人们说“天命不可违”。可是也总有人不甘心，希望通过自己的努力改变命运，他们相信“人定胜天”。有人会说“万般皆是命，半点不由人”，这既是一种无奈，也是一种自我安慰，知其不可如何而安之若素。但是也总有人“不认命，只拼命”，比方说中国寓言故事中的愚公移山，就是与天命抗争的典型。但最终结果还是愚公的这种抗争精神感动了天帝，派夸娥氏的两个儿子把两座山背走了，最终皆大欢喜。这个故事出自《列子·汤问》，读起来并不难懂，我们把它录在下面：

> 太行、王屋二山，方七百里，高万仞，本在冀州之南，河阳之北。
>
> 北山愚公者，年且九十，面山而居。惩山北之塞，出入之迂也，聚室而谋曰：“吾与汝毕力平险，指通豫南，达于汉阴，可乎？”杂然相许。其妻献疑曰：“以君之力，曾不能损魁父之丘，如太行、王屋何？且焉置土石？”杂曰：“投诸渤海之尾，隐土之北。”遂率子孙荷担者三夫，叩石垦壤，箕畚运于渤海之尾。邻人京城氏之孀妻有遗男，始龀，跳往助之。寒暑易节，始一返焉。
>
> 河曲智叟笑而止之曰：“甚矣，汝之不惠！以残年余力，曾不能毁山之一毛，其如土石何？”北山愚公长息曰：“汝心之固，固

不可彻，曾不若孀妻弱子。虽我之死，有子存焉；子又生孙，孙又生子；子又有子，子又有孙；子子孙孙无穷匮也，而山不加增，何苦而不平？”河曲智叟亡以应。

操蛇之神闻之，惧其不已也，告之于帝。帝感其诚，命夸娥氏二子负二山，一厝朔东，一厝雍南。自此，冀之南，汉之阴，无陇断焉。

北山愚公是一个敢于向大自然挑战的老者，但最终还是天帝感其诚，帮助他完成了他的愿望。这个故事说明要想得到天助，先得自己救自己。信奉“命里有时终须有，命里无时莫强求”的人在困难面前只会躺平，并用这句话作为自己躺平的依据。当然也有人“穷不信命，富不信鬼”，相信自己通过努力可以改变命运。

4. 小心谨慎与胆大妄为

小心开得万年船——撑死胆大的，饿死胆小的

谨言慎行——胆大如斗

谨小慎微——胆大包天

说出去的话，泼出去的水——一不做，二不休

在一般情况下，中国人是比较小心谨慎的，认为“小心开得万年船”，小心谨慎可以避免招灾惹祸，遇到事时能躲就躲，不能躲也是“大事化小，小事化了”，宁愿做缩头乌龟或者做鸵鸟。当然也有与这个相反的熟语，例如“撑死胆大的，饿死胆小的”，所以就会有一些胆大妄为之徒，胆大如斗，胆大包天。在一般情况下，很多人都是谨言慎行的，因为他们认为“病从口入，祸从口出”“说出去的话，泼出去的水”，话一旦出口就无法收回了。在被逼急了的情况下，会“一不

做，二不休”，兔子急了会咬人，有人做出极端的反应，实际上是长期被压抑的结果。

5. 坦诚相待与防人之心

路遥知马力，日久见人心——人心隔肚皮

知无不言，言无不尽——见人只说三分话，未可全抛一片心

人和人之间相处应该坦诚相待。但说实话，真正要了解一个人是很难的。人们相信“路遥知马力，日久见人心”，这是有道理的。有的人经得起时间的考验。有的人快言快语，见面自来熟，如“竹筒倒豆子”一般，毫无遮拦，毫无保留，“知无不言，言无不尽”；城府深的人则“见人只说三分话，未可全抛一片心”，他们相信“害人之心不可有，防人之心不可无”。

第三章　汉语成语与古代中国

汉语成语的数量相当可观，上海辞书出版社1987年出版的《中国成语大辞典》共收条目18,000余条，其中比较常用的在3,000条左右。即使18,000条的成语辞典也很难囊括汉语中所有的成语，尤其是很难囊括成语中的典故。中国有漫长曲折的历史，灿烂多彩的古代文化，浩如烟海的文化典籍，这是孕育汉语成语的温床。在漫长曲折的历史隧道中，隐藏着无法计算的历史事件和历史人物以及他们的事迹，随着时间的推移他们已经被历史的风沙掩埋起来；在灿烂多彩的古代文化万花筒中，各种文化变迁和文化浩劫也给古代文化罩上了神秘的面纱，留下的只是一些星星点点的碎片；在浩如烟海的文化典籍中，经史子集只是这片汪洋中的几个岛屿，它们是离我们最近的几个岛屿。要想到中国古代社会的大观园里去观光旅游、探险发掘，寻找已经埋在地下的城市、关隘、村落和道路，寻找已经褪了色的服饰、图画、山水和林田，寻找在今日已经难得一见的少女的笑靥、武士的豪气、诗人的潇洒和野老村夫的诚朴，我们不妨到成语的仓库中去找点线索，兴许能发现一些令人兴奋的蛛丝马迹。

第一节　汉语成语的古典风格

汉语成语在操汉语的社会集团里有着非同一般的魅力，这与汉语成语的古典风格有关。前面我们提到过，在某些语言里，经常使用成语会被人批评为缺乏创造性，语言陈腐乏味；而在汉语里，恰当地运用成语则表明说话人或写文章的人语言修养很高，有文化，有知识，有学问。中国的读书人在讲话、行文的时候会不自觉地使用一些成语，只有这样他们才觉得文章写得洗练。这两种不同的评价固然代表了不同的价值体系，也反映了不同语言之间成语地位的不同。汉语的成语数量众多，有些成语语义的容量很大，有的时候不用成语很难把事情说清楚。例如我们说一个人嘴上说着甜言蜜语，背地里藏着阴谋，当面一套，背后一套，用成语来说四个字就解决了，那就是“口蜜腹剑”。

汉语成语有漫长的历史，每一个成语都代表了一条文明的轨迹，在汉语成语里隐藏着无数个动人的故事，这些故事被浓缩在短短的四字格里，因此它的容量极大。可以说，学会一条成语必须连带着学会与之相联系的背景知识，所以在很多人心目中成语是与语文修养联系在一起的。

汉语成语的古典风格表现在结构上是四字格形式，这与中国文言文的骈俪风格是一致的。中国古代的诗歌、散文、尺牍、公文、论文都很讲究对偶，讲究节奏，所以古文尽管没有标点符号，读书人一般绝不会点不断句读，因为古文的节奏感是很强的，也是有规律的。古代中国的初等教育有一门很基本的功课就是对对子，可见这种训练是一种童子功，是从小就开始了的。这种训练深入人们的骨髓，以至于成了读书人的习惯，一旦要他们改用白话文写作，他们会感到无所适从。我们看到 20 世纪初，人们在从文言文到白话文的过渡中，会有很多不适应。白话文运动初期，人们写的东西文白夹杂，今天读起来别有一番滋味在心头。

汉语成语不仅在构造上体现了它们的古典风格，在词义上也充分体现了它们的古典风格。可以随便举几个例子[1]：

杯水车薪：语本《孟子·告子上》："今之为仁者，犹以一杯水救一车薪之火也。"用一杯水去救一车着了火的柴（古代汉语"薪"，现代汉语用"柴"），比喻力量太小，解决不了问题。

锲而不舍：出自《荀子·劝学》："锲而舍之，朽木不折；锲而不舍，金石可镂。"雕刻一件东西，一直刻下去不放手（古代汉语"锲"，现代汉语用"雕刻"），比喻做事有恒心，能坚持到底。

朝秦暮楚：战国时，秦国和楚国两个诸侯大国互相对立，经常作战，有的诸侯小国为自身利益考虑，时而倾向秦国，时而又依附楚国，比喻做事反复无常。（古代汉语"朝"，现代汉语用"早晨"；古代汉语"暮"，现代汉语用"晚上"）

爱莫能助：语本《诗经·大雅》："爱莫助之。"心里同情，愿意帮助，但是力量做不到。（古代汉语"爱"在现代汉语中的意思是"怜惜，同情"；古代汉语的"莫"今天指"没有什么，没有谁"）

现代汉语是汉语发展的一个历史横断面，它与古代汉语的联系是多方面的，如语音的联系、语法的联系、语义的联系、表达风格的联系等。成语在现代汉语中是保留古代汉语成分最多的语言形式，在汉语成语中，古音、古义、古代语法都在很大程度上有所保留，如：

一暴十寒：语本《孟子·告子上》："虽有天下易生之物也，一日暴

1　本章所引的成语大多选自上海辞书出版社 1987 年出版的《中国成语大辞典》，成语的释义、解说除了作者自己的话以外，还部分转引、参考了《现代汉语词典》修订本（商务印书馆，1996）、《中华成语大词典》（吉林文史出版社，1986）、高光烈编的《分类实用成语词典》（吉林文史出版社，1987）以及上海辞书出版社 1979 年版的《辞海》语词分册。当然，解释不确切的地方由作者负责。

之，十日寒之，未有能生者也。”（“暴”，通“曝”，音 pù，不念 bào。又“目不暇给”中的“给”音 jǐ，不读 gěi；“博闻强识”中的“识”音 zhì，不读 shí；“度德量力”中的“度”音 duó，不读 dù；“暴虎冯河”中的“冯”音 píng，不读 féng；“自怨自艾”中的“艾”音 yì，不读 ài）

怒发冲冠：语本《庄子·盗跖》：“盗跖闻之大怒，目如明星，发上指冠。”冠——“帽子”的古名；又“不速之客”中的“速”，古义为邀请，这里用的就是古义；又“不经之谈”中的“经”，古义为常也，常者，常规也，“不经”即不合常规，进而引申为荒诞，没有根据。

人莫予毒：语本《左传·宣公十二年》：“及楚杀子玉，公喜而后可知也，曰：‘莫予毒也已。’是晋再克而楚再败也，楚是以再世不竞。”目空一切，认为没有谁能威胁或伤害我。“人莫予毒”结构为 S-P（S-O-V），这是古汉语语法：宾语在动词之前。又“惟利是图”“时不我待”等在结构上都是古代汉语的。

汉语成语不仅在语音、语义和语法上表现出古典风格，在词汇形式上和结构方式上也体现了古代汉语的特点，比如说古代汉语单音词占绝对优势，成语中也是这样；比如说古代汉语在表达上对称形式特别丰富，成语中也是这样。毫无疑问，学好成语必须熟悉它们的古典风格，并且喜欢这种风格，在实践中自觉地运用这种风格。

汉语成语的古典风格还表现在修辞上：在古代中国，文人写文章很讲究修辞，除了节奏上的整齐匀称之外，在表达方式上还讲究文采，所谓“言之无文，行之不远”；而古人行文最讲究的修辞方式是大量地运用比喻。在我们的成语中，比喻这种修辞手法比比皆是。试看下面的例子：

抱薪救火：抱着柴禾救火，比喻解救祸患不得法，反而使祸患蔓延扩大。

缘木求鱼：爬到树上去找鱼，比喻方法不对，劳而无功。

掩耳盗铃：掩着耳朵偷铃，比喻自欺欺人。

水中捞月：在水里捞月亮，比喻劳而无功。

飞蛾扑火：飞着的蛾子扑向火焰，比喻行事自取灭亡。

揠苗助长：用手把小苗拔高以帮助小苗成长，比喻急于求成，违反事物发展规律，结果把事情弄糟。

竭泽而渔：把水抽干而捕鱼，比喻只顾眼前利益，不为将来着想的短期行为。

以上一些成语都带有寓言的性质，中国古代的寓言故事几乎都作为成语形式保留下来了，而所有的寓言故事都是一个比喻：

守株待兔　塞翁失马　愚公移山　叶公好龙　刻舟求剑　杯弓蛇影

南辕北辙　坐井观天　掩耳盗铃　东施效颦　盲人瞎马　老马识途

亡羊补牢　火中取栗　削足适履　画蛇添足　邯郸学步　郑人买履

买椟还珠　鹬蚌相争　对牛弹琴　黔驴技穷　杞人忧天　自相矛盾

每一个寓言故事都在讲述一个道理，而这个道理都在故事之外，寓言本身就是用比喻性的故事来寄托一种意味深长的道理。汉语成语中的比喻很丰富，但是我们可以看到，大量的比喻都用动物、植物或自然现象做喻体，这也是汉语成语在表达方式上的一个特点。比如：

1. 动物喻体

在汉语成语中，以动物作为喻体是比较常见的。这些动物都是我们的先民生活中常见的，例如狼虫虎豹，猪狗牛羊等。当然也有一些是我们文化中特有的动物名称，在现实生活中可能不存在。比如龙凤、鲲鹏、麒麟等。

叶公好龙 杯弓蛇影 狗急跳墙 狗仗人势 狗苟蝇营 盲人瞎马
孤鸾寡鹤 孤雏腐鼠 兔死狐悲 管中窥豹 纵虎归山 狐假虎威
牛头马面 鬼哭狼嚎 釜中之鱼 惊弓之鸟 井底之蛙 龟文鸟迹
为虎作伥 过江之鲫 凤毛麟角 虎头蛇尾 与虎谋皮 焚琴煮鹤
瓮中之鳖 蜂目豺声 虎背熊腰 狼吞虎咽 鸡鸣狗盗 一丘之貉
一龙一蛇 一箭双雕 一鳞半爪 十鼠同穴 鲲鹏展翅 狡兔三窟
山鸡舞镜 摇尾乞怜 万马齐喑 门可罗雀 黔驴技穷 飞燕游龙
飞鹰走狗 蛛丝马迹 车水马龙 犬马之劳 劳燕分飞 虎啸龙吟
虎穴龙潭 不舞之鹤 爱屋及乌 龙飞凤舞 龙凤呈祥 凤雏麟子
凤友鸾交 雕虫小技 双宿双飞 龙腾虎跃 龙肝凤胆 龙马精神
东门黄犬 打草惊蛇 鼠目寸光 对牛弹琴 投鼠忌器 心猿意马
噤若寒蝉 翩若惊鸿 鹤立鸡群 燕语莺声 鲸吞虎噬 螳螂捕蝉
虾兵蟹将 攀龙附骥 虎视眈眈

2. 植物喻体

以植物作为喻体的成语数量也非常多。这些植物包括花草树木，具体的包括杨柳松柏、桃李梅竹等。例如：

焚芝锄蕙 人面桃花 刀山剑树 门墙桃李 沧海一粟 天女散花
寻花问柳 不毛之地 望梅止渴 豆蔻年华 火树银花 花容月貌
风木之悲 风吹草动 水性杨花 水流花谢 石枯松老 金枝玉叶
玉叶金柯 出类拔萃 兰心蕙性 兰薰桂馥 兰艾同焚 芝兰玉树
芝焚蕙叹 枯木逢春 兰桂齐芳 良莠不齐 岁寒松柏 春华秋实

杀人如麻　视如草芥　投桃报李　折柳攀花　折桂攀蟾　蟾宫折桂
芙蓉出水　花门柳户　花街柳巷　花残月缺　含英咀华　鸡犬桑麻
枝繁叶茂　枇杷门巷　松乔之寿　松萝共倚　松筠之节　青梅竹马
拔茅连茹　拔葵去织　明日黄花　兔丝燕麦　草衣木食　春树暮云
树大招风　柳影花阴　浮瓜沉李　浮萍浪梗　黄杨厄闰　萍水相逢
十步芳草　蒹葭倚玉　薪桂米珠　势如破竹　胸有成竹　竹报平安
竹篮打水

3. 自然现象喻体

自然现象包括天上的日月星辰、风云变幻，地上的江河山川，大自然中的雨雪雷电、海市蜃楼。例如：

白云苍狗　风卷残云　风雨飘摇　一衣带水　天翻地覆　风调雨顺
风驰电掣　过眼云烟　风流云散　云蒸霞蔚　云雨高唐　风起云涌
日月蹉跎　乌烟瘴气　海市蜃楼　月黑风高　风云月露　风月无边
风平浪静　风花雪月　风雨如磐　刀山火海　风鬟雾鬓　白云孤飞
阳春白雪　捕风捉影　星移斗转　转死沟壑　凄风苦雨　青天白日
青云直上　拨云见日　和风细雨　饱经风霜　波澜壮阔　波澜老成
流水行云　风云际会　浮云蔽日　海不扬波　风雨同舟　惊涛骇浪
雷霆万钧　雷厉风行　清风明月　餐风吸露　气冲斗牛

古人喜欢比喻，这反映了古人“喜曲不喜直”的审美观念。古人选取了离他们的日常生活最近的动物、植物和自然界中最常见的雨露风霜、日月星辰做比喻的喻体，这也说明了古人与大自然水乳交融的紧密关系。这个现象是非常有意思的，比喻实质上是一种曲折的表达方式，那么我们的古人为什么非要选择这种曲折的表达方式不可呢？

一是因为曲说比直说更生动、更形象，二是因为有些思想内容直说有一定的困难，不如曲说来得方便，三是因为古人的思维习惯比较适合用曲说来表达自己的思想，这也可以作为成语之所以保存古典风格的一个明证。现在我们知道了，不仅汉语如此，我们的生活中也是离不开隐喻的[1]。

第二节　成语中的古代社会人物百态

语言符号是信息的载体。在时间的长河中，语言符号是川流不息的滔滔之水，这滔滔之水汇聚了许许多多的涓涓细流，从古远的过去一直流到今天，一路上挟沙卷石，餐风饮露，翻过了无数的高山峻岭，跨越了无数的荒原大漠，经历了无数个春夏秋冬，沐浴了无数次战火硝烟，目睹了无数次改朝换代，听到过鬼夜哭，遇到过天雨粟……它们能告诉我们的实在太多。成语在语言符号中有特殊的地位，因为它们是在历史的长河中逐渐长成并流传下来的，在它们身上，黏附着许多历史的烟尘，打上了清晰的历史烙印，我们可以从它们身上看到中国古代社会的人物百态、社会风情、风花雪月、刀光剑影、大漠边关、衣食住行、神佛圣贤、渔隐尼僧、豪强节烈、歌舞升平、诗文书画、君臣师生、忠孝恩仇、酒色宾朋、山川风物、岁时纪龄等等等等。可以说，成语中无所不包，应有尽有。

说起古代社会的历史风貌，首先碰到的是各种各样的人，他们分属于社会的各个层面，在不同的社会环境里扮演着各种各样的角色，很难一言以蔽之，况且自从盘古开天地，三皇五帝到于今，经历了那么多的朝代，出现那么多的英雄豪杰，忠臣节烈，地痞流氓，牛鬼蛇

1　参看 Lakoff，George & Mark Johnson（1980）。

神，才子佳人，僧道神仙，还有数不清的小人物。要想一一道来是做不到的，我们只能拣一些外在的东西说说，那也肯定是挂一漏万。这种举例性的叙述难免会给人一种雾里看花的感觉。我们就管中窥豹吧。

一、“三教九流”与“五花八门”

我们平时所说的“三教九流”指的是各种职业的人，可是在古代，“三教”是确有所指的儒教、道教、佛教。这三教在中国是有很多信徒的，无论从时间上看还是从空间上看，它们的影响都是巨大的。而“九流”是封建社会对人的分类，有“上九流”“中九流”和“下九流”。

上九流：帝王、圣贤、隐士、童仙、文人、武士、农、工、商；
中九流：举子、医生、相命、丹青、书生、琴棋、僧、道、尼；
下九流：师爷、衙差、升秤、媒婆、走卒、时妖、盗、窃、娼。

我们今天所说的“五花八门”，原来指的是古代兵法中的两种阵法：五行阵和八门阵，因为它们的变化很多，所以用来比喻花样繁多，变化多端。可是在一个世纪以前，“五花八门”又用来暗喻各种职业的从业人员：

五花：金菊花（卖茶女）；木棉花（游方郎中）；水仙花（酒楼歌女）；火棘花（杂耍艺人）；土牛花（挑夫）。

八门：一门巾（算卦的）；二门皮（卖药的）；三门彩（变戏法的）；四门挂（走江湖的）；五门平（说书的）；六门团（卖唱的）；七门调（搭棚扎纸的）；八门聊（高台唱戏的）。

“三教九流”与“五花八门”指的是古代社会各种职业的各种人

物，这只是他们的身份特点，实际上远远没有把古代社会的三百六十行都包括进去，即使是管中窥豹，我们也可以看到古代中国各式各样的人物，所谓五行八作，人人都有自己活动的舞台。古代社会的三教九流中，有些行当今天已经销声匿迹了，我们只能在历史教科书和古典小说以及传统戏剧中看到他们的形象。到今天，大多数人在使用“三教九流”和“五花八门”时甚至不知道它们原来的意思，更说不出来它们所代表的各种行业。成语为我们保留了古代社会的许多东西，因为有了这些成语，现代与古代之间便有了一座可以沟通的桥梁。

二、“道貌岸然”与市井众生相

“道貌岸然”本来指神态严肃庄重，高傲不可侵犯的样子，原来是个褒义词，后来经过发展变化，今天我们用这个词来描写那些故作正经的伪君子，已经成了贬义词。汉语的成语有许多是描摹人类众生相的，这些描摹可以说非常传神，今天，当我们重温这些成语的时候，我们不能不为我们祖先的创造力感到骄傲。

在古代中国，儒、释、道三教都在各自的轨道上发展，此消彼长，儒者雅，释者肥，道者瘦[1]，因为三家修炼的方法不同，虽然各教内部有许多宗派，但是大致说来，儒家用的是修齐治平的功夫，追求现世的功名；佛家修的是万法皆空的法门，面壁十年冥思苦想，追求的是摆脱人生八苦，往生西方极乐世界；道家不外乎气功导引、炼汞结丹，希望有朝一日羽化登仙，甚至希望一人得道，鸡犬也跟着沾光。在俗人看来，儒生风流倜傥，走八字步，做八股文，张口文王圣贤，闭口仕途经济，为官则忧国忧民，为文则捻酸弄醋，既可敬又可笑；和尚道士呢？和尚慈悲为怀，所以常常是慈眉善目的，穿芒鞋，着百衲衣，口称“阿弥陀佛”，看人时眼里透着智慧；而道士呢则因为餐霞吸露，

1 佛家修的是坤门，所以和尚一般都比较胖，而道士修的是乾门，所以道士都比较瘦。

所以常常鹤发童颜，看起来有道骨仙风，面貌奇古，他们最常用的道具是羽扇纶巾，葫芦宝剑。僧道儒的典型形象都有专门的成语来描写，因为他们都是求道之人，因此在俗家看来，多少都有些严肃庄重。比如风流蕴藉、方领矩步是儒者相，飘飘欲仙、奔逸绝尘是道者相，青灯黄卷、菩萨低眉是释者相。那么，市井小民怎么样呢？

所谓市井小民指的是布衣百姓，芸芸众生，他们是社会的大多数，因此他们没有统一的性格，不可能千人一面，他们是最丰富多彩的一群。有人把他们视如草芥，有人把他们牧为牛羊，也有人把他们看成可以载舟也可以覆舟的大水。有人把他们当成衣食父母，认为“民为重，君为轻”，也有人自称是他们的衣食父母，可以骑在他们头上作威作福。那么他们究竟是什么样的一群人呢？他们当中有正人君子，也有势利小人，有慷慨悲歌之士，也有鸡鸣狗盗之徒，有村夫俗子，也有林下隐士。有人为人耿介，刚正不阿，有人八面玲珑，左右逢源，有人卧薪尝胆，刺骨悬梁，居无求安，食无求饱，以期他日飞黄腾达，扶摇直上九万里；也有人及时行乐，得过且过，庸庸碌碌，麻木不仁，吃得脑满肠肥，典型的酒囊饭袋。他们当中有人一诺千金，有人言而无信，有人受人点滴之恩以涌泉相报，也有人过河拆桥见利忘义，甚至以怨报德；有人乐善好施，有人一毛不拔，有人温文尔雅，有人粗鄙无礼，有人安分守己，从来不做非分之想，也有人贪得无厌，得陇望蜀，从来不知足……

几乎每一类人，每一种行为，每一副德行，每一款特征都有相应的成语来刻画描写，因此我们完全可以从汉语成语中看到各种各样的面目，各种各样的嘴脸，各种各样的心肠，各种各样的举止。成语是一面镜子，它可以照出人世间的美丑善恶；成语又是一个大舞台，每个人都能在上面找到自己的位置。

人以群分——成语中有各种各样的人，有好人也有坏人。他们构成了中国古代社会的社会风俗画卷。每一个成语代表了一类人，而每一类人又都通过成语打上了各种类型烙印，可以说，这些成语是古代社会各类人物的标签。例如：

贩夫走卒 散兵游勇 地痞流氓 牛鬼蛇神 仁人志士 村夫村妇
城狐社鼠 害群之马 善男信女 梁上君子 三姑六婆 孝子贤孙
草莽英雄 优孟衣冠 天涯浪子 断雁孤鸿 鳏寡孤独 谦谦君子
忠孝节烈 大智大勇

物以类聚——人可以根据他们所从事的工作和他们自身的特点进行分类，也可以根据他们的个性特征进行分类。下面一些成语都与人的个性特征有关：

褒义的

精明强干 游刃有余 多才多艺 神通广大 满腹经纶 学富五车
老成持重 炉火纯青 眼明手快 玲珑剔透 足智多谋 明察秋毫
临危不惧 奋不顾身 视死如归 赴汤蹈火 绵里藏针 百折不挠
大义凛然 披肝沥胆 四平八稳 循规蹈矩 安贫乐道 洁身自好
废寝忘食 乐天知命 克勤克俭 脚踏实地 文质彬彬 温文尔雅
古道热肠 虚怀若谷 通情达理

贬义的

刁钻古怪 口蜜腹剑 狼心狗肺 阳奉阴违 厚颜无耻 奴颜婢膝
胡搅蛮缠 俯首帖耳 刚愎自用 油腔滑调 志大才疏 鼠目寸光
苟且偷安 游手好闲 朝三暮四 醉生梦死 好大喜功 自作聪明
目空一切 趾高气扬 随波逐流 飞扬跋扈 得寸进尺 利欲熏心
男盗女娼 心劳日拙 损公肥私 沐猴而冠 狼子野心 朋党比周

以上这些成语刻画了市井小民的各种面目，各种类型，各种神态，各种嘴脸，有的褒，有的贬，这也反映了中国人在为人处世方面的价值取向，每一条成语都可以成为某一类人的考语。我们可以从成语中看到中国古代社会的各种人物以及他们的各种面具、各种表演。当然以上成语也不仅仅反映了中国古代社会各类人物的各种面目，这些人物在当今社会依然存在。这是用道德这架显微镜来看人，其间不包含审美问题。下面我们要讨论的话题就与我们中国古代的审美趣味有关了。

三、“沉鱼落雁，闭月羞花”

看到这两个成语，我们自然会想到古代的美人，《庄子·齐物论》：“毛嫱、丽姬，人之所美也；鱼见之深入，鸟见之高飞，麋鹿见之决骤，四者孰知天下之正色哉？”又宋·古杭才人《宦门子弟错立身》二折：“看了这妇人，有如三十三天天上女，七十二洞洞中仙，有沉鱼落雁之容，闭月羞花之貌。”能使鱼沉入水底，使雁落地，使月亮躲起来，使花儿感到羞愧，那该是什么样的美人呢？这样的美女只能在想象中存在，假如实写，必不能肖其万一，想象中的美人才是最美的。

中国古代描写美人的成语有很多，有的是实写，有的是虚写，它们都可以代表古人的审美趣味，我们可以通过这些成语来看一看我们祖先心目中的美人是什么样子。

实写就是直截了当开门见山地写，不用比喻、借代这样的修辞手段；虚写就是用比喻、借代等修辞手法婉转地写。比如写眉眼和牙齿实写则“眉清目秀、明眸皓齿、眉目如画”，虚写则“春山八字、蛾眉皓齿、星眸皓齿”；又如写容颜实写则“朱唇粉面”，虚写则“花容月貌”。从表达效果上看，实写不如虚写，因为实写没有想象的余地，而虚写则有很大的想象空间。所以下面我们主要以虚写的成语为例，来看一看古人对美人的描写。

从古人观察的角度来看，我们发现他们对美人的描写是全方位的，从上到下，从里到外，从音容到笑貌，从性情到品行都有具体的描写，这体现了他们的审美标准。在他们的眼里，美女的美表现在许多方面，有内在的美，叫作“兰心蕙质”；有外在的美，叫作“仙姿玉色”；有具体的美，叫作“粉妆玉琢”；有抽象的美，叫作“天香国色”；有神态的美，叫作“仪态万方”；有神情的美，叫作“丰神绰约”；有身材的美，叫作“亭亭玉立”；有肌肤的美，叫作“玉骨冰肌”；有浓艳的美，叫作“丰姿冶丽”；有庄重的美，叫作“烟视媚行”；有柔弱的美，叫作“小鸟依人”；有刚健的美，叫作“飒爽英姿”；有装饰的美，叫作“风鬟雾鬓”；有自然的美，叫作“婀娜多姿”；有温馨的美，叫作“红袖添香”；有香艳（触觉和嗅觉）的美，叫作“软玉温香”；有贞洁的美，叫作“冰清玉洁”……美人的笑叫作“嫣然一笑”；美人的声音叫作“燕语莺声”；美人的歌喉叫作“珠圆玉润”；美人的醉酒叫作“玉山倾倒”；美人的不幸叫作“红颜薄命”；美人的悲伤叫作“楚楚可怜”；美人的夭折叫作“香消玉殒”……

从古人的修辞手法上看，我们发现他们对美人的描写离不开花草、珠玉、冰雪和各种颜色，花草、颜色取其鲜艳，珠玉、冰雪取其纯洁，由此可见古人对女性美的价值取舍不离色和洁两条。在好色的人看来，美女应该是“秀色可餐”的；在卫道的人看来，美女应该是“守身如玉的”。对卫道者来说，“红杏出墙”是美人的一个污点，而“冶容诲淫”则十恶不赦了。

从美人的身份来看，来自小家小户的叫作“小家碧玉”，来自朱门绣户叫作“大家闺秀”；来自秦楼楚馆的叫作“路柳墙花”，来自良家的叫作“窈窕淑女”；有文才的美女叫作“秀外慧中”，有灵性的美女叫作“姑射神人”……

美人的能量不可谓不大，她可以“一顾倾人城，再顾倾人国”；美人的魅力不可谓不大，她可以让汉武帝“作金屋贮之”；美人的历史功绩不可谓不卓著，有西施使美人计帮助越王勾践卧薪尝胆，最后灭了吴国；有王昭君北越关山大漠和番，长保边境安宁；美人的才华也很了不起，见诸文字的才女有续写《汉书》的班昭，有续写《后汉书》的蔡文姬，有才貌双全的谢道韫，有大名鼎鼎的诗人薛涛、词人李清照，有“人中柳如是，是如柳中人”的柳如是，等等。

在有审美趣味的人看来，典型的美人应该是“柳眉如烟、肤若凝脂、脸似出水芙蓉，静如处子，动如脱兔，回眸一笑，秋波荡漾”。这是一种古典的美，与现代的玉腿酥胸、大嘴高臀迥然不同。我们可以通过成语看到古人眼中的美人到底是个什么样子。至于那些描写美女各种神态的成语到底是什么意思，那就只有靠意会了。文字所表现的东西有时是画不出来的，正是：“卷中正有家山在，一片伤心画不成。”曹雪芹所描绘的大观园中的女孩子个个都美若天仙，这就是语言的力量和文字的力量，在现实生活中我们很难找到这样的美女。在把《红楼梦》改编成电影或电视剧的时候，选演员是一件十分困难的事，因为每个人心中都有一个林妹妹。用成语描绘出来的美人都有很多想象的成分在内，一旦落实到具体的人身上，想象的成分就没了。

四、帝王将相，文武百官

中国封建社会的历史很长，一部《二十四史》基本上就是帝王将相的历史。文武官员、黎民百姓在封建社会这个星系中都是围绕着皇帝转的，而皇帝则是奉天承运、天授君权的真龙天子。王侯将相、文武百官所做的一切都是为了讨得皇帝一人的欢心，因为社稷江山是皇帝家的社稷江山，黎民百姓是皇帝的子民，皇帝有权力把他的土地财富和人民分封给在建立帝业时有功的人，他也可以随时取消这些人的禄位。权力是中国封建体制中一个最有诱惑力的东西，对于文武百官来说，权力就是生命，有人不惜为此倾家荡产，甚至杀妻求将（《史记·孙子吴起列传》："齐人攻鲁，鲁欲将吴起。吴起娶齐女为妻，而鲁疑之，吴起于是欲就名，遂杀其妻，以明不与齐也。鲁卒以为将。"后来用"杀妻求将"这个成语比喻不惜伤天害理以追求功名利禄）。

与帝王将相有关的成语有很多，比如：

帝王：称孤道寡　万寿无疆　至高无上　垂帘听政　黄袍加身　高山仰止
帝业：斩蛇逐鹿　创业垂统　成则为王　败则为寇　问鼎中原
贤王：兴文偃武　与民同乐　爱民如子　甘棠遗爱
暴君：荒淫无道　暴戾恣睢
亡国之君：乘舆播越　卧薪尝胆
明君：与民休息　内圣外王　励精图治
诤臣：犯颜苦谏　面折廷争
忠臣：鞠躬尽瘁　忠君报国　克己奉公　孤臣孽子
能臣：文经武略　安邦定国　拔山扛鼎
功臣：拜将封侯　封妻荫子　加官进爵
勋臣：丹书铁券　三朝元老
权臣：位极人臣　钦差大臣　钟鸣鼎食
佞臣：犯上作乱　逆臣贼子　卖官鬻爵　挟势弄权
奸臣：助纣为虐　卖国求荣　认贼作父

与帝王将相有关的成语还有很多，如"飞熊入梦"是帝王得贤臣的征兆，"诚惶诚恐"是臣子伴君如伴虎的写照，"日理万机"是君臣勤政的颂词，"服晚乘轩、钟鸣鼎食"是王侯家的气派排场，"冠盖如云、汉官威仪”是王侯出门临政时的仪仗……

与文武百官有关的成语也有很多，如：

达官显宦　达官贵人　公子王孙　皇亲国戚　贪官污吏……

有两袖清风的廉官，也有贪赃枉法的贪官；有铁面无私的清官，也有徇私舞弊的昏官；有任人唯贤的好官，也有任人唯亲的坏官；有的官兴利除害，流芳百世；有的官鱼肉百姓，遗臭万年；有的官争名于朝，有的官争利于市；有的官忧国忧民，有的官尸位素餐；有的官仁民爱物，有的官欺下罔上；有的官礼贤下士，有的官骄奢淫逸；有的官功成身退，有的官居功自傲……在古人看来，好官不多，贪官遍地，也有苛政猛于虎的虎狼之官，老百姓的民脂民膏养活了一大批锦衣玉食、珥金拖紫的寄生虫，他们骑在百姓头上作威作福，所以有“一任清知府，十万雪花银”的说法。

封建社会的官场十分龌龊，钩心斗角，争权夺利，乌烟瘴气。这方面的成语有很多，例如：

结党营私　党同伐异　官情如纸　营私舞弊　沆瀣一气

狼狈为奸　知法犯法　臣门如市　祸国殃民　祸起萧墙

得势时炙手可热，每天门庭若市，迎来送往不断；失势时灶冷锅寒，门庭若市变成了门可罗雀，只有面壁反思，感慨世态炎凉。身居庙堂之高，出入轻裘肥马，日日甘旨肥浓，他不会想到一旦遭贬，峨冠博带变成布衣韦带，前呼后拥变成了形影相吊，如果不慎惹得龙颜大怒，免不了感叹：“东门黄犬，固以长悲；南阳白衣，何可复得！”（南朝·陈·徐陵《梁贞阳侯重与王太尉书》）《史记·李斯列传》：“二世二年七月，具斯五刑，论腰斩咸阳市。斯出狱，与其中子具执，顾谓其中子曰‘吾欲与若复牵黄犬，俱出上蔡东门逐狡兔，岂可得乎！’”后来“东门黄犬”这一成语用来指做官遭祸，抽身悔迟的感慨之言。在历代封建王朝中为官的各级官吏，有人得志，有人失意；有人“朝为田舍郎，暮登天子堂”，有人“一封朝奏九重天，夕贬潮州路八千”。

五、英雄豪杰，侠客强徒

中国人是崇尚和平的民族，尚武精神比较少，老百姓都很安分守己，尤其在江南一带，文化氛围比较浓，舞文弄墨的多于舞枪弄棒的，那里是人文荟萃之地，温柔富贵之乡。然而这并不能掩盖燕赵“慷慨悲歌之士”的光辉。中国人仍然把英雄豪杰、侠客强徒的故事写进历史，写进诗歌，编成戏剧，让子孙后代也沐浴一些先辈英雄主义的余晖。

侠客在中国有特殊的地位，中国的侠客精神与堂吉诃德的骑士精神不同，中国侠客的作为与罗宾汉式的绿林行径也不太一样，中国的侠客在精神上更像佐罗。侠与义是一对孪生兄弟，《三侠五义》《七侠五义》的故事在民间广为流传，现代的武侠小说也深受欢迎，这是因为普通老百姓非常希望能有义士侠客主持正义，为老百姓除暴安良。

侠客都是一些武艺高强、舍己助人的人物，但是也有一些武艺超群、仗势欺人的强人，打家劫舍，杀人越货。在汉语中，英雄豪杰与侠客好汉都有很多成语，土匪强徒也有不少成语。他们在老百姓的日常生活中并不常见，但是人们在茶余饭后却很愿意谈起他们、评论他们。古代的武侠小说（如文康的《儿女英雄传》），当代的武侠小说（如金庸的《射雕英雄传》《雪山飞狐》等），武侠电影以及电视剧在中国老百姓中都有很有市场，因此，英雄、游侠已经变成中国人文世界中不可或缺的重要角色了。

英雄豪杰

叱咤风云 暴虎冯河 中流砥柱 拔山扛鼎 一世之雄 济困扶危
临危不惧 赴汤蹈火 视死如归 气吞山河 气冲霄汉 拔山超海
披荆斩棘 纵横天下 威武不屈 济世安邦 呼风唤雨 替天行道

英雄豪杰在中国人的心目中是崇敬、仰慕的对象，所有关于英雄豪杰的成语都是褒义的。他们强悍，在社会舞台上威力无比，可以“力拔山兮气盖世”，可以“叱咤风云”，“叱咤则风云兴起，鼓动则嵩华倒拔”(《梁书·元帝记》)，可以“拔山扛鼎”“拔山超海”；他们勇敢，在危险面前“脸不变色心不跳”，可以“临危不惧”“视死如归”，可以“暴虎冯河”(赤手空拳与猛虎搏斗，不用舟船涉水过河)；他们坚韧，为了信仰、道义、朋友和理想可以“赴汤蹈火”“披荆斩棘”；他们方正，在发生灾难时可以“扶危济困”，在社会动乱时可以“济世安邦”，在豺狼当道时可以“替天行道”；他们有英雄气概，可以“呼风唤雨”“气吞山河”。总而言之，英雄豪杰必须具备许多优秀品质。中国有句老话，叫作“时势造英雄”，如果不是生逢其时，英雄也没有用武之地。

侠客

轻财任侠 劫富济贫 五陵豪气 仗义疏财 路见不平 拔刀相助
见义勇为 一掷千金 锄强扶弱 慷慨捐生 济苦怜贫 抱打不平

侠客是中国古代一种特殊的人文现象。侠客指的是这样一种人：他们义气用事，重然诺，言必行，行必果，轻钱财，轻儿女私情。他们以公平自诩，“路见不平，拔刀相助”，从某种意义上说，侠客是一种个人英雄主义的产物。中国的侠客又称游侠，《史记·游侠列传》：

“今游侠，其行虽不轨于正义，然其言必信，其行必果，已诺必诚，不爱其躯，赴士之厄困。”侠客是一些武艺高强、特立独行的人物，历史上有“儒以文乱法，侠以武犯禁”的说法，老百姓对“劫富济贫”“仗义疏财”“锄强扶弱”的侠客由衷地敬佩，诚心诚意地欢迎，而统治阶级对侠客也尽量拉拢利用。所以有些侠客由自觉主持正义的英雄好汉变成了为有权有势者所豢养的鹰犬，成了压迫者的帮凶和爪牙。

强徒

明火执仗 欺男霸女 飞扬跋扈 趁火打劫 饿虎饥鹰 暴内凌外
亡命之徒 巧取豪夺 江洋大盗 戴鸡佩豚 滥杀无辜 谋财害命
混世魔王 蜂目豺声 敲骨吸髓 杀人如麻 不可一世 鸡鸣狗盗
鸠占鹊巢 杀人越货

侠客是一些具有侠义心肠的强人，而有些强人不仅没有侠义心肠，而且还无恶不作，我们把这些人叫作强徒，或者干脆叫作强盗。他们用暴力“欺男霸女”“滥杀无辜”，他们“明火执仗”“杀人越货”，他们“鱼肉乡里”“为非作歹”，他们是地头蛇，是亡命徒。上面所列的成语都是描写这些人的。

英雄豪杰是国家栋梁，是时彦才俊，是不可多得的人物；侠客是时代的产物，侠客的产生与滋蔓反映了中国古代的社会风尚；而强徒其实也常常是一些被逼上梁山的老百姓，俗话说“穷山恶水出刁民”，可见，刁民的产生和刁民变成强盗与社会的腐败、吏治的废弛有关。有道是“盗亦有道”，朝廷如果没有欺君误国的奸佞之臣，君主又能够招贤纳士，使人尽其才，强徒也能变成良民。

六、旅人

古代中国交通不便，人们一般来说不愿意离开自己的家乡，但是有时为了实现“读万卷书，行万里路”的梦想，或者为了到更广阔的人生空间去寻觅人生的意义，或者为了躲避兵祸，或者为了贸易，或者为了宣扬自己的政治主张，或者为了其他一些不得已的原因（比如说发配充军、进京赶考等），不得不背井离乡，走上漫漫的旅途，不知道什么时候才能回到自己熟悉的家乡。很可能等他回来时，已经是“乡音无改鬓毛衰，儿童相见不相识”了。所以，古代的旅人都有一种凄凉的心境，与之相伴的是朋友亲人送别时的伤感和淹留异乡时对故乡的怀念。我们从今天的成语中仍然能体味到古代旅人的落寞、孤寂和复杂的心绪。唐代诗人许浑《秋日赴阙题潼关驿楼》诗清楚地表明了旅人的这种心境。

红叶晚萧萧，长亭酒一瓢。残云归太华，疏雨过中条。
树色随山迥，河声入海遥。帝乡明日到，犹自梦渔樵。

送别

古人说“情多是病”（沈邈语），而离别最能牵动人们的情思。因此送别是人生当中最令人心动的时刻，许多文人在送别时会饮酒赋诗，以抒发离别之情。即使是普通人，在离别的时刻也会想到“天涯孤旅”“人去楼空”这样的词句，也会生出“人生聚少离多”的感慨。因为分别就意味着各奔东西，这与中国人喜聚不喜散的性格正好是一对矛盾。与离别相联系的就是别后的相思，因此送别是人的情感迸发的契机，中国人向来以含蓄内向著称，而一些描摹离愁别绪的诗词写得催人泪下，久而久之，送别几乎成了一种象征，与离别有关的成语也都是一些具有象征意义的意象。如：

长亭短亭：古代的亭子是供人休息用的，而设在路边的亭子是专门为旅人准备的。送别、饯行常常在路边的亭子里进行，所以长亭短亭就有了象征意义，一提到它们就令人想到离别。李白《菩萨蛮》词有“何处是归程？长亭连短亭”的句子。古人写的送别诗词常常用到长亭短亭这样的字眼儿。比如宋人林逋的《点绛唇》词：“金谷年年，乱生春色谁为主。余花落处，满地和烟雨。又是离歌，一阕长亭暮。王孙去，萋萋无数，南北东西路。”今人李叔同的“长亭外，古道边，芳草碧连天，晚风拂柳笛声残，夕阳山外山。天之涯，地之角，知交半零落。一壶浊酒尽余欢，今宵别梦寒”写的也是离别的情景。

灞桥折柳：灞河是陕西中部的一条河，流经长安，北入渭水；灞桥是灞河上的一座桥。古人离开长安时在灞桥与朋友告别，朋友折柳相送。所以灞桥折柳就象征着送别。按：“柳”与“留”谐音。

一曲阳关：《阳关三叠》是古曲，古人在送别的时候歌阳关调以壮行色。比如王维的《渭城曲》有“劝君更尽一杯酒，西出阳关无故人”的句子。元人无名氏的《端正好》曲有“三杯别酒肝肠断，一曲阳关离恨添”的词句。

“长亭”“灞桥”“阳关”这些普通的词语在中国成语中取得了特殊的意义，它们所隐含的社会文化信息是由特殊的人文现象赋予的。

旅途

中国古代交通不便，所以旅行是一件很艰苦的事，旅途漫长，要克服无数艰难险阻。唯其如此，离家在外的游子才会生出许多感慨。从下面的成语中我们似乎可以感受到人在旅途的辛苦。

跋山涉水：跋山就是翻山；涉水就是过河，用来形容远行的艰苦。又作“跋山涉川”。“长途跋涉”意义与之相近。今天我们已经有了火车、飞机，可是远行仍然可以说“跋山涉水”。

风尘仆仆：风尘，说的是行旅艰辛，满面风尘；仆仆，疲劳的样子。

千里迢迢：迢迢，遥远。形容路途遥远。

晓行夜宿：早晨起来就登上路程，入夜才投宿歇息，形容旅途辛劳。古人旅行或步行，或骑马，或乘车，都要白天走，到了晚上就要休息，今天我们可以乘夜行车，不必像古人那样拘泥。

乘风破浪：船趁着风势，破浪前进，比喻旅途不畏艰险，奋勇向前。

颠沛流离：颠沛，跌跌撞撞的样子；流离，由于灾荒战乱而流转离散。形容因生活所迫，而在异乡流浪。

天涯海角：形容极远的地方。又作“天涯地角”。

感怀

出门在外，总会想念家乡，想念亲人，见景生情，就会生出感慨，我们把这些感慨叫作感怀。行人的感怀多少带一些苦涩。

萍踪浪迹：浮萍生在水中，因为无根，所以飘忽不定。比喻到处漂泊，行踪不定。又作“萍踪浪影”。

萍漂蓬转：像浮萍一样漂在水面上，像蓬草一样随风翻转。比喻漂泊不定的生活。“断梗飞蓬”“浮萍浪梗”与此类似。

书剑飘零：书剑，指书籍和宝剑，借指读书求学或仗剑从军，古时候求学和从军都是十分艰苦的事，都要离乡背井，在外漂流。

白云孤飞：天边的白云远不可即，比喻亲人所在。比喻客居在外，思念亲人。

出门在外的人四海为家，想家是难免的。常言道：“在家千般好，出门一时难”，尤其是在日暮途穷的时候，回头望望，不知乡关何处，一种孤独、寂寞、惶恐、无奈的情绪就会挥之不去。

离家在外，事事不便，尤其是在交通不方便、经济不发达的古代，旅人不仅要战胜精神上的困难，还要面对许多物质上的困难，一路上可能会碰到狼虫虎豹，或者剪径的绿林好汉，遇到山没有路径，遇到水没有舟桥，人烟稀少的地方甚至连旅伴也没有，餐风宿露，披星戴月，其艰难困苦可想而知。所以风雨晦明、月升日落都能勾起旅人对身世飘零的感慨和对故乡亲人的怀念。当然古人的旅途中也有浪漫，也有诗情画意。陆放翁的《剑门道中遇微雨》就描绘了这样的景象：

衣上征尘杂酒痕，远游无处不销魂。
此身合是诗人未？细雨骑驴入剑门。

七、闲云野鹤——隐士

中国古代社会不仅有仕途经济的孔孟之道，还有清净无为的老庄之学。大致说来，中国古代知识分子得意时倾向于孔孟，失意时倾向于老庄；青壮年时倾向于入世，晚年则倾向于出世。不过也有例外，在中国历史上，曾经有那么一段，隐居山林倒是入世的终南捷径。

“终南捷径”这个成语出自《新唐书·卢藏用传》：“[卢藏用] 始隐山中时，有意当世，人目为随驾隐士，晚乃徇权利，务为骄纵，素节尽矣，司马承祯尝招至阙下，将还山，藏用指终南曰：‘此中大有嘉处。’承祯徐曰：‘以仆视之，仕宦之捷径耳’。”终南：终南山，在今陕西省西安市附近。卢藏用有意做官，假为隐士，所以住在长安附近的终南山，后来果然被召用。后来用“终南捷径”这一成语比喻谋取官职或名利的便捷门径。

中国古代有没有真正的隐士？这是一笔糊涂账。中国历史上有名姓的隐士多矣，有名的如姜太公、严子陵，还有巢父、许由。照理说，隐士隐士，就是要逃名避世，怎么会反而声名远播了呢？这里就有真隐假隐的问题了。唐代的卢藏用就是假隐，真正的隐士后人是无法知道的。《南史·隐逸》云：隐士“须含贞养素，文以艺业。不尔，则与夫樵者在山，何殊异也”。而且一般的“士”隐居恐怕也不能称为隐士，真正能成为隐士的人必须是贤能之人。中国古代知识分子在厌倦了官场生活之后，都有一个归隐的梦想，比如魏晋六朝时期的陶渊明，回归田园之后，开始了“采菊东篱下，悠然见南山”这种与世无争的生活。元末明初的画家和诗人倪云林曾有“壮心千里马，归梦五湖波”的诗句。

既然中国历史上曾经有过隐士这一类人物，并且中国人对隐士生活又是那么向往，尤其是喜欢陶渊明的读书人对田园生活有一种诗意的幻想，那么，古代关于隐士的成语一直流传至今就是顺理成章的事了。

归隐的梦

古人把辞官归隐的念头称作“莼鲈之思”（又作“莼羹鲈脍”），莼：莼菜；脍：切细的鱼肉。《晋书·张翰传》：“翰因见秋风起，乃思吴中菰菜、莼羹、鲈鱼脍，曰：‘人生贵得适志，何能羁宦数千里以要名爵乎！’遂命驾而归。”后以莼羹鲈脍为辞官归隐的代称。尘事嚣嚣，人们在名利场中翻滚、争斗，所为何来？一旦想明白了，一切都是虚妄，于是就生出了避世绝俗、超然远引的念头。人们向往着过世外桃源式的生活，找一个清雅绝俗的去处过神仙般的日子。下面一些成语都是人们对隐士生活的一种向往：

世外桃源 超然独处 长林丰草 卑以自牧 羲皇上人 超然物外
超然远引 淡泊明志 超尘拔俗 闲云野鹤

庭前的花开花落，天上的云卷云舒，对于一个向往与大自然和平相处的隐士来说是最好的风景，还有“江上清风，山间明月”，都是取之不尽、用之不竭的财富。一个受过中国传统文化熏陶和陶冶的人面对着现代都市的种种时代病，不能不对古人的归隐生活生出无限的艳羡。有一首诗，话说得很浅白却颇有一些深意：

松下无人一局残，
空山松子落棋盘。
神仙自有神仙着，
千古输赢下不完。

人世间的争斗永远不会结束，所以从某种意义上说，没有谁是真正的胜利者。想到这一层，就会觉得我们每天的忙忙碌碌都是徒劳的，还不如躲进大自然的怀抱，卑以自牧，过淡泊宁静的生活。一些看透了世事的人会觉得我们人世间的争斗毫无意义，“蜗牛角上争何事，石火光中寄此身”（白居易诗句），如果能修炼成神仙更好，即便不能修炼成神仙，也落得个清净。

归隐的生活

归隐的生活是比较艰苦的，但是历代文人在想象中把它美化了。在名利场中拼搏，有很多的羁绊，“人在江湖，身不由己”，所以归隐的诱惑时时在向他们招手。人们对那种逍遥自在的神仙日子充满了浪漫的幻想。汉语成语中描写隐士生活的例子很多，大多与美好的理想联系在一起，比如：

餐风吸露 餐松啖柏 餐松饮涧 安步当车 高枕无忧 梅妻鹤子
安贫乐道 逍遥自在 闲云野鹤 孤云野鹤 含哺鼓腹 古井无波
山栖谷饮 樵苏不爨 深居简出 卖剑买琴 买田阳羡 杀马毁车

热爱自由是人类的天性，隐士生活显然是自由的，当然做隐士就必须能够安贫乐道，心底没有尘世的各种欲望，这样才能心甘情愿地以梅为妻，以鹤为子，吃粗茶淡饭，穿粗布衣裳，“安步当车”“高枕无忧”。当然，要当隐士也需要一定的社会环境和自然环境，在地球变成一个小村落的今天，要想做隐士那是不太可能了，出家修行的人也躲不开世俗的干扰，要想不食人间烟火简直是白日做梦。不过这并不妨碍我们穿越时空，以欣赏或批判的态度来观察一下古代的隐士生活，虽然是雾里看花，也多少能悟到一点儿什么。

归隐的初衷

如果说归隐是一个梦，一个美丽的梦，那么我们应该毫不犹豫地把这个梦变成现实。但是在历史上以隐士自居的人却大多不是真正的隐士，他们隐居有各种各样的目的，有人是沽名钓誉，把隐居当成终南捷径；有人是为了韬光养晦，或者卧薪尝胆，一旦有机会就会东山再起；有人是为了逃避某种东西才“深藏远遁”“变迹埋名”的；当然也有人纯粹是为了“避世离俗”“放情丘壑”。下面这些成语可以为各种“隐士”做一个很好的注脚：

终南捷径 高卧东山 韬光养晦 避世离俗 杜门晦迹 深藏远遁

变迹埋名 放情丘壑

隐居本来是为了寻找一片自由的天地，所以要到远离尘世的地方去。如果是为自己的心灵寻找一个自由的空间，那么隐居的地点也可以不同，有的隐于乡野，有的隐于深山，有的隐于朝，有的隐于市。不管怎么说，隐居是中国古代的一种生活方式，人们常常把隐士比作神仙人物，这也不是毫无道理，因为隐士看起来总有些与众不同。在世俗社会里，人们被名缰利锁束缚住了，无论思想还是身体都是不自由的。因此才有那么多的人向往归隐，向往过简单但是自由自在的日子。可惜我们今天再也不容易寻找到合适的隐居之所了。终南山还在，到终南山去避世隐居的人也还大有人在，但是不知道还有多少人能够像王维当年那样诗意地隐居：

中岁颇好道，晚家南山陲。
兴来每独往，胜事空自知。
行到水穷处，坐看云起时。
偶然值林叟，谈笑无还期。

在儒释道三教中，释和道都是强调远离红尘的，而儒家也是遵循孔夫子的教诲："天下有道则见，无道则隐。"（《论语·泰伯篇第八》）隐现的问题也就是出世还是入世的问题，而出世入世一直是中国古代知识分子性格矛盾的症结所在。

八、莘莘学子

中国古代对有知识的人是非常敬佩的，这主要有两方面的原因：一是封建社会对士是很重视的，在那个时候，读书人被称为士人，他们和官僚阶级一起被称为士大夫阶级，统治者为了统治集团的利益，招贤纳士，礼贤下士，给知识分子以优厚的待遇，另外读书人也有出人头地的机会，正如电影《三笑》中的一句歌词："秀才本是宰相根苗"，说不定哪一天读书人就会金榜题名，有机会进入封建统治阶级的权力中心；另一个原因是博学多闻的是知识分子中的知识分子，人们对有学问的人推崇备至，人们对学问的追求也是十分热衷的。随之而来的是人们对追求知识、苦读不懈的莘莘学子也给予同样的尊敬。

中国古代知识分子为了实现修齐治平的理想，读万卷书，行万里路。古代知识分子读书的目的无非有两种：一是为了求取功名，一是为了格物究理。求功名的路一是修举业，参加朝廷的考试，一旦发策登科，就会一举成名，也就觉得没有辜负十年寒窗的苦读；另一条路是立言，著书立说，以求藏之名山，从而不朽。而格物致知的路则比较艰苦，对什么事都要探幽索隐，他不走仕途经济的路，对名和利都比较淡泊，中国古代的许多科学家走的就是这条路。

与知识分子有关的成语可以分为以下几类：

求学

如饥似渴　幼学壮行　映雪读书　程门立雪　凿壁偷光　笃志好学
循序渐进　焚膏继晷　刺骨悬梁　不耻下问　好学不倦　好问则裕
见贤思齐　映雪囊萤　敬业乐群　温故知新　笃学好古　发愤忘食

治学

皓首穷经　百家争鸣　博学洽闻　格物穷理　钩玄提要　补苴罅漏
钩深致远　钩隐抉微　探本穷源　学无止境　成一家言　极深研几
书通二酉　满腹经纶　好学深思

举业

十年寒窗　名落孙山　榜上无名　独占鳌头　发策决科　风檐寸晷

蟾宫折桂

实用

曲学阿世 学以致用 立人达人

中国人在求学的时候所信奉的是刻苦忘忧，他们可以头悬梁，锥刺股，废寝忘食，可以映雪燃松，可以凿壁偷光，这样的故事只有在中国这个重视读书的国度里才有可能成为现实，故事中的主人公才有可能成为人们学习的榜样。“凿壁偷光”的故事如果发生在美国，故事的主人翁匡衡会被认为自私自利，为了自己读书，不惜毁坏邻居家的墙壁。直至今天，“学海无涯苦作舟”仍然是学生们的座右铭。应该说，刻苦读书是中国读书人的优良传统，但是读死书、死读书的现象以及为考试而读书的现象还是很过分的，他们丢掉了求知的乐趣，磨光了创新的锐气。人们之所以能够忍受十年寒窗苦，一个最重要的动力就是希望有朝一日蟾宫折桂，光宗耀祖。这是中国教育的痼疾，今天参加高考的学生仍然没有摆脱这一阴影，许多学生认为十二年的苦读就是为了高考的三天。考上了，十二年的苦功没有白费，一旦考砸了，就会心灰意冷。中国古今读书人在求功名的路上所表现出来的固执和狭隘令人扼腕叹息。正如俗语说的：“何必一棵树上吊死呢？”

中国古代知识分子虽然是中国文明的创造者之一，但是他们的人数并不是很多，他们中的大多数人是统治阶级的附庸，没有独立的人格和独立的阶级意识，多数人走的是“学而优则仕”的路，少数人走洁身自爱、独善其身的路。

九、诗人

“诗言志，歌咏言”，中国古代社会的诗歌非常发达，《诗经》是中国第一部诗歌总集，里面所收的诗歌包含了从西周初年（约公元前

1100年）到春秋中叶（公元前500年）约600年间的诗歌，内容包括《风》《雅》《颂》三个部分，风诗是各地的民歌，雅诗多是反映贵族生活和思想感情的作品，而颂诗则是国君和诸侯用于祭祀和举行重大典礼的乐歌[1]。可以说，古代中国是一个诗的国度，中国文学的始祖就是诗歌[2]，中国历史上著名的诗歌作品、著名的诗人、著名的诗话有很多，与诗歌和诗人有关系的成语也有很多。

中国古人与大自然的关系极为密切，这一点我们在前边就说过了。正因为如此，所以中国古代社会中人与天地万物之间的关系贯穿了所有人的一生，他们的生活离不开风花雪月。春风秋雨、寒星冷月、荒村野店、古道长亭都能激发起诗人的情感，自然的变化、季节的更替、社会的变迁都会给他们带来深刻的震动，从而产生诗人的共鸣。与诗、诗人有关的成语可以分成以下几类：

关于诗人

郊寒岛瘦 班香宋艳 附庸风雅 嘲风弄月 寻章摘句 呕心沥血
吊古寻幽 持螯下酒 浮白载笔 墨客骚人 横槊赋诗

关于作品

哀而不伤 错彩镂金 沉博绝丽 大含细入 开门见山 词华典赡
妙笔生花 一唱三叹 文采斐然 诗中有画

关于内容

风云月露 风娇日暖 月黑风高 离愁别绪 才子佳人 月白风清

诗人把自己的情感融入自己的作品中，也把自己的语汇融入自己的作品中。所以有许多富有诗意的成语其实是诗人的创造。诗人在诗

1 参看刘耕路《中国的诗词歌赋》，商务印书馆1991。
2 参看袁行沛《中国诗歌艺术研究》，林庚序，北京大学出版社1987。

中运用成语，成语脱胎于诗人的诗作。所以诗人与成语的关系是相当密切的。比如下面一些常用的成语都脱胎于诗人的作品或者借诗人的作品流传：

哀鸿遍野：《诗经·小雅·鸿雁》："鸿雁于飞，肃肃其羽。之子于征，劬劳于野。爰及矜人，哀此鳏寡。鸿雁于飞，集于中泽。之子于垣，百堵皆作。虽则劬劳，其究安宅？鸿雁于飞，哀鸣嗷嗷。维此哲人，谓我劬劳。维彼愚人，谓我宣骄。"

对酒当歌：曹操《短歌行》："对酒当歌，人生几何！譬如朝露，去日苦多。慨当以慷，忧思难忘。何以解忧？唯有杜康。"

豆萁相煎：曹植《七步诗》："煮豆燃豆萁，豆在釜中泣，本是同根生，相煎何太急！"

白衣苍狗：杜甫《可叹》："天上浮云如白衣，斯须变幻如苍狗。古往今来共一时，人生万事无不有。"

翻云覆雨：杜甫《贫交行》诗："翻手作云覆手雨，纷纷轻薄何须数。"

笔走龙蛇：李白《草书歌行》诗："起来向壁不停手，一行数字大如斗。恍恍如闻神鬼惊，时时只见龙蛇走。"又见石孝友《满庭芳》词："笔走龙蛇，词倾河汉，妙年德艺双成。"

宝马香车：韦应物《横吹曲辞·长安道》："宝马横来下建章，香车却转避驰道。"

暗送秋波：苏轼《百步洪》诗之二："佳人未肯回秋波，幼舆欲语防飞梭。轻舟弄水买一笑，醉中荡桨肩相摩。不似长安闾里侠，貂裘夜走胭脂坡。独将诗句拟鲍谢，涉江共采秋江荷。"

悲欢离合：苏轼《水调歌头》词："人有悲欢离合，月有阴晴圆缺，此事古难全。"

暗香疏影：林逋《山园小梅》其一："众芳摇落独暄妍，占尽风情向小园。疏影横斜水清浅，暗香浮动月黄昏。"

平分秋色：李朴《中秋》诗："平分秋色一轮满，长伴云衢千里明。"

风吹雨打：陆希声《阳羡杂咏十九首·李径》诗："一径浓芳万蕊攒，风吹雨打未摧残。"

人约黄昏：欧阳修《生查子》："去年元夜时，花市灯如昼。月上柳梢头，人约黄昏后。"

淡妆浓抹：苏轼《饮湖上初晴后雨》："欲把西湖比西子，淡妆浓抹总相宜。"

第三节 成语与古代社会风情写真

在第二节里，我们主要讨论了汉语成语与中国古代的人物百态。在这一节里，我们主要探讨汉语成语与中国古代社会风情的联系。可以说，汉语成语在一定程度上保存了古代社会的人文信息，比如说古代社会的衣食住行、婚丧嫁娶、交游交友、民俗民风、宗教信仰、典章制度、战争和平、山水林田、娱乐人生、科学技术等等。人类社会的历史一直处于不断的变化之中，许多东西在这些变化中或许已经成为历史的陈迹，昨天的时髦或许已经成了今天的古董，昨日的新潮或许已经成了今日的古典，昨天我们唾弃的价值观念或许已经成了今天的行为准则，昨天我们推崇的美德或许已经成了今天的沉重负担，昨天我们熟悉的生活或许已经成了我们今天的回忆，昨天我们梦寐以求的东西今天或许已经一文不值，昨天我们还敏感的神经到今天或许已经麻木，昨天我们的喜怒哀乐到今天或许已经隔膜淡漠……许多个昨天的故事编成了历史，许多个昨天的特殊词汇到今天已经不再特殊。关于昨天的事，成语可以告诉我们的真的很多。

在这一节里，我们准备考察古代社会生活的几个侧面，在成语的汪洋大海中选择几个有意思的岛屿，在那里追溯一下先人的踪迹。

一、古代中国的衣食住行

对于我们人类来说，衣食住行这四件事是无论何时何地都必不可少的，它们是我们人类社会最基本的四种行为。司马迁说："谣俗被服饮食，奉生送死之具也。"（《史记·货殖列传序》）可见衣和食多么重要，对活着的人和死去的人都很重要。对我们中国人来说，食居四件事的首位，"民以食为天"。可以说，中国人对于食这件事是非常重视的，而且有很深的研究。汉语成语中关于衣食住行方面的成语有很多。衣的基本功能是御寒，食的基本功能是果腹，但是当社会生产力发展到一定水平时，衣和食的功能就发生了变化，衣除了御寒外，更重要的是为了装饰身体和显示品级、炫耀富贵；食除了果腹外，更重要的是为了享乐铺排和穷奢极欲。而住和行也是人类生活的基本需要，与衣食一样，住和行讲究排场使它们从生活的基本需要变成了身份和地位的象征。

1. 衣食

穿衣和吃饭是我们日常生活中须臾不可离的两件大事，对于某些人来说，穿衣和吃饭就是人生的全部内容。正如谚语所说的那样："嫁汉嫁汉，穿衣吃饭"，有些女人的最高理想就是找到一个好丈夫，即使不能使自己过上锦衣玉食的日子，至少也要保证自己一生衣食无忧。今天仍然有人认为"干得好不如嫁得好"。人们并不是因为"工作着是美丽的"才去工作的，而是要养家糊口，所以在汉语表达中找到工作叫作找到了饭碗，找到一份固定的工作就叫作端上了铁饭碗，而丢掉了工作叫作丢了饭碗或者砸了饭碗。做什么工作就叫作吃什么饭的，比如说警察叫作吃公安这碗饭的，律师是吃法律这碗饭的，演员是吃舞台这碗饭的，官员是吃政治这碗饭的，教师是吃教育这碗饭的，工程师是吃技术这碗饭的，医生是吃医疗这碗饭的，农民是吃种地这碗饭的，我们可以以此类推。在成语中，能够给我们带来工作的人就是我们的衣食父母，比如观众是演员的衣食父母（对衣食父母不恭不敬的事是有的），顾客是商家的衣食父母（现在按照外国人的习惯叫作“上帝”），老百姓是官员的衣食父母（按照传统的说法，地方官叫作那个地方的父母官），等等。

下面的成语都是与衣食有关的，我们可以看看古人穿衣戴帽有什么规矩，古人吃饭与我们今天有什么不同。在古代中国穿什么衣服代表着不同的身份，当我们说“黄袍加身”的时候，实际上是在说一个人登基做了皇帝，因为只有皇帝才可以穿黄袍。下面我们来看一些具体的成语：

褒衣博带：褒衣，大的衣裾；博带，宽大的衣带。褒衣博带是古代儒生的装束，是古代儒生的礼服。又“高冠博带”“峨冠博带”。

白衣秀士：白衣，未获得功名的人穿的衣服；秀士，指书生。白衣秀士指未曾获得功名的书生。与此相关联的还有“白衣公卿”“白衣宰相”。

黄袍加身：古代以衣服的不同颜色来区别不同的社会角色，黄袍，皇帝专用的衣服，所以“黄袍加身”即被拥为天子，也就是登基做皇帝的别名。

布裙荆钗：以粗布为裙，以荆条为钗。这是平民百姓家的妇女最普通的装束，比喻衣着简朴。

布衣韦带：布衣，粗布做的衣服；韦带，熟牛皮做的带子。布衣韦带是古代山野之人的装束。

披发左衽：披发，散发；左衽，衣襟向左掩，披发左衽是古代少数民族的服饰。

穿衣吃饭经常会并列在一起说，所以衣和食在成语中也常常共现：

草衣木食：以草做衣服，以树上的果实为食。形容衣食粗劣，生活简朴。

布衣粝食：穿粗布衣服，吃粗糙的食物。这是贫苦生活的写照。

弊衣箪食：破旧的衣服和粗糙的食物。这是生活简朴的写照。

锦衣玉食：锦绣一样华丽的衣服，美玉一样稀罕的食物。形容生活豪华奢侈。

专门跟饮食有关系的成语也有一些。但吃的经常跟喝的共同出现。如：

炊金馔玉：烧的柴似金，吃玉一样贵重稀罕的食品。形容生活奢华。（后世流行的黄金宴当是与炊金馔玉一脉相承的）

甘旨肥浓：泛指美味佳肴。

茹毛饮血：连毛带血地生吃禽兽。这是远古时代或未开化民族的饮食习惯。

饮冰食檗：檗，音 bò，木名，也叫“黄柏”。喝冰水，吃苦物，比喻生活清苦。

啜菽饮水：菽，豆类，吃豆类食物，喝清水，没有酒肉，形容生活清苦。

箪食瓢饮：《论语 · 雍也》：“一箪食，一瓢饮，在陋巷，人不堪其忧，回也不改其乐。”后来用箪食瓢饮比喻清贫的生活。

粗茶淡饭：简单的饮食，形容生活简朴平常。

清酌庶羞：清洁的酒和各样美味。这是祭祀用的酒食。

与衣食有关系的成语还有很多：

钟鸣鼎食 酒池肉林 浆酒霍肉 烹龙炮凤 水陆毕陈 山肴野蔌
衣衫褴褛 食不果腹 食不二味 山珍海错 啮雪吞毡 饥不择食
捉襟见肘 袒裼裸裎 纳屦踵决 青鞋布袜 绮襦纨绔 靡衣玉食

我们中国人对于吃穿的重视程度由此可见一斑。中国古代对于烹饪的重视已经提升到了哲学和政治的高度。《管子·内业》说“食莫若无饱，思莫若勿致”，把食与思联系了起来；老子《道德经》第六十章说“治大国若烹小鲜”，把烹饪与国家治理联系起来；古人在阐述治国理念的时候，会用烹饪中的调和来做比喻，如“和而不同”的理念；晏子曾经对齐景公说，为政之术犹如烹调和羹：“和如羹焉，水火醯醢盐梅以烹鱼肉，燀之以薪。宰夫和之，齐之以味，济其不及，以泄其过。君子食之，以平其心。”（《左传·昭公二十年》）由此可见，在中国文化中饮食还真不是普通的概念。

2. 住

我们的祖先有过穴居的历史（如北京猿人和山顶洞人），也有过巢居的历史（如有巢氏），成语中的“巢居穴处”是一种写实性的话。直至今日，穴居仍然是中国黄土高原老百姓一种普通的居住方式（比如陕北的窑洞、陕西乾县的地坑窑以及东北个别地方的地窨子）。后来才有了房屋。但房屋和房屋不同，有茅室土阶，有广厦细旃；有蓬户瓮牖，有桂宫柏寝；有穷阎漏屋，有碧瓦朱甍……穷人只求自己的房屋能够御寒，而富人却雕梁画栋，尽力雕饰，极尽奢华之能事。从下面的成语中我们不难看出这种差别。

巢居穴处：栖息在树上或洞穴里。这是人类发明房屋之前的生活状况。人类发明房屋之后仍然有巢居穴处的情况，泛指原始的居住条件。

蓬荜生辉：蓬，音 péng，指蓬草；荜，音 bì，是用荆条、竹子等编成的篱笆。蓬荜指蓬门荜户，是穷人住的房屋。“蓬荜生辉”是客套话，意指有尊贵的客人光临或者家中悬挂别人的字画，自己简陋的屋舍也放出光辉。

蓬户瓮牖：用蓬草编门，用破瓮做窗。这是穷人的居处。

荜门圭窦：荜门，用荆条和竹子等物编成的柴门；圭窦，墙上凿门，上锐下方，其形如圭。这是贫者之居。

瓮牖绳枢：用破瓮作窗子，用绳子作门轴，形容家境贫穷，居室简陋。

雕梁画栋：在房梁上雕花，在房栋上画画，用彩色的图画装饰梁栋。形容建筑物富丽堂皇，这是贵族、富人住的房子。

琼楼玉宇：用琼玉建造的楼宇，这是神仙住的地方。

碧瓦朱甍：甍，屋脊。绿色的屋瓦，朱红色的屋脊。形容建筑物的华丽美观。

钩心斗角：心，宫室的中心；角，宫室的檐角。钩心斗角是中国建筑的一种工艺，后来指宫室建筑精致工巧。再后来指人和人之间各用心机，明争暗斗。

亭台楼阁：中国园林建筑的四种建筑物。

与住有关的成语还有：

居大不易 明窗净几 深宅大院 秦楼谢馆 穷阎漏屋 破瓦颓垣
牵萝补屋 家徒四壁 上漏下湿 桑枢瓮牖 群居穴处 室如悬磬

在衣食住行这四项基本行为当中，住的重要性显然不如衣食，但是我们从文献中也可以找到中国文化当中关于住的一些规定。大臣住的房子肯定不可以高过皇家的宫殿，老百姓住的房子肯定也不可以高过王公贵族的住宅。因为住也是分等级的。在一处住宅里，男性和女性也是有分别的，男主外，女主内，所以丈夫被称作外子，妻子被称作内人。根据《礼记·曲礼》的规定，妇女要住在内室，男子要住在外室，“外言不入于梱，内言不出于梱”。

3. 行

在代步工具出现以前，出行只能靠自己的双脚。那是很艰苦的。后来我们的祖先驯服了马，于是马就成了人们的代步工具。在很长一段时间里，马是人们主要的代步工具（当然在不同的地域有不同的情况，比如驴、牛、骆驼也可以成为代步工具），它的重要性是不言而喻的，马的分类也很细，根据马的性别、年龄、颜色、好坏、特征等把马分成几十类，每一类有一个名字。后来人们又发明了车，有各种各样的车。再后来又发明了轿，也有各种各样的轿。今天我们有了自行车、汽车、火车、轮船、飞机等各种代步工具，骑马坐轿已经成为历史。但是各种现代化的交通工具在汉语成语中是没有地位的，成语中的出行仍然以传统的方式为标准。例如：

弊车驽马：破车劣马，比喻出行的条件很差。

草行露宿：在草丛里行走，在露天里住宿。形容行旅急迫或艰难。

人困马乏：因为旅行或作战人和马都很困乏，形容体力不支，疲劳不堪（不一定有马）。

高车驷马：四匹马拉的高盖马车，这是显贵者所乘的车。

前呼后拥：前面的人吆喝着开道，后边的人簇拥着保护。这是官员出行时的声势。

八抬大轿：八个人抬的轿子。这是显官乘坐的交通工具。

轻裘肥马：穿着轻暖的皮衣，骑着肥壮的好马。这是富贵者出行时的样子。

香车宝马：装饰华贵的车马。

风尘仆仆：风尘，行旅艰辛，身上、脸上蒙着尘土；仆仆，疲劳的样子。这是远行人的显著特征。

四海为家：四海，泛指四面八方。出门在外的人到处都可以当成家。

鹅行鸭步：像鹅和鸭子那样走路，行动迟缓。

步履蹒跚：走路不稳的样子。这是儿童或老人的步态。

尻轮神马：尻，臀部。以臀为车，以精神驾之遨游于自然。谓精神旅行。

有一句话说"人家骑马我骑驴，回头一看还有一个担担的"。在古代中国，人们出行的方式是有等级差别的。高官显贵们出行要高车驷马，或者香车宝马，或者轻裘肥马；而普通百姓出行则只有弊车驽马，或者干脆出无车，食无鱼，只能靠迈开双腿，自己走路了。

古代中国衣食住行的条件还是比较艰苦的。但是由于社会财富分配的不公平，少数人占有大量的财物、土地，他们吃的是山珍海味，住的是华屋广厦，穿的是绫罗绸缎，乘的是高车驷马。多数人只要能过上温饱的日子就该感谢苍天了。食只求果腹，衣只求蔽体和御寒，住只求遮风挡雨，行不敢望有车马。"朱门酒肉臭，路有冻死骨"一点儿也不稀奇。

二、古代中国的治乱兴废

中国的历史真是太长了，在漫长的历史发展过程中，中国历经了无数次治乱兴废的交替。治则为太平盛世，老百姓可以安居乐业，乱则为烽烟四起，盗寇为虐；兴则天下太平，五业兴旺，废则礼崩乐坏，丧家辱国。在中国五千年的历史过程中，兵家的作用居于首位，治乱兴废都与兵家有关。然而老百姓所盼望的是海晏河清，四海升平，人民对和平的渴望是永远不变的。在这一部分，我们可以看到很多关于治乱兴废方面的成语。

1. 兵戎

中国人民是热爱和平的民族，但是历史上却烽火连绵，征战不断。无庸讳言，同世界上的许多民族一样，中国人也是能征善战的民族。中国历史就是在战争与和平的交替中向前发展的。中国历史上的战争大都与争夺天下霸主地位有关，争来争去，倒霉的是老百姓。每一次战争都以人口的锐减和生产力的破坏为代价。

兵家在中国历史上占有一席之地，实在是因为中国古代战争频仍，统治者都明白“养军千日，用在一朝”的道理。在战争中，涌现出一大批杰出的军事家，他们用自己的智慧和勇气赢得了战争的胜利，他们也用自己身经百战的经验总结了战争成败的原因，他们留下的不仅是战争的计谋和战法，还给我们留下了一大堆与战争有关的成语。今天，面对这些带着硝烟味和血腥气的四字格，我们仿佛可以看到中国古代的旌旗和烽火，可以听到中国古代的号角和呐喊，看到将军们紧皱的双眉，看到战士们不苟言笑的面容，就像秦始皇陵墓陪葬的兵马俑，看到刀枪剑戟、铁马冰河，听到老百姓的啼饥号寒，听到大兵出征时的金鼓连天，听到战马嘶鸣、怨声载道。将军们的赫赫战功是建立在累累白骨之上的，正如诗里写的那样：“泽国江山入战图，生民何计乐樵苏。劝君莫话封侯事，一将功成万骨枯。”（唐·曹松诗）

佳兵不祥，《老子》：“夫佳兵者，不祥之器，物或恶之。”好用兵是不祥之兆，穷兵黩武的人肯定没有好结果。但是又不能不养兵，一个主权国家没有军队不能保境安民，所以兵家永远不会寂寞。

下面我们通过成语看看与古代兵家有关的社会面貌。

兵法

中国古代的战争非常讲究战略战术，因此形成了一套完整的体系。

这些完整的战略战术就是兵法，也就是战争的技术，或者叫作战争的艺术。一个军事指挥者必须掌握这些技术或者艺术，战争的胜负往往取决于指挥者对这些战争技术和艺术的运用。古代战争以少胜多、以弱胜强的例子不胜枚举。中国的兵法是中国人智慧的结晶，两强相逢勇者胜，两强相逢智者胜。用兵的方法奇诡多变。成书于春秋战国时代的《孙子兵法》，是中国历史上最杰出的兵法著作。至今虽已历经两千余年，但因其内容博大精深，理论高度概括，在实践中可以不断变化，所以在今天仍然具有极高的应用价值，这部兵法中的内容，可以用来处理人际关系、国际关系，也可以用来进行行政运作、商业管理。兵法是军事家出奇制胜的法宝，也是一个国家的大事。孙子曰："兵者，国之大事，死生之地，存亡之道，不可不察也。"出自《孙子兵法》的成语很多，例如：

攻其不备，出其不意。

知己知彼，百战不殆。

避实击虚（夫兵形象水，水之形避高而趋下，兵之形，避实而击虚。）

以逸待劳（以治待乱，以静待哗，此治心者也。以近待远，以逸待劳，以饱待饥。）

穷寇勿迫（故用兵之法，高陵勿向，背丘勿逆，佯北勿从，锐卒勿攻，饵兵勿食，归师勿遏，围师遗阙，穷寇勿迫，此用兵之法也。）

《孙子兵法》详细论述了用兵的各种方法，比如用计、作战、谋攻、形、势、虚实、军争、九变、行军、地形、九地、火攻、用间等等，其最高的艺术是"无为而战，不战而胜"。下面一些成语，或者是实战的总结，或者是理论的概括，或者是一个历史故事。每一条成语都是一个策略，每一个策略都凝聚着历代军事家的聪明才智。

哀兵必胜 骄兵必败 避实击虚 诱敌深入 声东击西 兵不厌诈
兵贵神速 出奇制胜 先发制人 养精蓄锐 添兵减灶 一鼓作气
围魏救赵 明修栈道 暗度陈仓 居高临下 破釜沉舟 无懈可击
同舟共济 爱兵如子 枕戈待旦 秣马厉兵 知己知彼

士气

孙子说:“故三军可夺气,将军可夺心。”三军的士气是非常重要的。怎样调动将士们的积极性,激发他们的斗志,这是一个军事家必须学习的东西。所谓精锐部队不仅仅在装备上要精,也不仅仅在技术上要精,最重要的还是在斗志上要精。如果每一个战士都能够舍生忘死、奋不顾身、斗志昂扬、精神抖擞,那么这支部队一定所向披靡。下面一些成语都是描写士气的:

摩拳擦掌:跃跃欲试的样子,形容高昂的士气。

同仇敌忾:抱着共同的仇恨,一致对敌。

枕戈待旦:枕着兵器等待天亮,用来形容大战来临前的紧张气氛。

灭此朝食:等消灭了这些敌人再吃早饭,形容斗志坚决,对胜利充满自信,而且急于求取胜利。

断发请战:割断头发请求参加战斗。形容将士急于求战,士气高昂。

彼竭我盈:敌人的士气已经完全丧失,我们的士气很旺盛。

一鼓作气:一鼓,第一次击鼓;作,振作;气,勇气。第一次击鼓时士气振奋。比喻趁士气高昂的时候一举击溃对方。

望风披靡:比喻被敌人的气势所压倒,还没等接战就已经崩溃。又作“望风而溃”“望风而逃”。形容士气低落,缺乏斗志。

风声鹤唳,草木皆兵:听到风声和鹤的叫声都害怕,看见一草一木都以为是敌人,形容极度恐惧,被敌人吓破了胆。

鼓馁旗靡：鼓声很无力，旗帜歪倒。形容士气低迷到了极点。

师老兵疲：用兵时间太长，士兵们很疲惫。一般指士气低落。

望风而降：看见敌人的气势就缴械投降。形容军队毫无士气。

备战

备战是战斗之前的必要准备，主要是后勤供给方面的准备。下面一些成语都是与备战有关的：

招兵买马：召募士兵，购买战马，指组织武装，扩充兵力。

秣马厉兵：喂饱战马，磨好兵器。指做好充分的战斗准备。

偃旗息鼓：本来指军队在行军过程中放倒旗子，停止击鼓，隐蔽行踪，不暴露目标。后来指停止做某事。

常备不懈：随时准备着，一刻也不松懈。

整装待发：整理好装备随时准备出战。

未雨绸缪：在下雨之前先修缮房屋门窗。也可以用来指开战之前的准备。

指挥

指挥是战争取得胜利的决定性因素。一个好的指挥官应该能够“运筹帷幄之中，决胜于千里之外”。“调兵遣将”是对军事指挥人员用兵艺术的检验。高级军事指挥人员只用脑，低级指挥官还要“身先士卒”。最成功的战斗是“兵不血刃”，用兵打仗如果能做到常胜不败，那么真可以说是“用兵如神”了。常胜将军是没有的，再说“胜败乃兵家常事”，一次指挥失误就可能全军覆没。对于军人来说，执行命令是天职，“军令如山”，违抗命令是要“军法从事”的。与军事指挥有关的成语有：

运筹帷幄：在帷幕之中筹划指挥，制定作战策略。

决胜千里：在后方制定好作战方案之后，能够决定千里之外的战场上的胜负。

用兵如神：形容高超的战争指挥能力。

神机妙算：形容指挥者或者参谋人员能够机智地对形势做出判断并做出奇妙的决策。

兵不血刃：兵器上没有沾血就结束了战斗。

调兵遣将：战争之前对兵力部署和战将安排做出调遣。

发号施令：指挥员发布命令或进行指挥。古时候的战争，元帅会给将军发号令。

战场

下面一些成语都与战争场面有关：

枪林弹雨：形容枪像树林一样稠密，子弹像雨一样密集。

血流成河：形容战争场面的残酷，死伤的人流的血像河流一样。

人仰马翻：在战斗中被敌人打倒在地，人和马都翻倒在地上。

丢盔弃甲：形容战斗中的狼狈情形，盔甲都丢掉了。

金鼓连天：在古代战争中，金钲和战鼓响彻云霄，击鼓出征，鸣金收兵。形容战斗场面很激烈。

硝烟弥漫：火药爆炸后留下的烟雾在战场上弥漫。用来描写战争场景。

烽火连天：古代战争没有通讯工具，就燃起烽火来通报信息。所以这个成语是在描写战争场景。一般指的是连续不断的战争。

与战场和战争场景有关的成语，还有以下一些：

马革裹尸 刀光剑影 金戈铁马 严阵以待 短兵相接 千军万马
冲锋陷阵 浴血奋战 损兵折将 草木皆兵

战争是残酷的，一些成语为我们编织出战场上的壮烈画面，在战斗一触即发的时候，双方“严阵以待”。一场“短兵相接”，战场上到处是“刀光剑影”“枪林弹雨”，千军万马在战场上“浴血奋战”，将士们披袍擐甲，“冲锋陷阵”，只见战场上“人仰马翻”“血流成河”，被打败的一方“丢盔弃甲”“损兵折将”，只好狼狈而逃。得胜的一方遵照“穷寇勿追”的战争规则，鸣锣收兵。战死的军人只有“马革裹尸”了。

休战

下面四个成语是描写休战状态的：

解甲释兵：卸掉盔甲，让士兵回家。
放牛归马：让牛马都回归田园，用来描写战争结束时候的和平景象。
干戈载戢：把武器都收藏起来。指战争结束了。
按甲寝兵：收拾起铠甲和兵器，不再打仗。

没有战争的太平日子真是值得珍惜，人们希望刀枪入库，马放南山，军人能够解甲归田，耕读自给；刀枪剑戟熔铸成犁和锄，为和平生活作出贡献；牛马不再作为战争工具，而是作为人们的朋友和帮手在农业生产中发挥自己的作用；田园牧歌式的生活充满了诗意，春种秋收，人们用辛勤的劳动换来丰衣足食的小康日子，肥猪满圈，牛羊成群，袅袅炊烟散发出柴草的香味……人们永远地忘记了战火硝烟，除非是在过年的时候，噼啪噼啪的鞭炮声才会在人们的嗅觉中留下几许硝烟的味道。那是多么令人神往的生活呀！可惜，和平的生活总是和平凡联系在一起，所以与和平有关的成语不如与战争有关的成语给人们留下的印象更深刻。

“可怜无定河边骨，犹是深闺梦里人。”这两句诗写出了战争的残酷，有血有泪，战争给人世间带来的痛苦无法用语言来表达，所以穷兵黩武的人是千古罪人，但愿有一天，与兵戎有关的成语能够进入历史语汇，历史上由战争造成的悲剧不再重演。古代的战争虽然已经成为历史的陈迹，但是与战争有关的成语大部分仍然活跃在今天的社会舞台上，这是很值得注意的现象。

2. 灾变

动乱的岁月带给人民的是无穷无尽的灾难，人民挣扎在水深火热之中，受尽煎熬，痛苦呻吟，人祸往往与天灾同时降临，这对于已经啼饥号寒的老百姓来说，更是雪上加霜。人生上寿不过百年，所以如果身逢乱世，体味人生的悲欢离合、感慨世间的沧海桑田是免不了的。古人写了许多记录这种体验和感慨的诗文，流传后世，其中有许多字句变成了我们今天的成语。

变化

我们所处的宇宙无时无刻不在变化之中，我们身处的社会也无时无刻不在变化之中。变化不一定是坏事，或者说不一定对所有的人都是坏事。但是变化意味着改变旧的东西，以新的东西代替旧的东西，这对于旧有的东西来说可能是灾难性的。人生活在这个世界上，仿佛一叶浮萍，被时代的大潮冲着走，不能自主。人们可能被淹没在变化的滚滚洪流中，从此见不到阳光；也可能被冲到浪尖上，得意一阵子，体验一下短暂的眩晕。世间的变化真是说不定的事，刚才还是阶下囚，摇身一变成了座上客；昨天还是百万富翁，一下子就成了一文不名的穷光蛋。下面一些成语都是描写变化的：

白衣苍狗：宋代张元干《瑞鹧鸪》词有“白衣苍狗变浮云，千古功名一聚尘”的句子，“白衣苍狗”用来比喻世事变幻无常。又作“白云苍狗”。

天翻地覆：比喻急剧的变化。

改朝换代：新建立的政权代替旧政权，指政权的交替。中国封建社会每建立一个新的政权，就要改元建号，所以政权的交替叫作“改朝换代”。

东海扬尘：本义指东海变成了陆地，扬起了灰尘，借指世事发生了极大的变迁。

变幻莫测：事物的变化难以捉摸。

变化无常：事物的变化没有一定之规。

江河日下：形容事物向坏的方面变化，一天比一天坏。

否极泰来：否、泰是《周易》六十四卦的卦名，否卦是最不好的卦，泰卦是最好的卦，坏到极点好事就来了。这里蕴含着变的哲理。

乐极生悲：高兴到极点将会发生悲伤的事，这里也蕴含着变的哲理。

铜驼荆棘：形容国土沦丧后的荒凉景象。陆游《晓叹》诗有“未闻含桃荐宗庙，至今铜驼没荆棘”句。

沧海桑田：沧海变成了桑田，形容发生了巨大的变化。

乱世

中国有句老话：“宁做太平犬，莫做离乱人。”在乱世，“天下鼎沸”“海水群飞”，老百姓是最直接的受害者。战火烧毁了他们的家园，使他们踏上了背井离乡的路；战争夺走了他们的亲人，使他们妻离子散，家破人亡；残酷的现实粉碎了他们的梦想，使他们对人性失去了信心；饥饿冻馁迫使他们背离自己的信念，丧失人的尊严，他们会“析骸以爨”“易子而食”……中国历史上的战乱周期性地发生，中国人把这种时候叫作“多事之秋”，每逢多事之秋，神州大地就会“狼烟四起”。这些与乱世有关的成语讲述的是一个个悲惨的故事。

沧海横流：比喻社会动乱，政局不稳。

兵荒马乱：兵马都是战争的工具，所以兵荒马乱指的是战争状态下混乱不安的景象。

兵连祸结：指战争接连不断，灾祸一个接一个。

多事之秋：国家不安定，事变很多的时期。

狼烟四起：狼烟是古代边防报警的信号。形容战火不断燃起，报警信号不断传来，社会动荡不安。

天下汹汹：比喻大局不定，人们都很不安。

天下鼎沸：比喻社会不安定，民心动荡，就像沸腾的一锅开水一样。

灾祸

灾是天灾，祸是人祸。历史上天灾人祸不断，所以人们造出了许多描写天灾人祸的成语，它们为我们勾画了一幅幅惨不忍睹的画面：

哀鸿遍野：《诗经·小雅·鸿雁》“鸿雁于飞，哀鸣嗷嗷”，比喻流离失所、呻吟呼号的灾民到处都是。

赤地千里：赤地，寸草不生的土地。形容灾荒过后大片土地寸草不生的荒凉景象。

生灵涂炭：涂，泥淖；炭，炭火。人民就好像陷入泥淖、堕入火坑一样，痛苦万分。形容人民极度困苦、悲惨的境地。

家破人亡：家庭遭到毁灭，亲人不幸死亡。形容家庭惨遭不幸。

天塌地陷：天塌下来，地陷下去，比喻重大的灾变。

饿殍载道：饿殍，饿死的尸体；载道，满路。路上到处都是饿死的人，形容灾变之甚。

流离失所：因为战争或灾荒而被迫到处流浪，无处安身。

沉灶产蛙：炉灶沉入水下，里边成了青蛙的栖息之处。比喻水患严重。

膏火自煎：膏，油脂。油脂因为能够燃烧而受到煎熬。比喻有才能的人因为自己的才能而招来灾难。

民不聊生：老百姓生活困苦到了极点，无法生存下去。

“天有不测风云，人有旦夕祸福。”灾祸是人们所不愿意看到的人间惨剧，它对人们的打击是沉重的。所以，人们一直设法避免灾祸的发生，比如兴修水利以避免洪灾，讲究卫生以避免病灾，鼓吹和平以避免兵灾，等等。但是有些天灾是实在无法避免的，例如海啸、地震、火山爆发、龙卷风等等。

感慨

战争、灾难带给人们的是深重的不安。在巨大的天灾面前，人的能力很渺小，人的生命也很脆弱。事实上也是如此，在宇宙中地球不过是沧海一粟，人类在宇宙中渺小如灰尘。面对外部世界种种不能控制的力量，我们会生出很多感慨。比如：

浮云朝露：像天上飘浮的云彩变幻不定，像早晨的露珠转瞬即逝，比喻韶光易逝，人生短暂。

浮生若寄：人生虚无，就好像在这个世界上做客一样，到时候就会回去。

浮生若梦：人生就好像做梦一样不真实而且短暂，梦醒之后一无所有。

红尘客梦：红尘，指凡人生活的人间。人来到这个红尘滚滚的世界里就好像做了一个梦，自己只不过是这个世界的一个过客，比喻人世的虚幻。

“人生如梦”这种意念在中国人的遗传基因中有很顽强的生命力，所以关于人生的感慨很容易在人们心中引起共鸣。生的艰辛和命运的多变使人们生出许多人生如梦幻的感慨。

变化是一切事物的根本属性，没有不变的事物。天地万物无时无刻不处在变化之中，“易穷则变，变则通，通则久。是以自天佑之，吉无不利”（《周易·系辞下》）；“天地变化，草木蕃；天地闭，贤人隐”（《周易·上经》）；变化是自然的发展规律，人力是没有办法改变的。天下大势也是久合必分，久分必合。中国的成语从某种意义上说也表现了古代人对于变化之道的感悟。

3. 盛世

“清平世界，朗朗乾坤”，这是多么诱人的字眼！对于封建皇帝来说，他也希望天下能够长治久安；对于老百姓来说，谁不希望过太平日子呢？中国历史上也曾有过比较长的几段太平盛世，社会生产力有过比较大的发展，老百姓的日子比较好过。关于太平盛世的成语有一部分是写实的，有一部分是人们心里的期望，还有一部分是统治者的自我粉饰。

百兽率舞：天下太平，各种野兽也都高兴得跳起舞来。

有凤来仪：凤凰是吉祥鸟，连凤凰也来朝拜，说明政治清平。

莺歌燕舞：黄莺在歌唱，燕子在飞舞，一派升平景象，比喻蓬勃兴旺的大好形势。

光天化日：指太平盛世。

丰亨豫大：亨，通达；豫，和顺。《易·丰》："丰：亨，王假之。"《易·豫》："由豫，大有得，志大行也。"形容君德隆盛，国家富强。

风不鸣条：和风轻抚，连树枝都不发出声响，古人认为这是贤者在位，天下大治的征象。

风清弊绝：风气良好，弊端绝迹。

歌舞升平：唱歌跳舞，一片太平景象。

国泰民安：国家安宁吉祥，人民安乐。

海晏河清：黄河清澈，大海平静，比喻天下太平。

日月重光：比喻经过一番动乱之后，出现了稳定清明的景象。

文修武偃：国家开始实行文治，停止武备。形容天下太平。

门不夜关：夜里不用关大门，说明社会治安情况良好。

犬不夜吠：狗在夜里不叫，说明社会治安情况良好，没有盗贼。

四海升平：四海，指天下。即天下太平。

光风霁月：光风，雨后初晴时的风；霁，雨雪停止。指雨过天晴时的清风明月。

古代统治者没有不喜欢臣民歌功颂德的，所以关于太平盛世的成语多如牛毛。

没有永远的太平盛世，也没有永远的兵荒马乱，这个世界总是在按照自己的规律运动，旧的去了，新的又来，三十年河东，三十年河西，个人的一生在世界的轮回里不过是电光石火，一刹那间的事。我们曾经嘲笑"朝菌不知晦朔"，其实我们人类何尝不是"朝菌不知晦朔，蟪蛄不知春秋"？

孔子说："危邦不入，乱邦不居。"这恐怕未必是我们可以选择得了的。

三、古代中国的礼俗

在中国十三部著名的经典著作（统称“十三经”）里，有三部关于礼制方面的著作:《周礼》《仪礼》和《礼记》。这三礼记录了中国西周以前至西周末年的礼俗风貌，汉语关于礼俗的成语许多出自这三部经典著作。另外我们知道，孔子的政治理想是恢复周礼，所以孔子的言行对后世的影响也是不能低估的。

何谓礼？管子说:“仓廪实而知礼节，衣食足而知荣辱。”(《管子·牧民》）礼是人类社会从野蛮走向文明的一个标志。礼是封建社会人与人之间的行为准则和道德规范。最初的礼是人祭祀天地鬼神时所举行的仪式，也就是人与天地鬼神之间的行为准则，比如说人要敬天地，事鬼神。天地鬼神当然对人也有保佑的责任。后来礼的范围不断扩大，扩大到了人与人之间的关系,《礼记·曲礼上》说:“夫礼者所以定亲疏，决嫌疑，别同异，明是非也。礼，不妄说，人不辞费。礼，不逾节，不侵侮，不好狎。修身践言，谓之善行。”至于礼的重要地位,《礼记》里说得十分清楚，人与人之间的差别、地位要由礼来规范，人与人之间的争讼纠纷要由礼来调整，道德仁义、君臣父子、治军治国，没有礼是绝对不行的，而祭祀祖先神灵，没有礼就没有诚意，也不够庄重。现在的人没有礼，即使能说话，不是跟禽兽一样吗？我们说中国是个礼仪之邦，就是说中国人讲究礼法，有一整套做人处世的行为准则和道德规范。当然，到了西周末年，已经是礼崩乐坏了。后世的所谓礼，是随着社会的发展进步逐渐发展起来的新的行为准则和道德规范。可见礼俗也是会变的。

何谓俗？俗即风俗习惯。《礼记·曲礼上》说:“入境而问禁，入国而问俗，入门而问讳。”我们今天还有入境问俗的成语。一个民族，一个地区，一个国家，都有自己的风俗习惯，我们如果不尊重这些风俗习惯就会给自己带来许多麻烦。在古代中国，俗有两重意思：一是与礼一样，叫作礼俗，它是人类先民在发展进化中逐渐形成并流传下来的；另一个叫作流俗，即社会上正在流行的习惯做法。我们这里所讲的是礼俗。

礼俗应该包括礼仪制度、风俗习惯、人伦关系、祖先神灵等内容。

1. 礼仪制度

中国的礼仪制度是非常严格的，也是非常烦琐的，所以有专人负责礼仪方面的工作，而且，负责这项工作的官员地位非常高。现在外交部还设有礼宾司，负责对外交往当中出现的礼仪问题。乡野村夫如果遇有关于动土、建筑、婚庆、殡葬、祭祀等方面的重要事项要去请教乡贤或者巫祝，他们会在礼仪制度方面给予指导。下面一些成语说的都是中国礼仪制度的具体表现。

打躬作揖：打躬，弯下身子作揖；作揖，两手抱拳高拱，身子略弯，向人敬礼。这是古人见面或分手时的礼节。也有磕头作揖，在特别隆重的场合，作揖是不够的，还要磕头。

礼奢宁俭：礼节繁多不如简约一些，语出《论语·八佾》："林放问礼之本，子曰：大哉问。礼，与其奢也宁，俭。"可见孔夫子是不赞成在礼节上铺张浪费的。

繁文缛节：文，仪式；节，礼节。过多的仪式和礼节。

分庭抗礼：抗，对等。古代会客宾主分处庭中两边，以示平等相待。

礼尚往来：指在礼节上注重有来有往，有往有来。语出《礼记·曲礼上》："往而不来，非礼也；来而不往，亦非礼也。"

礼无不答：一方以礼待己，另一方必须以礼回应。这是古代社会的文明规则。《礼记·燕义》："君举旅于宾，及君所赐爵，皆降，再拜稽首，升成拜，明臣礼也。君答拜之，礼无不答，明君上之礼也。"

改步改玉：步，步履；玉，佩玉。《礼记·玉藻》："君与尸行接武，大夫继武，士中武。”这是古代送葬时的礼节，所谓“接武、继武以及中武”指的都是送葬者步履的大小，死者越是尊贵，送葬的人迈的步子越小。根据不同的步履，死者所佩带的玉饰也跟着改变。就是说，死者的身份变了，葬礼的规格也得改变。

授受不亲：指男女之间不能亲手递送和接受物品，这是封建社会男女大防的礼教。《孟子·离娄上》：“淳于髡曰：‘男女授受不亲，礼与？’孟子曰：‘礼也。’”这样的规定也是有变通的。如果嫂子溺水了，这个时候还拘泥于男女授受不亲，那就不对了。在这种情况下要伸出援手施救。

2. 风俗习惯

中国是一个有着悠久历史和独特传统的国家，在漫长的历史发展过程中，形成了具有中国特色的风俗习惯。有些风俗习惯对于今天的中国人来说已经变得陌生，对于外国人来说就更加不熟悉了。汉语成语中有许多是与中国传统的风俗习惯有关的，通过这些成语，我们可以了解一些中国古代的风俗习惯，从而比较深入地了解中国人的社会生活。需要说明的是，有些风俗习惯已经成了历史的陈迹，但是成语中仍然保留旧的说法，只是意思已经发生了变化。比如：

打退堂鼓：退堂鼓，古代县官退堂时必击鼓，故名退堂鼓，这是古代官衙的风俗习惯。现在，“打退堂鼓”指做事还没有完成就开始放弃。

歃血为誓：用牲血涂在口旁起誓，表示誓言重大。又“歃血为盟”，结盟者用牲血涂在口边，或喝血酒，以表示立盟的诚意。这是古代风俗。后世的起誓赌咒都跟这一传统有关。

洞房花烛：洞房，深邃的内室，专指结婚时的新房；花烛，彩色的蜡烛，婚礼时使用。入洞房燃花烛是古代婚礼习俗。今天中国部分地区仍沿袭这一古老风俗。

北面称臣：古代君主都面南而坐，臣子拜见时必须面北。

刀耕火种：远古时期农业文明不发达时的耕作方式，指用刀砍倒林木，用火烧掉荒草，就地挖坑下种。这种方法一直沿用至二十世纪初，一些少数民族的农业技术还是停留在刀耕火种阶段。

披发文身：古代吴越一带风俗，不束发，在身上刺花纹。现在流行的刺青也可以看作是古代风俗的遗存，只不过今天中国的刺青（Tatoo）是外来的。

披麻戴孝：麻，粗布衣服和麻绳，泛指丧服。这是古代重孝。披麻戴孝反映的是古代丧葬风俗。在今天的农村地区，家里人去世了，还有披麻戴孝的习俗。

披枷带锁：枷锁，古代刑具。古代风俗，罪犯要带上沉重的木枷，把双手和头扣在一起。

结绳而治：上古风俗，在文字发明以前，人们用结绳的办法来记事。

鸣金收兵：古代兵家规矩，在战场上鸣鼓而攻，鸣金而退。

鸣锣开道：古时官员出行，轿马之前有人敲锣清道。

路不拾遗：道路上有失物，没有人拾取，这是对古代民风淳厚的描写。又“夜不闭户”。路不拾遗，夜不闭户是对淳朴民风的赞美。

桑弧蓬矢：弧，弓；矢，箭镞。这是古代习俗，诸侯生子后要举行一种仪式，用桑木作弓，用蓬梗作箭，射向天地四方，以象征男子汉长大后顶天立地、志在四方。

3. 人伦关系

人伦指的是人与人之间的关系准则，即人与人之间的等级关系，如上下、尊卑、贵贱、远近都包括在人伦关系之中。中国宗法社会的特点为中国的人伦关系增加了许多内容，使中国的人伦关系变成一个复杂的系统。下面一些成语可以从某些角度反映中国古代人伦关系的某些侧面。

三从四德：三从，指女子未嫁从父，既嫁从夫，夫死从子；四德，指妇德、妇言、妇容、妇功。这是封建社会束缚妇女的道德规范。

三纲五常：三纲，指君为臣纲，父为子纲，夫为妻纲。五常，指仁、义、礼、智、信。这是封建社会的伦理道德标准。

人伦关系离不开君臣、父子、夫妻、亲戚、朋友。我们以夫妻和朋友为例，看看古代中国的夫妻关系和朋友关系在成语中有什么表现形式。

结发夫妻：古时风俗，无论男女，成年时要举行成年礼，男女都要束发。结发夫妻指原配夫妻。

媒妁之言：旧俗，男女不能自由恋爱，必须由媒人撮合。媒人对男女双方负责。媒人的话水分很大，多不可信。

月下老人：媒人的代称。古人相信“婚姻男女本由天，千里姻缘一线牵”，而牵红线的就是月下老人。

明媒正娶：有媒有礼的婚姻才是合法的婚姻。根据中国传统礼俗，男女结合必须有媒妁之言，父母之命，而且必须以传统的仪式迎娶。

珠联璧合：《汉书·律历志上》：“日月如璧和，五星如连珠。”后以“珠联璧合”比喻夫妇般配的好婚姻。

夫唱妇随：丈夫说什么，妻子也要跟着说什么。妻子必须顺从丈夫。这是古代中国典型的夫妻关系。这种夫妻关系在当代社会基本上已经绝迹了。

举案齐眉：《后汉书·梁鸿传》：“（梁鸿）为人赁舂，每归，妻为具食，不敢于鸿前仰视，举案齐眉。”后来用举案齐眉、相敬如宾形容夫妻互敬互爱。

门当户对：旧俗，男女结亲要男女双方家庭的社会地位和经济基础相当。

凤凰于飞：本指凤和凰相偕而飞，后比喻夫妇相亲相爱。这是旧时婚礼上常用的祝福之辞。

传统礼教束缚了青年男女的自由恋爱，但是人们对自由的渴望是扼杀不了的。成语中关于自由恋爱的例子还是有的。例如：

采兰赠芍：男女互赠礼物以示爱慕。

偷香窃玉：晋代陈骞的女儿与韩寿私通，把晋武帝赐给她父亲的西域异香送给韩寿。

桑间濮上：桑间、濮上都是古代卫国的地名，是男女幽会的场所。

墙头马上：唐白居易《井底引银瓶》诗：“妾弄青梅凭短墙，君骑白马傍垂杨。墙头马上遥相顾，一见知君即断肠。”后用墙头马上形容男女爱慕之状。

巫山洛浦：巫山，古代神话传说中楚王游高唐，梦与巫山神女通，后世借用巫山作为男女欢会的场所，有“曾经沧海难为水，除却巫山不是云”的说法；洛浦，洛水之滨，古代传说中有洛水女神。巫山洛浦后来专门用来指传说中的神女，也用来指男女自由幽会。

花前月下：男女幽会的场所。

待月西厢：唐元稹《莺莺传》载，张生寓普救寺，见崔莺莺颜色艳异，光辉动人，不能自已，缀《春词》二首挑之。是夕，莺莺婢红娘至，持彩笺以授张。彩笺上题曰《明月三五夜》：“待月西厢下，迎风户半开，拂墙花影动，疑是玉人来。”张明白了崔的意思，于既望之夕梯树逾墙达于西厢。后来用待月西厢来比喻青年男女私情相通，密约幽会。

以上成语是有关男女私情的。在封建礼教的束缚下，青年男女很少有自由恋爱的机会。但上古时期民风淳朴，仲春之时，青年男女可以自由恋爱，奔者不禁。这大概也是统治者为了鼓励早婚早育，增加国家的人口而实施的一种政策。家境困窘的人家可能没有财力来准备六礼，所谓“奔者不禁”就是对自由恋爱的一种鼓励。

下面的成语则反映古代中国人伦关系的另一面：朋友。

古人很重视交友，认为朋友可以作为自己做人的一面镜子。在古人心目中，友的分量是很重的。这与后世江湖的所谓“在家靠父母，出门靠朋友”的“朋友”不可等量齐观。古人的择友标准有三：友直，友谅，友多闻。孔子说：“益者三友，损者三友。友直，友谅，友多闻，益矣；友便辟，友善柔，友便佞，损矣。”朋友应该是知己，是老师。朋友可以律我，可以知我，可以教我。朋友乃七教之一，古人关于朋友的论述很多，比如孔子曾经说过“无友不如己者”，还说对朋友“忠告而善道之，不可则止，毋自辱也”。子路说“愿车马，衣轻裘，与朋友共，敝之而无憾”。朋友的最高境界是相知，能够相视一笑，莫逆于心，那是朋友相交的最高境界，也是人生最大的满足。鲁迅曾引清人徐时栋“人生得一知己足矣，斯世当以同怀视之”。

朋友有各种各样的类型。如：

布衣之交——贫贱之交，是穷朋友。

杵臼之交——交友不分贵贱，是平等的朋友。

忘年之交——交友不分年龄行辈，是纯粹的朋友。

忘形之交——可以不拘形迹、礼节的朋友，是密友。

患难之交——患难当中交结的朋友，是经受过考验的朋友。

生死之交——可以同生共死的朋友，是不可多得的朋友，是刎颈之交。

君子之交——君子之交淡如水，是志同道合不求私利的朋友。

金兰之交——金，金属，取其坚贞；兰，兰草，取其高洁。这是情投意合、品格高尚的朋友。又指拜把子的朋友。

总角之交——小时候的朋友。

与朋友相关的成语还有一些，它们当中有好多都与一个动人的故事相联系，限于篇幅，这里只把它们列出来，有兴趣的读者可以按图索骥，到成语词典中去找故事情节。

相见恨晚 高山流水 旧雨今雨 情同手足 八拜之交 白首如新
倾盖如故 班荆道故 高朋满座 肝胆相照 管鲍分金 割席分坐
抵足而眠 促膝谈心 情同鱼水 莫逆之交

4. 宗教鬼神

中国人的宗教观念向来是实用主义的，除了少数真正的信徒以外，大部分人都是“无事不登三宝殿”“临时抱佛脚”“不见真佛不烧香”；对待鬼神的态度也是“敬而远之”。汉语中关于宗教鬼神的成语大部分与佛教典故有关，少部分跟道家有关。例如：

与佛教有关的成语

不二法门 吹大法螺 大千世界 大显神通 大慈大悲 当头棒喝
天罗地网 借花献佛 皆大欢喜 天花乱坠 六根清净 六神无主
苦海无边 明心见性 普度众生 香象渡河 极乐世界 六道轮回
宝山空回 百尺竿头 清规戒律 香火因缘

与道教有关的成语

紫气东来 洞天福地 炉火纯青 返老还童 鸡犬升天 拔宅上升
金童玉女

与鬼神有关的成语

魑魅魍魉 牛鬼蛇神 青面獠牙 神出鬼没 失魂落魄

因为孔子不语“怪、力、乱、神”，所以儒家的经典中与宗教鬼神有关系的成语不是很多。孔子从来没有发表过关于鬼神的任何评论，在他的学生追问之下，他说：“未能事人，焉能事鬼？”（《论语·先进》）子路又问他关于死亡的问题，孔子答道：“未知生，焉知死？”（《论语·先进》）孔子的想法是“敬鬼神而远之”。墨子对鬼神的态度则是实用主义的，他不回避鬼神的存在，但认为“执无鬼而学祭礼，是犹无客而学客礼也，是犹无鱼而为鱼罟也”（《墨子·公孟》）。

四、成语与古人的精神生活

古人的精神生活我们可以从历史书籍中看到，而且比我们所描写的要丰富和详细得多。但是我们所做的工作还是很有意义的，因为历史书籍是死的，没有兴趣的人可以不看，而成语却是活的，我们今天仍然不能须臾离开。因此研究活的语言形式所包含的古代人文信息有它的现实意义。我们的目的有两个：一是通过考察成语和古代社会生活的联系从而更好地了解和理解成语，二是通过成语沟通今人与古人之间的联系，从而能够对中国古代社会有一个大致的感性认识。古人的精神生活并不匮乏，这可以从他们留下的大量诗文作品中看出来。这些诗文作品中的一些佳句已经作为成语保留下来，并会以熟语的形式流传下去。

1. 诗酒风流

中国古人的精神生活可以说非常丰富，因为物欲的诱惑少，所以精神的追求就更多一些，也更纯粹一些。古人的精神生活在很大程度上要归功于酒和女人。如果没有酒和女人，中国的人文世界会少了许多姹紫嫣红，少了许多绝妙好辞，也会少了许多动人的故事。尤其是中国古代的诗人，没有酒是很难吟出好诗的，没有酒也就没有了灵感。所以诗酒风流是中国古代精神生活的一个重要方面。下面一些成语可以证明这一点。

醇酒妇人 酒酣耳热 酩酊大醉 对酒当歌 觥筹交错 壶里乾坤
壶中日月 借酒浇愁 金貂换酒 花天酒地 灯红酒绿 酒入舌出
酒食地狱 酒有别肠 平原督邮 青州从事 琼浆玉液

当然除了醇酒妇人以外，大自然的美丽和雄奇也会成为人们精神生活的重要寄托。风云月露、山水林田也是人们精神生活的一个重要方面。虽然物质的丰富远远比不上今天，但是古人的精神世界是相当丰富的，因为他们胸中自有丘壑。爱读书的人如果能够"坐拥书城"，将会十分满足；爱旅行的人能够"行到水穷处，坐看云起时"，那也是十分惬意的意境；爱书法的人如果能够"笔走龙蛇"也是十分开心的；"雪夜闭门读禁书"或是"红袖添香夜读书"都是十分难得的生活情趣！"绿蚁新醅酒，红泥小火炉，晚来天欲雪，能饮一杯无？"雪天的晚上能够和朋友喝一杯也是十分尽兴的。当然也会有"有约不来过夜半，闲敲棋子落灯花"的落寞时刻。有红粉知己相伴，有诗书美酒助兴，还有大自然那取之不尽、用之不竭的清风明月，这就是古人的精神生活！当然，古人的精神享受不够轰轰烈烈，他们没有机会把足迹留在世界的每一个角落，也没有机会参与全球性的体育盛会，他们不能到西班牙去冲浪，也不能到非洲大沙漠去探险，他们没有电影可看，也没有网络游戏可玩，但是他们的想象空间比我们要大得多，他们可以在自己的想象中编织出一个瑰丽无比的世界。今天这个世界在我们眼里已经少了许多神秘感，这是科学进步带来的好处，同时它也是我们精神生活当中不可估量的损失。古人“一花一世界，一树一菩提”的精神体验我们难再体会。古人饮酒总是和赋诗、舞剑、赏花、写字、画画这些风雅绝俗的事情分不开，这与今天的聚众豪饮、灌酒取乐不可同日而语。中国古代的诗歌内容丰富，形式工整，音韵优美，意境深远，有“窈窕淑女，君子好逑”这样直白质朴的句子，也有“大江东去，浪淘尽，千古风流人物”这样沉雄豪放的篇什，还有“杨柳岸晓风残月”这样清丽婉约的辞章。古人最重视的是诗歌的意境，正如王国维所说的，古人诗词“有有我之境，有无我之境。‘泪眼问花花不语，乱红飞过秋千去。’，‘可堪孤馆闭春寒，杜鹃声里斜阳暮。’，有我之境也。‘采菊东篱下，悠然见南山。’，‘寒波澹澹起，白鸟悠悠下。’，无我之境也。有我之境，以我观物，故物我皆着我之色彩。无我之境，以物观物，故不知何者为我，何者为物。古人为词，写有我之境者为多，然未始不能写无我之境，此在豪杰之士能自树立耳”（王国维《人间词话》）。诗酒风流是一种文化，是一种从容不迫的生活节奏，也是一种自信达观的生活态度。

2. 音乐戏剧

中国音乐有悠久的传统，在汉语中常常礼乐并称，可见音乐是非常重要的，从秦朝开始设立管理音乐的专门机构——乐府，收集整理各种音乐和诗歌，汉魏六朝仍然沿用这个名称。汉武帝时期的《乐府诗集》把乐府诗分为郊庙歌辞、燕射歌辞、鼓吹曲辞、横吹曲辞、相和歌辞、清商曲辞、舞曲歌辞、琴曲歌辞、杂曲歌辞、近代曲辞、杂歌谣辞和新乐府辞十二个大类。《诗经》是中国第一部诗歌总集，目前流传下来的是经过孔子删削编定的。“诗三百，一言以蔽之，曰：思无邪。”这是孔夫子对《诗经》的评价。《诗经》时代的风雅颂我们今天已经无法知道它们是否有固定的曲式，但是中国古代诗歌和音乐的关系确实是非常密切的。汉魏乐府、唐诗宋词都是可以唱的，元曲和小令与音乐的关系就更显而易见了。中国上古时代的音乐究竟是什么样子，我们只能从历史文献中看到一些记载，具体的内容和样式已多不可考。据《论语》记载："子在齐闻《韶》，三月不知肉味，曰：'不图为乐之至于斯也。'"音乐给人的震撼太强烈了，以至于让孔夫子三个月都不知道肉的味道，他感慨地说："没想到音乐竟能做到这种地步！"可是"韶乐"究竟是个什么样子，我们也只有想象了。中国古代的教育有一项重要的内容就是音乐教育。在《论语》里子路、曾皙、冉有、公西华侍坐章记载了这样一个故事：老师让自己的几个学生谈谈自己的志向，子路等人都说了自己的志向。孔子又问："点！尔何如？""鼓瑟希，铿尔，舍瑟而作，对曰：'异乎三子者之撰。'子曰：'何伤乎？亦各言其志也。'曰：'莫春者，春服既成，冠者五六人，童子六七人，浴乎沂，风乎舞雩，咏而归。'夫子喟然叹曰：'吾与点也！'"（《论语·先进第十一》）曾皙一边听老师讲课一边还在鼓瑟，而且他的理想也是充满自由精神的。中国古代的很多乐器已经失传了，成语中所说的一些音乐效果我们只能想象了。比如"石破天惊逗秋雨"的箜篌，"龙吟虎啸一时发"的筚篥，"锦瑟无端五十弦"的锦瑟，我们只能通过考古发掘去认识了。大唐乐舞、唐宋法曲我们今天已经不得而见、不得而闻了，只是距离我们几百年之遥的一些古乐通过薪尽火传的办法还流传到今天，比如《春江花月夜》《平沙落雁》《杏花天影》《大浪淘沙》《胡笳十八拍》《十面埋伏》《潇湘水云》等。中国古代音乐的一些内容通过成语保留了下来，让我们可以管中窥豹。下面一些成语都是与古代音乐有关的：

黄钟大吕：黄钟是我国古代音乐十二律中六种阳律的第一律；大吕是六种阴律的第四律。现在这个成语用来形容音乐或文辞正大、庄严、高妙。

金声玉振：金指钟，玉指磬。本来指两种乐器所发出的清脆的音响，后来比喻一个人才学精到，声誉广播。

靡靡之音：靡靡，萎靡不振。原来指亡国之音，《韩非子·十过》："乃召师涓，令坐师旷之旁，援琴鼓之。未终，师旷抚止之，曰：'此亡国之声，不可遂也。'平公曰：'此道奚出？'师旷曰：'此师延之所作，与纣为靡靡之乐也，及武王伐纣，师延东走，至于濮水而自投。故闻此声者，必于濮水之上。先闻此声者，其国必削，不可遂。'平公曰：'寡人所好者，音也，子其使遂之。'师涓鼓究之。平公问师旷曰：'此所谓何声也？'师旷曰：'此所谓清商也。'公曰：'清商固最悲乎？'师旷曰：'不如清徵。'公曰：'清徵可得而闻乎？'师旷曰：'不可。古之听清徵者，皆有德义之君也。今吾君德薄，不足以听。'平公曰：'寡人之所好者，音也，愿试听之。'师旷不得已，援琴而鼓。"现在靡靡之音泛指颓废、色情、低级趣味的音乐。

瓦釜雷鸣：瓦釜，陶制的炊具。屈原《卜居》："黄钟毁弃，瓦釜雷鸣；谗人高张，贤士无名。"比喻庸才显赫。

穿云裂石：苏轼《〈水龙吟〉序》："善吹铁笛，嘹然有穿云裂石之声。"形容声音高亢、嘹亮，穿入云霄，震裂石头。

绕梁三日：《列子·汤问》："昔韩娥东之齐，匮粮，过雍门，鬻歌假食，既去而余音绕梁欐，三日不绝，左右以其人弗去。"形容音乐美妙动听，在人们的耳中停留很久。也可以说"余音绕梁"。

高唱入云：歌声嘹亮，高入云霄。也形容诗文的格调激越高昂。

长歌当哭：用长声歌咏来抒发胸中的悲愤。歌哭都是人们表达思想感情的方式，以放声歌咏代替哭泣。中国民间追悼亲人的方式还是一边哭，一边诉述，听起来和唱歌一样。

高山流水：比喻高雅的音乐，知音难得。《列子·汤问》："伯牙善鼓琴，钟子期善听。伯牙鼓琴，志在登高山。钟子期曰：'善哉，峨峨兮若泰山’；志在流水，钟子期曰：‘善哉，洋洋兮若江河！’伯牙所念，钟子期必得之。伯牙游于泰山之阴，卒逢暴雨，止于岩下；心悲，乃援琴而鼓之。初为霖雨之操，更造崩山之音，曲每奏，钟子期辄穷其趣。伯牙乃舍琴而叹曰：‘善哉善哉！子之听夫志，想象犹吾心也。吾于何逃声哉？’”

急管繁弦：白居易《忆旧游》：“修蛾慢脸灯下醉，急管繁弦头上催。”晏殊《蝶恋花》词：“绣幕卷波香引穗，急管繁弦，共爱人间瑞。”管、弦都是中国的乐器，泛指所有的乐曲。形容音乐演奏的节奏紧凑，音色丰富，听起来又急又密。

曲终奏雅：《汉书·司马相如传赞》：“扬雄以为靡丽之赋，劝百风一，犹骋郑卫之声，曲终而奏雅，不已亏乎？”雅，雅乐。乐曲演奏到了结束的时候奏出了高雅的乐音，比喻文章、诗词、演出到结尾处更加精彩。

曲高和寡：宋玉《对楚王问》：“引商刻羽，杂以流徵，国中属而和者，不过数人而已。是其曲弥高，其和弥寡。”乐曲的格调越高，能够跟着唱的人就越少。比喻作品或人品、言行卓越不凡，知音难得。

阳春白雪：《阳春》《白雪》是战国时期楚国的高雅音乐，后来泛指高雅的文学艺术。宋玉《对楚王问》：“客有歌于郢中者，其始曰《下里》《巴人》，国中属而和者数千人……其为《阳春》《白雪》，国中属而和者不过数十人。”阳春白雪的知音很少。

下里巴人：《下里》《巴人》本来指楚国的通俗歌曲，后来泛指不登大雅之堂的文学艺术。

亡国之音：《礼记·乐记第十九》：“凡音者，生人心者也。情动于中，故形于声。声成文，谓之音。是故治世之音安以乐，其政和。乱世之音怨以怒，其政乖。亡国之音哀以思，其民困。”原意是指国家将亡，人民困苦，表现哀思的音乐多。后来泛指萎靡的音乐。

哀感顽艳：本指歌声哀婉动人，使愚钝和慧美的人同样受到感动。后来转用以形容作品哀怨感人。

哀丝豪竹：丝竹是中国古代的两种乐器，古有“丝不如竹，竹不如肉”的说法。这里说的是丝弦的声音悲凉，竹管的声音豪放。

音乐不仅仅是人们娱乐的方式，也不仅仅是人们寄托情感的工具。在中国古代，音乐是礼教和王道的重要组成部分。我们在《礼记·乐记》中发现有大段的关于音乐的论述。这里讲到了音乐与人心之间的关系，音乐与性情之间的关系，音乐与国家兴亡之间的关系，音乐与伦理之间的关系，音乐与王道之间的关系，音乐与教化之间的关系，音乐与天地鬼神之间的关系，音乐与宗庙社稷之间的关系，音乐与礼制之间的关系，音乐与尊卑、贵贱、动静、大小以及男女、四时之间的关系，可以说，音乐之义大矣哉，它无所不包，无处不在。例如：

“凡音之起，由人心生也。人心之动，物使之然也。感于物而动，故形于声。”

“凡音者，生人心者也。情动于中，故形于声。声成文，谓之音。是故治世之音安以乐，其政和。乱世之音怨以怒，其政乖。亡国之音哀以思，其民困。声音之道，与政通矣。……如此，则国之灭亡无日矣。郑卫之音，乱世之音也，比于慢矣。桑间濮上之音，亡国之音也，其政散，其民流，诬上行私而不可止也。”

“凡音者，生于人心者也。乐者，通伦理者也。是故知声而不知音者，禽兽是也；知音而不知乐者，众庶是也。……是故先王之制礼乐也，非以极口腹耳目之欲也，将以教民平好恶而反人道之正也。”

“礼节民心，乐和民声，政以行之，刑以防之，礼乐刑政，四达而不悖，则王道备矣。”

“乐由中出，礼自外作。乐由中出，故静，礼自外作，故文。大乐必易，大礼必简。乐至则无怨，礼至则不争。揖让而治天下者，礼乐之谓也。”

“大乐与天地同和，大礼与天地同节。”

“乐者，天地之和也；礼者，天地之序也。”

“王者功成作乐，治定制礼。”

《礼记》如此详尽、周密地论述了音乐的重要性，可见音乐在古代不是一件可以等闲视之的事情，音乐关乎大道、关乎国家兴亡，所以不可不重视。

上面的成语说的是音乐以及与音乐有关的故事。下面几条成语都是与戏剧有关的：

优孟衣冠：春秋时楚国有个叫作优孟的人，擅长滑稽讽谏。据《史记·滑稽列传》："楚相孙叔敖知其贤人也，善待之。病且死，属其子曰：'我死，汝必贫困。若往见优孟，言我孙叔敖之子也。'居数年，其子穷困负薪，逢优孟，与言曰：'我，孙叔敖子也。父且死时，属我贫困往见优孟。'优孟曰：'若无远有所之。'即为孙叔敖衣冠，抵掌谈语。岁余，像孙叔敖，楚王及左右不能别也。庄王置酒，优孟前为寿。庄王大惊，以为孙叔敖复生也，欲以为相。优孟曰：'请归与妇计之，三日而为相。'庄王许之。三日后，优孟复来。王曰：'妇言谓何？'孟曰：'妇言慎无为，楚相不足为也。如孙叔敖之为楚相，尽忠为廉以治楚，楚王得以霸。今死，其子无立锥之地，贫困负薪以自饮食。必如孙叔敖，不如自杀。'……于是庄王谢优孟，乃召孙叔敖子，封之寝丘四百户，以奉其祀。后十世不绝。此知可以言时矣。"后以"优孟衣冠”为登场演戏，也比喻假扮古人或模仿别人。

粉墨登场：粉墨指化妆。化妆之后登台演戏。现在这个成语多指一些人经过乔装打扮登上政治舞台，带有贬义。

逢场作戏：旧时演艺界人士在应该出场表演的场地就出场表演。后指出于需要所作的表演，不一定有真正的感情投入。

梨园子弟：唐玄宗时对梨园歌舞艺人的称呼，后来泛指歌舞戏曲艺人。

戏剧的历史比音乐的历史要短得多，戏剧的地位也远远不及音乐的地位高，所以与戏剧有关的成语也要少得多。

3. 神话寓言

中国的上古神话和后世的民间传说有一些以四字格的形式流传下来，成了我们今天的成语，这些成语每一条都是一个生动的故事。如：

精卫填海：精卫，神话传说中的一种小鸟。据说炎帝之女在东海被淹死，其灵魂化作精卫，每日衔西山石子树枝去填东海。比喻不屈不挠的精神。

夸父追日：古代神话故事。《山海经·海外北经》：“夸父与日逐走，入日，渴欲得饮，饮于河、渭，河、渭不足，北饮大泽。未至，道渴而死。弃其杖，化为邓林。”这个故事说明了人们与自然进行斗争的决心，明知不可为而为之，这种精神是值得钦佩的。

牛郎织女：牛郎和织女是中国神话人物，他们的故事是人们根据天上的牵牛星和织女星编造出来的。织女是天帝的孙女，为天帝织造云锦。后下嫁牛郎，生一子一女后被天帝召回，牛郎随即担上两个孩子追赶。王母娘娘情急之下，拔下头上的金簪，在牛郎和织女之间划了一条大河，这就是银河（又叫天河）。王母娘娘允许他们每年的七月初七在鹊桥上相会一次，据说那天晚上在黄瓜架下可以听到这对情侣的窃窃私语。这是个美丽而又伤感的故事。这个成语后来比喻夫妻两地分离。

八仙过海：八仙指民间传说中的汉钟离、张果老、韩湘子、铁拐李、吕洞宾、曹国舅、蓝采和、何仙姑。八仙过海，各显神通，各有各的办法，各有各的本事。

中国的寓言故事更多，而且大部分以成语的形式流传下来。寓言都是用通俗易懂的故事来说明深刻的道理。比如：

愚公移山：《列子·汤问》记载：有太行、王屋二山，方七百里，高万仞。本来在冀州之南，河阳之北。有个叫作北山愚公的老者，年纪将近九十，面山而居。由于两座大山挡在前面，出入不便。于是就把家人召集起来，要平掉两座大山。他的妻子献疑说：以君之力，连魁父这样的小丘都不能怎么样，又能把太行、王屋怎么着呢？况且土石往哪里放？老人不听，率子孙挖山不止。河曲智叟笑话愚公。愚公说，我死了还有儿子，儿子死了还有孙子，子又生孙，孙又生子；子又有子，子又有孙；子子孙孙，无穷无尽，而山不会越来越高，早晚会被挖平的。愚公的决心感动了天帝，于是就派神将两座大山背走了。这个寓言的寓意在于：只要坚持不懈，顽强地干下去，就一定能够成功。

刻舟求剑：《吕氏春秋·察今》记载："楚人有涉江者。其剑自舟中坠于水。遽契其舟，曰：'是吾剑之所从坠。'舟止，从其所契者入水求之。舟已行矣，而剑不行。求剑若此，不亦惑乎。"这个寓言故事的寓意在于讽刺那些拘泥固执、不知变通的人。

塞翁失马：《淮南子·人间训》载："夫祸福之转而相生，其变难见也。近塞上之人，有善术者，马无故亡而入胡，人皆吊之，其父曰：

‘此何遽不为福乎？’居数月，其马将胡骏马而归。人皆贺之，其父曰：‘此何遽不为祸乎？’家富良马，其子好骑，堕而折其髀。人皆吊之，其父曰：‘此何遽不为福乎？’居一年，胡人大入塞，丁壮者引弦而战。近塞之人，死者十九，此独以跛之故，父子相保。故福之为祸，祸之为福，化不可极，深不可测也。”这个寓言故事的寓意在于：祸福相倚，好事可以变坏事，坏事也可以变好事，这个变化是人所不能预见的。

来源于寓言故事的成语还有很多，例如：

叶公好龙　盲人摸象　狐假虎威　南辕北辙　缘木求鱼　买椟还珠
一枕黄粱　朝三暮四　掩耳盗铃　抱薪救火　水中捞月　拔苗助长
守株待兔　滥竽充数　亡羊补牢　画蛇添足　望梅止渴　杯弓蛇影
乐不思蜀　高山流水　为虎作伥　望洋兴叹　唇亡齿寒　吴牛喘月

神话、寓言在中国人的精神生活中有不可替代的地位，神话和寓言的故事性特别强，所以家喻户晓，流传得十分广泛。《庄子》是一本哲学著作，但里边有很大的篇幅是在讲寓言故事，庄周是在用寓言故事来讲天地万物的道理，如“庖丁解牛”“井底之蛙”“邯郸学步”“东施效颦”“望洋兴叹”“鹏程万里”“探骊得珠”“贻笑大方”“庄周梦蝶”等。在汉语成语中，来源于神话故事和寓言故事的例子俯拾即是，所以我们可以以成语为线索，去探寻古代中国的精神世界，这是很有意思的。

4. 书画

在中国古代的精神生活中，除了诗酒风流、音乐戏剧和神话寓言故事之外，人们还把书画作为生活当中的艺术追求。人们生活在诗歌的意境里，人们也生活在由音乐戏剧营造出来的气氛中，同时神话故事和寓言故事又为人们编织出一个色彩缤纷的虚幻场景，人们在这个由诗歌、音乐戏剧、故事搭建的人生舞台上你来我往，煞是热闹。书画只是这个大舞台上的一个背景，一些点缀，是属于少数人的风雅之举。但是，在古代中国这个大场景中，不能没有书画。由于汉字的结构特点和中国传统书写工具的特点，中国的书法和绘画自成体系。这在汉语成语中是有所体现的。例如：

笔走龙蛇：形容书法雄健洒脱，曲折变化就像龙蛇一般。

龙飞凤舞：形容书法笔势生动秀逸，像龙凤飞舞一样。

操觚染翰：觚，木简；翰，鸟毛，借指毛笔。它们都是古代的书写工具。拿起木简，毛笔上蘸上墨水。意谓动笔写字。

春蚓秋蛇：字写得像春天的蚯蚓和秋天的蛇迹一样弯曲无骨。形容字写得很恶劣。

鸾翔凤翥：鸾凤都是羽毛很漂亮的鸟。翥，飞举。比喻书法笔势飞动。

美女簪花：比喻书法娟秀多姿。

双管齐下：管，指笔。本义是指手握双笔同时作画。后来引申为两件事情同时进行或同时采用两种办法。

仙露明珠：比喻书法笔画圆润秀气。

五、成语与古人的生活信条

中国人有许多生活信条，这些生活信条有的是用俗语表达的，有的是用谚语表达的，有的是用格言表达的，有的是用成语表达的。在成语里，我们看到一些生活信条，它们与古代中国的社会风貌和人们的思想观念是密不可分的。每个人都生活在特定的社会里，所以人们的思想不可避免地要打上社会的烙印；每个人都生活在特定的时代里，因此人们的思想也不可避免地要打上时代的烙印。汉语成语中的生活信条既是社会的产物，又是时代的产物。成语反映的是中国古代的社会面貌，成语中的生活信条也都是古人的生活信条。但是，文化是有继承性的，所以古人的一些生活信条在今天也还有信奉者。当代中国很多的思想和信念与古代中国有千丝万缕的联系，我们可以认为这是文化基因的遗传。

1. 寿考

中国人认为人生有五福："一曰寿，二曰富，三曰康宁，四曰攸好德，五曰考终命。"（《周书·洪范》）其中长寿是第一福。中国人对于长寿的追求可以说是百折不挠的，从炼丹、求道、修仙到去海上寻找长生不老的灵丹妙药，尝试了各种各样的办法。与此相对应的，在汉语成语中与长寿有关的成语比比皆是。比如：

> 寿比南山 万寿无疆 长命百岁 长生不老 长命富贵 福寿康宁
> 福寿双全 乔松之寿 寿山福海 寿满天年 寿终正寝 海屋添筹
> 长绳系日 天保九如

人的生命是短暂的，因此也是宝贵的，所以长寿是人人都渴望得到的。这些四字格表达的是人们对于长寿的一种愿望，您可以在喜欢的时候把它们慷慨地赠予他人，接受馈赠的人一定会高高兴兴地接受您的祝福，并将会对您的美好祝愿表示感谢。可见这些与人的寿考有关系的成语是很珍贵的，您可以把它们作为吉语赠予别人；同时它们也是很廉价的，因为你根本不需要付出任何代价就能得到它们。当然，谁都清楚所谓"寿比南山""万寿无疆""长生不老"等都是一些空头支票，但是收到这些空头支票的人总是欢天喜地地接受。因为他们相信祝福会给自己带来好运，他们喜欢祝福，害怕诅咒。美国人把这样的空头支票叫作"白色谎言"或"善意的谎言"。这些四字格作为祝福的话被挂在嘴边、写在纸上，变成了僵死的老生常谈，可是它们今天仍然活在中国社会生活的某些方面，这是很值得回味的。在很多事情上，中国人都是按照庄子说的“知其不可奈何而安之若命”，唯独在求长生不老这件事上知其不可为而为之，这难道不值得回味吗？

2. 勤俭

勤是不惜力，不怕苦；俭是不铺张，不奢侈。勤俭节约是中国人公认的传统美德。在中国人的信念里，忍受痛苦、任劳任怨是令人敬佩的。在生活中，他们崇奉勤俭持家的生活准则。下面一些成语都是与勤俭有关的：

披星戴月 任劳任怨 吃苦耐劳 晨兴夜寐 废寝忘食 摩顶放踵
男耕女织 夜以继日 节衣缩食 节用爱人 节用裕民 节俭力行
精打细算 居不重席

“披星戴月”“晨兴夜寐”“废寝忘食”“夜以继日”等说的是勤劳；“吃苦耐劳”“摩顶放踵”等说的是苦行；“节衣缩食”“节用爱人”“节用裕民”“节俭力行”“精打细算”等说的是节俭。传统观念认为：勤劳、节俭、苦行可以为今生奠定幸福的基础，也可以为子孙留下一笔精神的和物质的遗产，还可以为自己的来世修一些功德。暴殄天物、掠夺性地开发资源、铺张浪费都是罪过，都会受到天罚。

3. 忠孝

儒家的美德包括义、诚、信、仁、礼、孝、忠、恕、智、勇。忠指对君主、对国家、对亲人、对朋友尽心尽力，赤诚无私；孝指对父母、对长辈无条件地顺从、敬奉。孝道在中国人的观念里是一种义务，无论是在精神上还是在物质上，抑或在身体上、思想上对父母无条件地服从，这是礼教的要求。对父母，“生，事之以礼；死，葬之以礼，祭之以礼”（《论语·为政》）。当然孝也不完全是对父母言听计从，父母做错了事也要想办法劝谏。“事父母几谏，见志不从，又敬不违，劳而不怨。”（《论语·里仁》）孝敬经常连用，因为孝不仅仅是赡养父母。孔夫子说：“今之孝者，是谓能养。至于犬马皆能有养；不敬，何以别乎？”（《论语·为政》）忠和孝是中国人道德修养的重要内容，不忠或者不孝都是大罪过，轻者会遭到千人唾、万人骂，重者会招来杀身之祸，同时被钉到历史的耻辱柱上，遗臭万年。中国的历代统治者都提倡忠孝，以不忠不孝为大逆不道，所以在中国人的思想观念里，忠孝是做人最起码的条件。为了尽忠，文官可以死于谏，武官可以死于战；为了尽孝，宰相可以辞官归里，守制三年。这样的例子在历史上是屡见不鲜的。中国历代统治者都提倡孝，因为孝和忠是有连带关系的。在家以孝以敬来事父母，在朝就会以敬以忠来事君王，最后可以达成立身的根本目标。《孝经》是中国古代的一部政治伦理学著作，它集中地反映了儒家思想对孝的认识。“资于事父以事母，而爱同；资于事父以事君，而敬同。故母取其爱，而君取其敬，兼之者，父也。故以孝事君则忠，以敬事长则顺。”（《孝经·士》）“身体发肤，受之父母，不敢毁伤，孝之始也。立身行道，扬名于后世，以显父母，孝之终也。夫孝，始于事亲，中于事君，终于立身。”（《孝经·开宗明义》）从下面一些成语中我们依稀可以看到什么叫作忠，什么叫作孝。

碧血丹心：碧血，指为正义而流的血化为碧玉；丹心，即红心，指忠心。比喻为某人或某项事业的赤诚之心。

赤胆忠心：形容忠诚不贰。

忠君报国：忠于君主，报效国家。

忠贯白日：忠诚之心可以上通白日，形容无限忠诚。

鞠躬尽瘁：鞠躬，比喻对人对事恭敬谨慎；瘁，劳累。诸葛亮《出师表》有“臣鞠躬尽瘁，死而后已”的话，表明了诸葛亮的忠君思想。

匪躬之节：不计个人利害而尽忠王室的节操，又“匪躬之操”。

以上成语说的都是忠，下面的成语说的是孝：

斑衣戏彩：传说春秋时楚国有个孝子叫老莱子，已经七十岁了，为了使双亲高兴，仍然穿着五彩的衣服表演婴儿戏。后以“斑衣戏彩”比喻对父母尽孝。

昏定晨省：省，探视，问候。晚上伺候就寝，早晨问安，这是旧社会子女朝夕侍奉双亲的日常礼节。

承欢膝下：承欢，指迎合父母；膝下，因子女幼时依恋于父母膝下，故借指父母。侍奉父母，使其欢心。

慈乌反哺：幼鸟靠父母养育，长大以后会衔食哺养父母。比喻子女长大以后报答亲恩。

寸草春晖：孟郊《游子吟》：“慈母手中线，游子身上衣。临行密密缝，意恐迟迟归。谁言寸草心，报得三春晖？”意思是小草微薄的心意报答不了春天的恩惠。比喻子女永远也报答不了父母的恩情。

冬温夏凊：凊，音 qìng，去声，使清凉。《礼记·曲礼上》：“凡为人子之礼：冬温而夏凊，昏定而晨省”。冬天使之温暖，夏天使之凉快。指子女对父母的照顾无微不至。

菽水之欢：《礼记·檀弓下》：“子路曰：‘伤哉，贫也！生无以为养，死无以为礼也。’孔子曰：‘啜菽饮水尽其欢，斯之谓孝；敛首足形，还葬而无椁，称其财，斯之谓礼。’”孔子的意思是说，如果家里很穷，即使没有什么好东西孝敬父母，让父母高兴就是孝。

寒泉之思：孝子思亲之心。语源自《诗经·邶风》：“爰有寒泉，在浚之下。有子七人，母氏劳苦。”

这些成语有些今天已经不常用。忠孝思想是社会发展的产物，不是人们天性中的东西，所以随着社会的变迁，它的内容和形式也会发生变化。中国是一个历史悠久，幅员辽阔的国家，在历史发展的不同阶段，在中国社会的不同地区，忠孝思想的凸显程度也不一样。成语中所反映出来的忠孝思想是从古代流传下来的，这些成语所反映的内容在当代社会依然有存在的价值。

4. 修身

修身是人生一件大事，所以中国人向来重视个人品德的修养，因为这不仅是个人的问题，而且是社会的问题，是家国天下的问题。儒家的理想是“修身，齐家，治国，平天下”，要治国平天下，先要从修身做起。所谓修身就是要修君子之德，“君子之德风，小人之德草。草上之风必偃”（《论语·颜渊》）。在儒家看来，君子要积极参与社会活动，首先要修身，培养高尚的品格。而道家思想恰恰与之相反，并不强调在社会中如何做一个君子，而是反身内求。儒家所提倡的修身是向外看。例如《大学》关于修身与治国平天下的关系说得很清楚：

> 古之欲明明德于天下者，先治其国。欲治其国者，先齐其家。欲齐其家者，先修其身。欲修其身者，先正其心。欲正其心者，先诚其意。欲诚其意者，先致其知。致知在格物。物格而后知至，知至而后意诚，意诚而后心正，心正而后身修，身修而后家齐，家齐而后国治，国治而后天下平。

要修身，先要诚意，正心，格物，致知。因为有这样的系统性思考，所以在汉语中留下了很多关于修身的成语。比如下面一些成语在内容上都与修身有关，大部分是讲如何修身的：

不愧屋漏 不欺暗室 坐怀不乱 超凡入圣 成仁取义 刮垢磨光
洗心涤虑 唾面自干 脱胎换骨 吐故纳新 清心寡欲 返璞归真
乐天知命 随遇而安 深藏若虚 韬光养晦 朝乾夕惕 谨小慎微
防微杜渐 砥节砺行 不矜不伐 戒骄戒躁

个人修养包括许多方面，比如知识的积累，事理的参悟，性情的磨炼，心性的培养，等等。这里所说的修身主要指道德和心性方面的修炼。具体地说有以下几个方面：

一要为人坦荡，“事无不可对人言”，要“不愧屋漏”“不欺暗室”，即不在暗中做坏事，即使在没有人的时候，也不做见不得人的事情。为人应该“表里如一”，表里俱澄澈，“不愧不怍”，做一切事情都问心无愧。“仰不愧于天，俯无怍于地”，堂堂正正，“无私无畏”。能够修炼到这个境界的人是有福的。

二要清泉洗心，不断地检查自己，“反躬自省”“刮垢磨光”“洗心涤虑”“砥节砺行”，要从小事做起，“防微杜渐”，就像人天天要照镜子、天天要洗脸一样，去除污秽的东西，达到心性光明的境界。人是社会动物，所以人与生俱来地具有动物的本性，比如说利己之心，比如说爱美之心，比如说各种欲望，正如荀子说的，“人生而有欲，欲而不得，则不能无求。求而无度量分界，则不能不争；争则乱，乱则穷。先王恶其乱也，故制礼义以分之，以养人之欲，给人之求”（《礼论》），欲望就是各种烦恼的根源，也就是佛家所说的“六根不净”，要脱离各种欲望的苦海，就得“清心寡欲”，“发乎情，止乎礼”，也就是说要用礼来约束自己。能够修炼到这个境界的人也是有福的。庄子说“其嗜欲深者其天机浅”，佛家说欲望是魔障，都是一个意思，就是欲望是修身的大敌，面对自己的欲望，必须“朝乾夕惕”“如履薄冰，如临深渊”。方外之人大概可以做到这一点，不过也难说，不然为什么还要制定那么多的清规戒律呢？

三要谦虚谨慎，“戒骄戒躁”“不矜不伐”，也就是不自大，不自夸，“深藏若虚”“韬光养晦”“不见圭角”，也就是不露锋芒，但是要“外圆内方”。这个分寸是很难拿捏的。中国人是以谦虚为美德的民族，轻易不愿意显示自己的才华和能力，正如汉语谚语说的，“开水不响，响水不开”，真正有能耐的中国人都是深藏不露的。

四要乐天知命，“返璞归真”，孔子曰：“吾十有五而志于学，三十而立，四十而不惑，五十而知天命，六十而耳顺，七十而从心所欲，不逾矩。”（《论语·为政》）孔子给我们讲述了他的个人经历，五十岁是他知天命的年龄，那是经过多少年的修炼才达到的境界。只有到了知天命的年龄才能做到“随遇而安”“与世无争”“唾面自干”。

修身是培养情操、提高道德水平、磨炼性情的实践活动，中国人在这种实践活动中总结了许多经验和教训，提出了一个又一个的奋斗目标。但是，修身又是一个永无止境的实践活动，所以这些目标就像是那远处的地平线，可见而不可即。宋代的朱熹是继孔子之后儒家思想的集大成者。他的《四书集注》影响了一代又一代参加科举考试的学子，他把修身提升到了一个全新的高度，类似于宗教信仰的高度，他认为一个追求道德完美的人，一辈子都要兢兢业业地研读经典，追求卓越，格物穷理。因此朱熹的思想又被称作理学。从朱熹到王阳明，对于追求道德完美这样的修身一直没有间断过。

5. 情感

由于孔孟之道和宋明理学的影响，中国人在感情表达方面是比较内敛的，讲究中庸之道。“喜怒哀乐之未发，谓之中；发而皆中节，谓之和。中也者，天下之大本也；和也者，天下之达道也。”（《中庸》）在这里已经把情感控制提升到天下达道的高度。然而中国人也是很重感情的，这从中国古代的诗词中可以窥见一斑。中国人的感情寄托方式是女性化的，正如林语堂所说的，“中国人的心灵的确有许多方面是近乎女性的”。下面一些成语描摹的是中国人情感世界的某些方面，其中包含着中国人的某些信念。

喜怒哀乐 缠绵悱恻 儿女情长 百无聊赖 愁肠百结 心如止水
肝肠寸断 咬牙切齿 不共戴天 兔死狐悲 狐死首丘 叶落归根
血海深仇 深仇大恨 势不两立 心心相印 情投意合 依依不舍
含情脉脉 相濡以沫 如胶似漆 欣喜若狂 心花怒放 欢天喜地
一往情深 情同手足 相敬如宾 百感交集 怒发冲冠 摧心剖肝
痛哭流涕 呼天抢地 悲不自胜

“喜怒哀乐”是人类的共同情感，它们有各种各样的表达方式。“欣喜若狂”“欢天喜地”“心花怒放”是喜乐的表达方式；“怒发冲冠”“怒目圆睁”是怒的表现形式；“摧心剖肝”“痛哭流涕”是哀的表现形式；而“心如止水”用来形容不动感情。除了喜怒哀乐之外，中国人的情感表现方式还有很多，如仇恨、友爱、愁怨、相思、私情等。

仇恨是一种散发着毒素的情感，它可以毁灭一个人，也可以毁灭一个世界。世界上的人祸大多是因为仇恨引起的。仇杀是一种永无休止的恶性循环，所以有的人总想把对方“斩尽杀绝”“斩草除根”，不留后患。“父之仇，弗与共戴天。兄弟之仇不反兵。交游之仇不同国。”（《礼记·曲礼上》）“不共戴天”说的是仇恨极深，甚至不愿意在一个天空底下生活，“有你没我，有我没你”，不是你死就是我活。我们把这种仇恨叫作“血海深仇”，一种刻骨铭心的仇恨。其实中国人不是一个心胸狭窄的民族，倒是一个非常健忘的民族，一个热爱和平、总是希望“化干戈为玉帛”的民族，国恨家仇可以通通抛到九霄云外去，能够以大局为重，善于向前看。我们总是希望自己的宽宏大量能够感化我们的仇家，结果是自己的妇人之仁常常把自己变成了东郭先生。

安土重迁是中国人的生活观念，所以背井离乡是一件大事，如果不幸而客死他乡，那就是一件非常严重的事情了。死者最大的愿望往往是把自己的骨殖运回家乡，入土为安。“狐死首丘”“叶落归根”表达的就是这种情感。《礼记》上说：“狐死正丘首，仁也。”《淮南子》上说：“鸟飞反乡，兔走归窟，狐死首丘，寒将翔水，各哀其所生。”连鸟兽都留恋自己的故土，不忘根本，何况人呢！

男女之间的感情是最缠绵悱恻的。英雄豪杰也不免“儿女情长”“情人眼里出西施”，有情人之间执手相看，“含情脉脉”，在一起的时候“如胶似漆”，分别时“依依不舍”。中国式夫妻的感情表达往往是比较内敛的，所以“举案齐眉，相敬如宾”成了夫妻间感情好的榜样，这在西方人看来是不太容易理解的。

6. 行善

善恶本身是道德概念，在孟子看来，恻隐之心是仁之端；羞恶之心是义之端；辞让之心是礼之端；是非之心是智之端。在中国本土文化中，性善和性恶两种观点一直是有争论的。孟子的性善论来自于他的人性论思想，他认为恻隐之心人皆有之，因为有了恻隐之心，所以才会有善念。为了证明这一点他打了个比方：“今人乍见孺子将入于井，皆有怵惕恻隐之心。”（《孟子·公孙丑上》）看见小孩子要落到井里去，所有人的第一反应都会是伸出援手救他，这就是人类的本能，而这个本能就是善根。荀子对孟子的性善论进行了批判，他专门写了《性恶》来阐述他的观点。荀子开篇就说“人之性恶，其善者伪也”，他认为善不是人的真正本性，要激发出人的善念，必须要有一套行之有效的学习方法和教育制度。“凡人之欲为善者，为性恶也。夫薄愿厚，恶愿美，狭愿广，贫愿富，贱愿贵，苟无之中者，必求于外。故富而不愿财，贵而不愿埶，苟有之中者，必不及于外。用此观之，人之欲为善者，为性恶也。”（《荀子·性恶》）孟子认为人性中的善是生来就有的，荀子则认为，人性中的善是必须经过后天学习和教育才会有的。他们两个人的观点看似矛盾，其本质都是要让人行善，让人变成道德高尚的人。约编写于13世纪的蒙学读物《三字经》开篇就说“人之初，性本善，性相近，习相远”，认为人生下来都是本性良善的，之所以后天有差别是外部世界影响的结果。

普通百姓中积德行善的观念是从佛教教义里边来的。佛教里边的善来源于梵文的Kusala，凡是符合佛教理想的思想和行为均为“善”，与“恶”相对。这是广义的善，狭义的善指佛教法相宗的信、惭、愧、无贪、无嗔、无痴、精进、轻安、不放逸、行舍、不害。佛教信徒被称为善男信女。而一般老百姓所理解的善就是做好事，他们认为这样可以为来世或者后代积累一些功德，希望“善有善报”。当然这是从功利的角度来看的，不能否认有人行善纯粹是一种“乐善好施”，把做善事当作人生的一件赏心乐事。下面一些成语说的都是为善的事：

博施济众 悬壶济世 乐善好施 为善最乐 善有善报 迁善改行
嘉言善行 施仁布德 积善成德 作善降祥 功德圆满

中国人会把行善和积德联系起来，帮助别人就是帮助自己，“博施济众”就会“功德圆满”，因为中国人相信善有善报，恶有恶报，做善事会给自己带来吉祥，“作善降祥”。还有一种说法“不为良相，便为良医”，做一名好的医生“悬壶济世”也是一种善行。当然修桥铺路、济困济贫、施仁布德也都是积德行善的具体表现形式。有人行善是为了一种信仰，有人行善是为了满足一种“救世主”心理。无论哪种善行都是值得嘉许的。在中国古代的哲学家中，墨子提倡兼爱，杨朱反对。“杨子取为我，拔一毛而利天下，不为也。墨子兼爱，摩顶放踵利天下，为之。”（《孟子·尽心上》）这是两种完全不同的人生观。“乐善好施”的背后是人生观。

7. 享乐

中国人视享乐为堕落，认为“玩物丧志”，所以正派的中国人都会把享乐从人生的议事日程中排除出去，而把“苦其心志，劳其筋骨，饿其体肤”当成一件重要的、必要的、荣耀的、有意义的事情。中国人还认为生于忧患，死于安乐。所以在汉语成语中，与享乐有关的成语大都是含贬义色彩的。例如：

纸醉金迷 灯红酒绿 酒池肉林 花天酒地 膏粱锦绣 香车宝马
声色犬马 骄奢淫逸 酒食征逐 甘酒嗜音 锦衣玉食 吃喝嫖赌
宴安鸩毒 醉生梦死 及时行乐

享乐有雅俗之分，有健康与不健康的两种享乐。下面一些成语说的也是享乐，却没有贬义，因为这样的享乐是被社会接受的，被认为是健康的、正常的业余爱好。请注意，这里说业余爱好不是随便说的，假如谁以此为生活的终极目标的话，就会被他人讥笑为不务正业：

抱子弄孙　含饴弄孙　秉烛夜游　游山玩水　琴棋书画

享乐是个人行为，无论是雅的还是俗的，应该无可厚非。但是人是社会生物，所以享乐又是社会行为。社会道德观念提供的范例是以吃苦耐劳为楷模，以贪图享乐为反面教材。忧国忧民的传统使中国人个个变得很严肃，不苟言笑，享乐的事连想一想仿佛都是罪过。所以中国人有两种典型形象：要么花天酒地、灯红酒绿、醉生梦死，要么正襟危坐、道貌岸然、任重道远。

8. 自爱

自尊、自爱是做人的基本原则。中国人在理解自爱这一概念时常常与贞洁、骨气、气节这些概念相联系，使自爱具有特定的道德含义。自爱本来的意思是爱惜自己，包括身体和荣誉，后来这个概念的语义域缩小了，只指爱惜自己的名誉。所以成语中有“洁身自爱”的说法。下面的成语从不同的侧面告诉我们什么叫作自爱：

玩物丧志：《尚书·旅獒》：“玩人丧德，玩物丧志。”一味地沉溺于某种娱乐，以至于丧失了进取心，这就是玩物丧志，就是不自爱。

冰壶玉尺：冰壶和玉尺都是洁白无瑕的物件，比喻高尚清白的人品。

冰魂雪魄：比喻道德高尚，操行清白。

冰清玉洁：像冰一样澄澈，像玉一样洁白。比喻人品高尚、纯洁。

不食周粟：殷商末年，有个叫伯夷的人，因为反对武王伐纣，辞去周朝的官职，隐居首阳山，不吃周朝的粮食，采薇而食，最后饿死了。这个故事说明人为了某种信念不惜一切代价，这是值得敬佩的品质。

刚直不阿：刚强正直，不迎合别人。

宁折不弯：宁可折断也不肯弯曲，比喻为了正义而不肯失节。

自爱就是保持高洁的操守，不与坏人沆瀣一气、同流合污。在事关名节的问题上“宁为玉碎，不为瓦全”，在尊严和利益上选择“不为五斗米折腰”，这些都是自爱的表现。中国人很重视自己的荣誉，所以自爱就成了一些人评价一个人道德水准的价值标尺。

六、成语与古代山川风物、天文地理

中国是一个历史悠久、幅员辽阔、地大物博、人口众多的国家，辽阔的疆域和特殊的历史地理环境、特殊的人文环境造就了特殊的文化心态和特定的语汇。当然，所谓特殊那是从外面看的，如果从里面看一点儿也不特殊。中国人从来都认为这个国家天经地义地就应该是这个样子，而不是其他的样子。站在外人的立场上回过头来看我们这个国家，可以说有许多不同于其他国家的地方，这正是我们这个古老国度的迷人之处。中国人一直认为自己的国家处于世界的中心，是中央大国，其他的国家都是边鄙小邦，这种独特的认识和心态使得国人长期以来有一种唯我独尊的心理，也可以说是夜郎自大的心理，同时也使得国人对自己的国家有一种自豪感，喜欢那种“九天阊阖开宫殿，万国衣冠拜冕旒”的感觉，对这块土地上的山川风物也别有一种感情，中国人在这种心理作用下变得分外大度，“蕞尔小邦”的使者前来进贡，我们会以加倍的财货玉帛回赠对方；在遇到一些国际纠纷的时候，“宰相肚里能撑船”，不与他人一般见识。中国人对自己国家自然景物的感情是非同一般的。在中国人的心目中，每一座山、每一条河、每一个地名、每一种植物都有自己的色彩和故事，也都有自己的性格，它们是被拟人化了的，因此它们是有生命的。

1. 山川环境，地理方位

在中国人的眼里，似乎山永远是青的，水永远是绿的，所以“青山绿水”就代表了中国的锦绣河山。其实中国除了有青山绿水之外，还有白山黑水[1]，还有黄色的河、红色的山、蓝色的海洋和绿色的草原。在中国山水画中，青绿山水从隋唐一直延续到清末，在这些画家的眼里，只有青绿山水才有诗意，才可以入画。下面一些成语都是描写山川环境的，其中的山河湖海有的是泛指的，有的是特指的，如“百川归海”中的“川”泛指所有的河流，而“表里山河”中的“山”特指太行山，“河”特指黄河，内有水外有山，说明地势险要。

---

1 白山指长白山，黑水指黑龙江。白山黑水代表东北三省。

百川归海 青山绿水 表里山河 海角天涯 不毛之地 飞沙走石
五湖四海 俟河之清 泾渭分明 稳如泰山 三山五岳 崇山峻岭
白山黑水 山高水长 山盟海誓 山南海北 天南地北

中国的地理方位概念非常清楚，而在方位中，东南西北四方又是非常重要的概念。所以汉语成语中“东南西北”这几个方位词经常出现，如“东征西讨”“东藏西躲”“东张西望”“东央西告”“东倒西歪”“东食西宿”“东徙西迁”“东涂西抹”“东劳西燕”“东邻西舍”“东挪西借”“东鳞西爪”“东拉西扯”“东倒西歪”“东奔西跑”“东拼西凑”；“南征北战”“南来北往”“南橘北枳”“南辕北辙”“南鹞北鹰”“南腔北调”……其实“东×西×”和“南×北×”都是很能产的格式，但是它们彼此又不能替换，如“东张西望”我们不说“南张北望”，“东倒西歪”我们也不说“南倒北歪”，反之亦然，“南来北往”我们不说“东来西往”，“南腔北调”我们不说“东腔西调”，“山南海北”我们也不说“山东海西”，“走南闯北”我们也不说“走东闯西”。在中国文化的语境中，东南西北不仅仅是方位，它们还会跟五行联系起来。东方甲乙木，南方丙丁火，中央戊己土，西方庚辛金，北方壬癸水。东南西北中也还会跟五色联系起来。东方对应青色，这是树的颜色；南方对应红色，这是火的颜色；中央对应黄色，这是土的颜色；西方对应白色，这是金的颜色；北方对应黑色，这是水的颜色。中国古代文化中的四神兽与东南西北也有对应关系。左青龙，对应的是东方青色；右白虎，对应的是西方白色；南朱雀，对应的是南方红色；北玄武，对应的是北方黑色。从中国的地理位置和方位特征来看，东方是蓝色的海洋；南方是红土地，西方是白色的高原雪山，中部是黄土地，北方是黑土地。在这样的地理环境下，我们的祖先发明了五行相生相克的理论。

北水黑

西金白　中土黄　东木青

南火红

2. 人文地理

中国的人文地理包含着许多历史文化知识，如果不了解中国古代的历史和文化，就很难了解汉语成语中大量出现的地名以及它们所蕴含的文化含义。比如下面一些成语中都包含着中国古代的地名，这些地名在汉语成语中究竟意味着什么呢?

赤县神州：中国的别名。《史记·孟子荀卿列传》:“中国名曰赤县神州。赤县神州内自有九州，禹之序九州是也，不得为州数。中国外如赤县神州者九，乃所谓九州也。于是有裨海环之，人民禽兽莫能相通者，如一区中者，乃为一州。如此者九，乃有大瀛海环其外，天地之际焉。”这一段记载反映了中国人对自己及周边环境的认识。

朝梁暮陈：梁、陈是中国南北朝时期的两个朝代，当时朝代的更迭频繁，早晨还是梁朝的官员，晚上就成为陈朝的臣子了。比喻世事变化很快，人也跟着反复多变。又“朝梁暮晋”。

秦楼楚馆：春秋时秦穆公之女弄玉善吹箫，秦穆公为筑凤楼以居之。楼名本为凤楼，后世称之为秦楼。楚国楚灵王筑章华宫，选细腰美人居之，人称楚馆。后世以秦楼楚馆泛指歌楼妓院等娱乐场所。

秦楼谢馆：泛指都城中吃喝玩乐的场所。

秦晋之好：春秋时，秦国和晋国国君世代通婚，后世把两姓联姻称为秦晋之好，又叫“秦晋之缘”。今天的山西和陕西从语言和文化上仍有很多共同特征。

得陇望蜀：陇，今天的甘肃省东部，蜀，今天的四川省中西部。已经得到了陇，又想得到蜀，比喻贪心不足。

齐东野语：齐东，齐国的东部（今山东东北部），野语，乡下人的话。比喻俚俗不可信的话。

齐纨鲁缟：古代齐国和鲁国出产的白色细绢。

齐大非偶：春秋时，齐国是大国，郑国是小国。《左传·桓公六年》：“齐侯欲以文姜妻郑太子忽。太子忽辞。人问其故。太子曰：‘人各有耦[1]，齐大，非吾耦也。’”后来辞婚者常用以表示自己门第或地位卑微，不敢高攀。

杞人忧天：《列子·天瑞》：“杞国有人，忧天地崩坠，身亡所寄，废寝食者。又有忧彼之所忧者，因往晓之，曰：‘天积气耳，亡处亡气。若屈伸呼吸，终日在天中行止，奈何忧崩坠乎？’其人曰：‘天果积气，日月星宿不当坠邪？’晓之者曰：‘日月星宿，亦积气中之有光耀者，只使坠亦不能有气中伤。’其人曰：‘奈地坏何？’晓者曰：‘地积块耳，充塞四虚，亡处亡块。……奈何忧其坏？’其人舍然大喜，晓之者亦舍然大喜。”这个故事说明了中国古代智者对天地的认识。

吴市吹萧：《史记·范睢蔡泽列传》：“伍子胥橐载而出昭关，夜行昼伏，至于陵水，无以糊其口，膝行蒲伏，稽首肉袒，鼓腹吹篪，乞食于吴市，卒兴吴国，阖闾为伯。”萧又作箫，谓行乞于街头。

吴牛喘月：《太平御览》引《风俗通》：“吴牛望见月则喘，使之苦

1　耦，双，成双，与“奇”相对，又指配偶，今写作“偶”。

于日，见月怖，喘矣。”因为吴地炎热，水牛怕热，见到月亮以为是太阳，害怕得喘起来。后比喻因疑心而害怕。

中国是一个历史古国，也是一个大国。不同的地理环境使得不同的地方有不同的出产，历史上的分分合合造就了不同地域人民的性格差异，中国古代浩如烟海的典籍，也留下了很多跟地名有关系的典故。以古代地域名称构成的成语非常多，它们大多数都与中国的人文地理有关系，要学习这些成语离不开对中国古代历史地理的了解和对古代文化的了解。

3. 天象和星宿

天象是人们认识自然、了解宇宙的门径，中国人在很早以前就开始研究天象，对日月星辰的位置、运行规律观察得很仔细，形成了比较成熟的早期天文学。古人认为天象的变化会影响到我们的生活，尤其会影响到统治者的命运，因此观察天象的工作直接服务于古代的政治生活。人们通过天象来占卜未来，预测吉凶，估测年景，监测气候。与天象有关系的成语常常带有神秘色彩和宿命论色彩。例如：

白虹贯日：白色的长虹贯穿太阳，这是一种罕见的日晕现象，古人认为这是一种兵刃相加的大凶之兆。《战国策·魏策》：“夫专诸之刺王僚也，彗星袭月；聂政之刺韩傀也，白虹贯日；要离之刺庆忌也，仓鹰击于殿上。”

气冲牛斗：牛斗，指牵牛星和北斗星，这里泛指所有的星辰。形容气势极盛，上冲群星。又“气吞牛斗”“气贯长虹”。

箕风毕雨：箕、毕都是星名，二十八宿之两宿，月亮经过箕星好风，过毕星则好雨。

南箕北斗：《诗经·小雅》：“维南有箕，不可以簸扬；维北有斗，不可以挹酒浆。维南有箕，载翕其舌；维北有斗，西柄之揭。”天上的箕星和斗星，因其形状像簸箕和酒斗而得名，但是它们不能用来簸东西，也不能用来盛酒浆，所以“南箕北斗”比喻有名无实的东西。

扪参历井：参和井都是星宿名，参为蜀的分野，井为秦的分野。原来行人自秦入蜀途中，山势极高，似乎可以摸到天上的星宿。后来形容蜀道的高峻险阻。

星移斗转：北斗七星在一夜当中和一年当中总是在不断地变换方位，于是人们就用“星移斗转”来指称时间的流逝和季节的变化。又“物换星移”。

星罗棋布：像天上的星星和棋盘上的棋子一样密集地罗列在一起，形容数量多、散布范围广。

日月参辰：参，参宿；辰，心宿。这两个星宿此出彼落，永不相见。比喻离别不得相见或者成为冤家对头永不相见。

日月合璧：日月同时升起，这种天象在我国比较少见，有人认为这是国家祥瑞的表现。

祥云瑞气：古人认为天上的彩云预示吉祥，故称祥云瑞气。

中国人有一种信仰：就是每一个人都与天上的一颗星星相对应，也就是说，每一个人的头上都顶着一颗星，运气的好坏都可以在你的星星上看到。对于整个国家来说，天上星宿的排列与地上地区的划分也存在这样一种对应关系，星宿的运行、变化对人类社会有不可忽视的影响，这种天人合一的信念一直到今天仍然有人深信不疑。

4. 自然景物

自然界的景物多种多样，人们眼中所见各不相同。有美丽的“春花秋月”“小桥流水”，也有险峻的“绝壁巉岩”“崇山峻岭”，还有虚无缥缈的“海市蜃楼”，广阔无垠的“黄沙大漠”，莽莽苍苍的“林海雪原”。在汉语成语中，描写景物的四字格是相当丰富的，例如：

春花秋月 风花雪月 月白风清 风清月朗 柳媚花明 曲径通幽
风平浪静 亭台楼阁 山明水秀 云淡风轻 月明星稀 花前月下
汪洋大海 万紫千红 姹紫嫣红 繁花似锦 崇山峻岭

这是静的风景，还有动的：

惊涛骇浪 狂风暴雨 飞沙走石 草长莺飞 风起云涌 落花流水
云蒸霞蔚 鸡飞狗跳 月落星沉 风吹草动 风卷残云 人仰马翻
烟波浩渺 莺歌燕舞 争奇斗艳

人们对自然景物的观察有不同的角度，因此才横看成岭侧成峰，各不相同。自然景物与人的心境是互相映衬的，所以成语中对自然景物的描写常常掺有感情色彩，因此成语在运用中常常超出字面意思，例如“风花雪月”本义是四种自然现象，借指四时风景，元无名氏《鱼篮记》一折：“春夏秋冬四季天，风花雪月紧相连。长江不见回头水，人老何曾再少年。”后来泛指只有空泛的辞藻而没有实际内容的诗文，再后来也比喻风月场中男欢女爱的风流事。所以切忌望文生义。

5. 四时风光

一年有四季，而四季风光各自不同。在汉语成语中，春天的成语最多，其次是秋天，再次是冬天，夏天的成语最少。为什么会是这样呢？因为中国是大陆性气候，四季分明，春夏秋冬四季的变化非常明显。我们的祖先把一年四季分成 12 个节气，这 12 个节气代表了一年四季的不同发展阶段。从冬天到春天，看到树木发芽，百花盛开，自然会欢欣鼓舞，感慨赞叹。因此描写春天的成语最多。到了秋天，草木凋零，鸿雁南飞，人们也会生出很多感慨。因此描写秋天的成语也不少。在农业社会春种、秋收、冬藏都是重要的时刻。而夏天天气溽热，多雨潮湿，人们基本上是在忍受这个季节带来的不便。所以关于夏天的成语数量不多。

关于春天的成语

触手生春　春冰虎尾　春寒料峭　春光漏泄　春光明媚
春回大地　春来秋去　春兰秋菊　春暖花开　春色撩人
春色满园　春色恼人　春深似海　春意阑珊　春生秋杀
春宵苦短　春意盎然　寸草春晖　和风细雨　虎尾春冰
花红柳绿　花明柳暗　花明柳媚　花香鸟语　九春三秋
九十春光　枯木逢春　柳暗花明　柳绿花红　漏泄春光
春草萋萋　满园春色　妙手回春　鸟语花香　秋月春花
万古长春　问柳寻花　细雨和风　寻花问柳　一阳复始
春回大地　一阳来复　莺歌燕舞　有脚阳春　雨后春笋

关于夏天的成语

浮瓜沉李　骄阳似火　汗流浃背　挥汗如雨　大汗淋漓

关于秋天的成语

叠翠流金　天高云淡　秋高气爽　五谷丰登　秋风落叶
金风送爽　金风玉露　秋高气爽　天高气清　天高气爽
天高云淡　秋高气和　桂子飘香　西风残照

关于冬天的成语

鹅毛大雪　岁寒三友　岁暮天寒　雪虐风饕　寒冬腊月
白雪皑皑　天寒地冻　银装素裹　大雪纷飞　滴水成冰
冰天雪地

四季的变化给人类生活带来的影响是显而易见的，所以人们对四季的认知也有很多个维度。跟四季有关系的成语，从某种意义上来说，就是人们对四季的不同认识。春花秋月，夏雨冬雪，都在人类文化的词库中留下了丰富的印记。这些成语是我们认识中国社会的钥匙和密码。

七、成语与古代岁时制度

“夫天地者，万物之逆旅也；光阴者，百代之过客也。”（李白《春夜宴桃李园序》）时间是一个无始无终的连续体，虽然现代宇宙物理学推断，大爆炸那一刻就是时间的开端[1]，但是这对我们这些在时间轴上的匆匆过客来说可以说没有任何影响。虽然探讨时间开端的问题是个与国计民生没有直接关系的哲学问题，但是人们对这个世界的终极关怀始终热情不减。所以，了解一下古人对时间的认识是很有意思的。古人把时间称作光阴，这是很有道理的，因为中国古代没有钟表这样的记录时间的工具。比较精确的记录时间的工具是日晷。我们今天还能看到的日晷，又称“日规”，是最早的计时工具之一，它是通过太阳投影的移动方向来确定并划分时刻的，由晷面和晷针组成，晷面上刻有刻度，用来记录太阳光影的位置。因为时间是看不见、摸不着的，所以人们只能根据太阳和月亮的东升西落来计算时间的流逝。所以光阴在汉语里又叫作日月或日子。太阳每一次东升西落就是一日，月亮每一次圆缺就是一月，每一次寒暑交替就是一年。时间的概念与太阳和月亮的关系由此可见一斑。在这部分内容里，我们将看到，古人对光阴的认识都是隐喻性的、模糊的、非精确的。所以古人对时间的计量也多是不精确的。

1. 对光阴的认识

时间是匀速运动的，但是在人们的感觉中时间有快有慢。比如同

1　参看霍金（1995）。

样是一年的时间，一个五岁的孩子会觉得一年很漫长，因为对于他来说，一年是他生命的五分之一；而对于一个五十岁的人来说，一年的时间是很短的，转瞬即逝，因为一年对于他来说只是他生命的五十分之一。所以孔夫子站在河边，看到不停流逝的河水，发出了“逝者如斯夫！不舍昼夜”（《论语·子罕》）的感慨。爱因斯坦的相对论也提到这一点，中国古人“山中方七日，世上已千年”的惊讶也由此而来。感慨归感慨，惊讶归惊讶，人们对时间的流逝是无可奈何的，正如谚语所说“一寸光阴一寸金，寸金难买寸光阴”，成语“寸阴尺璧”的说法也有这个意思，不知道英语的“Time is money”是不是也是这个意思。其实无论多少钱也买不来光阴，可以这样说，在时间面前人人平等。对于我们平常人来说，时间的方向只有一个，就是一直向前走。下面一些成语都是描写时间的，它们多是用形象的事物来比拟的。因为光阴虽然无时不在、无处不在，但是它看不见、摸不着。

白驹过隙　不舍昼夜　日月如梭　光阴似箭　寸阴尺璧
地久天长　地老天荒　海枯石烂　蹉跎岁月　日月其除
日月逾迈　逝者如斯　千秋万代

把光阴比作流逝的水、飞驶的箭、不停往还的梭、奔驰的马、电光石火，都是意在表达这样一个感受：光阴转瞬即逝，如果不及时把握就会追悔莫及。我们的祖先已经认识到光阴的可贵，因为他们知道随着光阴的流逝，人就会变老。我们在汉代的乐府诗里能看到这样的感慨：

青青园中葵，朝露待日晞。
阳春布德泽，万物生光辉。
常恐秋节至，焜黄华叶衰。

百川东到海，何时复西归？
少壮不努力，老大徒伤悲。

元代剧作家马致远曾经写过："百岁光阴一梦蝶，重回首，往事堪嗟。"我们的成语和诗歌在写到光阴的时候都会有这样的感慨，当一个人走入暮年的时候，回首往事，一定会发出日月如梭、光阴似箭的慨叹，可以说这是千古一叹。

2. 纪时

我们前面说过，中国古代没有钟表，所以比较小的时间单位只能用更漏或者日月星辰的相对位置来计数，日晷能够记录比较精确的时间单位，但是日晷并不是老百姓使用的计时工具。中国古代很早就有了历法，我们今天仍在使用的太阴历已经有几千年的历史了，现有的文献记载它出现于夏朝，所以又叫夏历，商朝周朝一直沿用。但是在夏之前是否已经有了这样的历法，我们无从考证，今天的夏商周考古工程发现的关于夏朝的资料是很少的。我们现在仍在使用的天干、地支究竟起源于何时已经不可考证。汉语成语中记录时间的方法和所使用的概念都是古代的，有的跟天干地支有关系，有的跟十二生肖有关系，有的跟传统的计时方式有关系。不了解它们的内涵就不可能真正弄懂成语的真实含义。例如：

岁在龙蛇：《后汉书·郑玄传》："五年春，梦孔子告之曰：'起，起，今年岁在辰，来年岁在巳。'既寤，以谶合之，知命当终，有顷寝疾。"按照中国十二地支与十二生肖的对应关系，辰为龙，巳为蛇。岁指太岁，是旧历纪年所用值岁干支的别名。星命学家有许多关于太岁的禁忌。后以"岁在龙蛇"谓寿数当尽。

子午卯酉：十二地支为子丑寅卯辰巳午未申酉戌亥，子午卯酉为四个地支名。“子午卯酉”作为一个成语并不表示时间，比如“他也说不出个子午卯酉来”意思是“他也说不出个道理来”。

十冬腊月：按照中国历法的称呼，十一月称为冬月，十二月称为腊月。从十月到腊月是中国最冷的季节。又叫“寒冬腊月”。

五黄六月：泛指农历五六月天气最炎热的季节。这个季节正是农作物成熟的季节，天气炎热，也是农民最忙碌的季节。

三更半夜：更是中国古代对夜晚的计时单位，一夜分为五更。五更又称五鼓，在夜里的五个时间节点会敲鼓报告时间。三更是夜里最黑暗的时候。泛指深夜时分。

日上三竿：太阳升起三根竹竿那么高，泛指时间已不早了。

漏尽更阑：漏是古代计时的仪器，有水漏有沙漏。泛指夜深之时。

四时八节：四时指春夏秋冬四季，八节指立春、春分、立夏、夏至、立秋、秋分、立冬、冬至。泛指一年四季各个节气。按照中国古代的传统，每个节气都要祭祀。

晨钟暮鼓：佛寺中早撞钟、晚击鼓以报时间。后用作寺院孤寂生活的写照，也用以形容时光的推移。

黄道吉日：旧时星命学家认为青龙、明堂、金匮、天德、玉堂、司命六辰是吉神，六辰值日之时，诸事皆宜，称为黄道吉日。

沉李浮瓜：三国魏·曹丕《与朝歌令吴质书》中“浮甘瓜于清泉，沉朱李于寒水”，形容夏日的生活景象。

从这些成语中我们可以看出，中国古代的时间概念是比较模糊的，这和古代的生活方式有关，即使是约会也只能有一个大概的时间，如“月上柳梢头，人约黄昏后”（欧阳修《生查子·元夕》）。那个时候一般人不需要太精确地计算时间，即使今天，在中国比较偏远的农村地区，人们的计时方式仍是古老的，比如计量时点的有“太阳升起来了”“太阳还有一竿子高”“日头偏西了”“三星偏西了”“掌灯时分”“黄昏时分”“华灯初上时分”等；计量时段的有“一顿饭工夫”“一袋烟工夫”“说话的工夫”“半天时间”“眨眼工夫”等。

3. 纪龄

中国人的年龄并不保密，而且有通行的计数年龄的方法。但是有趣的是，在人生的不同阶段，总有一个比较笼统的说法，泛指某一个年龄段。这些说法通常是以成语的面貌出现的，它们都有出典。例如：

豆蔻年华：豆蔻，多年生常绿草本植物，初夏开淡黄色花，常用来比喻少女。“豆蔻年华”指十三四岁或十四五岁的时光。

徐娘半老：指风韵犹存的中年妇女，语含轻薄。

青梅竹马：李白《长干行》：“郎骑竹马来，绕床弄青梅。同居长干里，两小无嫌猜。”形容小儿女天真无邪、嬉戏玩耍的情状，后特指儿时一起长大的伴侣。

弱冠之年：古代男子到了二十岁要举行成年礼，也叫冠礼，因为还没有到壮年，所以叫作弱冠之年。

而立之年：《论语·为政》：“子曰：‘吾十有五而志于学，三十而立，四十而不惑，五十而知天命，六十而耳顺，七十而从心所欲，不逾矩。’”而立之年指三十岁。

不惑之年：指四十岁。

耳顺之年：指六十岁。

耄耋之年：指八九十岁的高龄。

风烛残年：像风里的蜡烛一样，似乎马上就要被风吹灭的样子，比喻晚年。

春秋鼎盛：春秋指年龄。指年富力强，精力充沛的时候。

这种看起来拐弯抹角的表达方式自有它的独特之处。中国古代文人在写文章的时候，喜欢委婉，不喜欢平铺直叙，其结果就是大量用典，卖弄学问，似乎故意跟老百姓过不去。这也从另外一个角度说明了中国文化的历史积淀是十分深厚的，通过这些用来记录年龄的成语，我们可以管中窥豹。成语都是读书人创造的，书面色彩比较浓。所以这种婉曲的记录年龄的方法在读书人那里是非常流行的。

4. 计量

汉语成语中涉及一些古代度量衡单位，它们是古代社会所使用的计量单位，有些计量单位在今天的中国社会中还在使用。例如：

得寸进尺　锱铢必较　不差累黍　毫厘不爽　车载斗量
一时半刻　火冒三丈　一日千里　肝肠寸断　一丝一毫
方寸之地　十步芳草　寸步不让　寸土必争　寸步不离
垂涎三尺　壁立千仞　咫尺万里　车载斗量

里、丈、尺、寸、分、厘、毫是市制长度单位，斤、两、钱、分、厘、毫是市制重量单位，锱、铢也是古代的重量单位，累、黍也是古代重量单位，不过极其微小，由于中国古代曾经使用白银作为流通货币，所以重量单位也用于钱币的计量，升、斗、缶、钟是市制容积单位，顷、亩、分、厘、毫是市制地积单位。这些市制度量衡单位的关系如下：

1 里 =150 丈　1 丈 =10 尺　1 尺 =10 寸　1 寸 =10 分
1 分 =10 厘　1 厘 =10 毫
1 斤 =10 两　1 两 =10 钱　1 钱 =10 分　1 分 =10 厘
1 厘 =10 毫　1 毫 =10 丝
1 锱 =6 铢

1 斗 =10 升

1 顷 =100 亩　1 亩 =10 分　1 分 =10 厘　1 厘 =10 毫

这些市制的度量衡单位大部分仍在使用，虽然国家已经颁布了公制度量衡单位，也要求大家使用公制单位，但是大多数市制的度量衡单位仍然没有退出历史舞台，只有像锱、铢、累、黍、缶、钟这样的单位已经成为历史的陈迹。我们的长度单位仍然在使用里（千里之行始于足下）、丈（白发三千丈）、尺（寸有所长，尺有所短）、寸（一寸光阴一寸金），我们的重量单位仍然在使用斤、两（半斤八两，缺斤少两），我们的面积单位仍然在使用亩、分（一亩三分地），我们在称量粮食的时候仍然用升（升斗小民）和斗（人不可貌相，海水不可斗量）。这些度量衡单位在汉语成语中都完整地保留着。

八、成语中的典故和事理

有相当数量的汉语成语是有典故的，这些典故对于古代的读书人来说是相当熟悉的，而对我们现代人来说，大部分人只知道这些成语的字面意思，而对于它们的出典则不甚了了。这一点儿也不奇怪，毕竟这些典故与我们隔着一层厚厚的历史帷幕，时间上的距离感使我们与这些典故之间产生了隔膜，大多数仍在使用这些成语的国人对这些典故并非一无所知，恍恍惚惚地知道一些，又不十分了然。而对于只学了几年汉语的外国人来说，这些典故无疑是天方夜谭，会使他们产生陷入泥潭而无力自拔的恐惧。

汉语成语当中有一些说理性很强的成语，说的是中国人的道理，表达的是中国人的观念，但是大部分道理具有普遍真理的特性，可以说是“放之四海而皆准”的，我们不愿意把它们当成独得之密，藏之名山，束之高阁，而是愿意把它们公开出来，稍加阐释，让世人都知道，也算是我们除了四大发明之外的又一个贡献吧！

1. 典故

典指的是有经典意义的古籍，故指的是古籍中记载的故事或词句。所谓典故是指古书中出现的历史人物、典章制度等故事或者传说，成语中的典故都是有案可查的，它们来源于古代，每一个有典的成语都是一个完整的故事，说来话长。但由于这些故事具有典型性，所以一直为后世所引用。古人写诗作文喜欢用典，因为所有的典故都是浓缩的。例如：

暗度陈仓：陈仓，古县名，位于今陕西省宝鸡市，为关陇通向汉中的交通孔道。据《史记·高祖本纪》载：项羽自立为西楚霸王以后，立沛公刘邦为汉王，当时刘邦的军事力量远远不如项羽，于是就退驻关中，并命令士兵烧毁栈道，一是表示自己无意再与项羽争夺天下，二是防备项羽追杀。刘邦任命韩信为大将以后，韩信用计，明里重修被烧毁的栈道，迷惑项羽，暗地里从陈仓小道迂回，袭击项羽的军队。这个故事后来缩略为"明修栈道，暗度陈仓"，或"暗度陈仓"，指正面迷惑敌人，而暗中从侧翼突袭的战略。今天我们在用这个典故的时候，不仅仅指战略上的正面迷惑敌人，从侧翼偷袭。任何在暗中进行的事情都可以叫作"暗度陈仓"。

东山再起：《世说新语·排调》："谢公在东山，朝命屡降而不动。后出为桓宣武司马，将发新亭，朝士咸出瞻送。高灵时为中丞，亦往相祖。先时，多少饮酒，因倚如醉，戏曰'卿屡违朝旨，高卧东山，诸人每相与言安石不肯出，将如苍生何？今亦苍生将如卿何？'笑而不答。"原来指退隐后复出，后用比喻失败后重新得势。我们今天做任何事情遭遇挫折和失败之后，重新振作起来，再次取得成功，都可以叫作"东山再起"。

东床坦腹：典出《世说新语·雅量》："郗太傅在京口，遣门生与王丞相书，求女婿。丞相语郗信：'君往东厢，任意选之。'门生归，白郗曰：'王家诸郎，亦皆可嘉，闻来觅婿，咸自矜持，唯有一郎在东床上坦腹卧，如不闻。'郗公云：'正此好！'访之，乃是逸少，因嫁女与焉。"从此后"东床坦腹"就成了女婿的美称，又作东床娇客。由《世说新语》遗留下来的这个成语，今天仍然在使用。

对牛弹琴：典出汉代牟融《理惑论》："公明仪为牛弹清角之操，伏食如故。非牛不闻，不合其耳矣。"比喻对不懂道理的人讲道理，徒费精神；也用来讥笑人讲话不看对象。今天我们在用这个成语的时候，只要对方无法理解我们所讲的话，我们就可以说是在对牛弹琴。

负荆请罪：典出《史记·廉颇蔺相如列传》：赵国大将廉颇与上卿蔺相如不和，蔺相如为了国家的利益，处处退让，"廉颇闻之，肉袒负荆，因宾客至蔺相如门谢罪。曰：'鄙贱之人，不知将军宽之至此也。'卒相与欢，为刎颈之交"。后用"负荆请罪"表示向人认错赔罪。当然我们现在向人认错或者赔罪，不再需要真的背负荆条了。

图穷匕见：据《战国策·燕策三》：荆轲奉燕太子之命刺杀秦王，以献燕国督亢地图为名，藏匕首于图中。秦王展开地图，图尽而露出匕首，荆轲用匕首刺杀秦王，没有成功，后被秦王杀害。后以"图穷匕见"比喻事情发展到最后，终于露出真相。当然这个真相通常都是怀有不可告人的目的，"图穷匕见"指的是露出了凶恶的本来面目，渐渐地产生了贬义的感情色彩。

文君新寡：典出《史记·司马相如列传》："会梁孝王卒，相如归，而家贫，无以自业。……临邛中多富人，而卓王孙家僮八百人，程郑亦数百人，二人乃相谓曰：'令有贵客，为具召之。'并召令。令既至，卓氏客以百数。至日中，谒司马长卿，长卿谢病不能往，临邛令不敢尝食，自往迎相如。……酒酣，临邛令前奏琴曰：'窃闻长卿好之，愿以自娱。'相如辞谢，为鼓一再行。是时卓王孙有女文君新寡，好音，故相如缪与令相重，而以琴心挑之……文君窃从户窥之，心悦而好之，恐不得当也。既罢，相如乃使人重赐文君侍者通殷勤。文君夜亡奔相如，相如乃与驰归成都。"这段故事讲的是卓文君与司马相如恋爱私奔的事情。后以"文君新寡"作为年轻女子丧夫寡居的典故。

锦囊妙计：典出古典章回小说《三国演义》：蜀国军师诸葛亮经常把可能发生的事变和应急的办法写在纸条上，装在锦囊里，交给办事的人，教他在紧急的时候打开锦囊，依计行事。后以"锦囊妙计"比喻届时能解决问题而又暂时保密的好办法，再后来泛指所有高明的计策和办法。

典故因为是历史故事或传说，所以来源于典故的成语都是从篇章中抽取出来压缩而成的，因此我们在碰到这类成语时不可简单从事，一定要搞清楚它的来源，还要搞清楚它现在的用法，这样才能比较完整、准确地把握它的含义，学会它的用法。同其他类型的成语比较起来，来源于典故的成语比较难于把握，所以，许多来源于僻典的成语生命力不是很强，有些已经衰亡并逐渐退出汉语常用语汇的历史舞台。故意搬弄典故、无缘无故地掉书袋的做法是一种成心不让人看懂的、愚不可及的书呆子行径。研究成语要知道成语的来龙去脉，运用成语的时候要知道成语的现实含义，不然的话，就会弄巧成拙，词不达意，文不对题。例如"天花乱坠"本来是一个佛教故事，说的是南朝时期的云光法师，他是梁武帝的好朋友，听云光法师讲诵佛经是梁武帝生活中一件重要的事情。有一次云光法师讲诵《涅槃经》时，讲得感动了上天，天上的花从空中纷纷落下。可见"天花乱坠"是一个褒义词。但是今天有人对你讲"您的课讲得真好，讲得天花乱坠"时，你肯定心里不舒服。因为这个成语已经感染了贬义色彩。当我们说一个人讲话天花乱坠的时候，我们的意思是说他只会花言巧语。

2. 事理

物有物理，事有事理。汉语中表达事理的成语有很多，这些成语富有哲理，因此使用频率也是最高的。与来源于典故的成语相比，这些成语的语言一般都比较直白，一看就懂，但是它们所蕴含的道理却很深很深。这些表达事理的成语常常是可以移植的，或者在别的语言中能够找到相对应的说法。例如下面这些成语在英语中或者能够找到对应的说法，或者能够直译，而来源于典故的成语是不可能直译的，甚至不能移植：

爱屋及乌 Love me, love my dog.

当局者迷 The on-lookers see most of the game.

多藏厚亡 The more you own, the more you lost.

福过灾生 Too much luck brings a disaster.

苦尽甜来 Luck comes after the hardship.

覆水难收 There is no use crying over spilt milk.

甘瓜苦蒂 A sweet melon but a bitter vine.

瓜熟蒂落 When a melon is ripe, it will fall by itself./Problems can easily be solved when the conditions are ripe.

水滴石穿 Dripping water can wear through rock./Little strokes fell great oaks.

水到渠成 When water flows, a channel is completed.

甘井先竭 The good well will be run out first.

树大招风 A tall tree catches the wind.

孤掌难鸣 One cannot clap with one hand.

过犹不及 Too much is as bad as too little.

积少成多　Every little makes a mickle.

积水成渊　Many drops make a shower.

近朱者赤，近墨者黑　He that lives with cripples learns to limp.

空穴来风　A hole causes the wind.

物极必反　When pushed to an extreme, a thing will develop in the opposite direction.

习与性成　Habit becomes second nature.

在这一节里我们讨论了汉语成语与古代社会风情的关系，描写了古代社会风情的几个方面，这种描写当然是不完备的，但是我们相信，读者可以从我们的描写中看到一些有趣的现象。必须说明的是，我们这里所说的古代社会实际上是一个笼统的概念，它涵盖了上下几千年的历史跨度，其间的历时差异我们没有特意区分，比如说衣食住行、治乱兴废、礼教风俗都不是一成不变的，它们都是历史概念，在不同的历史时期它们有不同的表现形式。另外我们也必须说明的是，我们所说的古代社会实际上也是没有地域观念的，中国是个地域大国，历史上的分分合合以及复杂的自然环境造成了各地区特有的地理环境和人文环境，这在我们的讨论中也是被忽略了的。汉语成语是一张大网，每一个说汉语的人都不能脱离这张网，由此可以看出汉语成语在中国人心目中的重要地位。我们研究汉语成语与古代社会的关系，是想揭开历史的大幕，看一看这张网上所集结的文化内容，并沿着这张大网所指示的道路，探寻一下古代社会的各种遗迹，找出古今中国的内在联系，这对于我们学习语言和研究中国文化的人来说都是会有帮助的。汉语成语是在几千年的历史积淀中沉淀下来的，因此它们都带着历史的烙印。但是它们毕竟不是历史，它们只是历史大潮中的几朵浪花。我们只能从这一朵朵浪花里来看看成语所折射的外部世界。

第四章　汉语惯用语与现代社会

第一节　汉语惯用语的时代特征

惯用语是高频词语，在某个历史阶段，这些高频词语是语言中最活跃的部分。它们被广泛地运用于社会生活的各个领域，它们身上打上了鲜明的时代烙印。惯用语新陈代谢的速度很快，人们每天都在创造着新的惯用语，同时淘汰旧的惯用语。尤其是在大众传播手段不断发展的今天，一个新的惯用语很快就会在全社会的范围内传播开来，也许过不了多久，它们就会成为历史的陈迹。翻开中国古典小说看一看我们就会发现，那个时代流行的许多惯用语今天已经不再流行，有些我们甚至连它们的意思都不甚了了。例如：

土木八——元人市语，厨子。《延安府》二折："回回官人云：'经历，拿那土木八来！'经历云：'有！令人！拿过那厨子来！'"土木八是元人骂人的话，来自波斯语，原义为羊尾巴。

皮灯球——懵笨的人。《儿女团圆》一折："量这一个皮灯球，犯下什么滔天罪。"皮灯球就是皮灯笼，用皮子做的灯笼里边的光出不来，所以用来比喻内心昏暗糊涂的人。

皮解库——元人妓院的别称。《金线池》一折："尽道吾家皮解库，也自人间赚得钱……”

打呆歌——乞丐沿街叫乞，唱《莲花落》。《紫云庭》三折：“这厮白日街上打呆歌，却怎生到晚人前逞倭罗。”

打酒坐——客人在酒店给妓女卖唱的钱。《东京梦华录》：“又有下等妓女，不呼自来，筵前歌唱，临时以些小钱物赠之而去，谓之札客，亦谓之打酒坐。”

打野呵——江湖艺人露天卖艺。《武林旧事》：“或有路歧，不入勾栏，只在耍闹宽阔之处做场者，谓之打野呵。”又叫“打粜地”。今北京话之“撂地摊儿”。

放水火——大小便的隐语。《蝴蝶梦》三折：“张千云：‘起来！放水火。’做放出科。”

油木梳——歌妓的代称。《风光好》一折：“座上若有一点红，斗筲之器盛千钟。座上若无油木梳，烹龙炮凤总成虚。”

牙疼咒——不着痛痒的咒誓。杨朝英《得胜令》曲：“日日醉红楼，归来五更头，揪寻不害羞，敲头，敢设个牙疼咒。”[1]

惯用语是汉语词汇中最活跃、最生动、最灵活、最新鲜的部分。所以惯用语一出现就会流行开来，但是惯用语的特点又决定了它们不可能有太长的生命力，这主要有两个原因：一、惯用语的时代色彩十分突出，时代一变，它们立刻就会黯然失色；二、惯用语都是流行市语，而流行的东西总是短命的。潮流天天变，词汇日日新。我们今天流行的惯用语都是跟今天的社会潮流紧密相连的。如[2]：

---

1 以上例子均采自龙潜庵编著的《宋元语言词典》（上海辞书出版社 1985 年版）。个别词语加了一些注释。

2 部分例子选自 1991、1992 和 1993 年版《汉语新词语（1991）》《1992 汉语新词语》《1993 汉语新词语》，北京语言学院出版社。

走后门——通过熟人、亲戚、朋友等关系办事，因为不是光明正大的事情，所以只能暗中进行。

铁饭碗——在国营单位或政府部门工作，有固定的收入，没有失业的危险。

炒鱿鱼——被老板解雇，丢掉了饭碗。

炒楼花——在房地产经营中买空卖空，炒卖楼号谋取暴利。

洋插队——到国外去打工、求学、谋生，因为生活很艰苦，所以被称作洋插队。

女强人——精明强干事业有成的女性。

发烧友——对某项事业或活动着迷的人；狂热的爱好者。

换包装——演艺界人士改变原来的形象，以新的形象面对观众。

第三者——插在夫妻之间的另一个人，妨碍了家庭的二元关系，这样的人被称为第三者。

同情兄——同时爱上一个女人的两个男人被称作同情兄。

打工妹——特指城市中外地来务工的年轻女性。

喇叭亏——因为说大话、吹牛皮而导致工作上的失误所造成的损失，仿“哑巴亏”而造。

大锅债——由于平均主义分配制度造成的长期拖欠，甚至不还的债务，仿“大锅饭”而造。

万元肚——指某些人用公款大吃大喝而成的富态相。

官呆子——愚蠢、无能的官员，仿“书呆子”而造。

惯用语的出现与流行通常是与某一社会现象的出现和流行密不可分的。但是只有当某一社会现象已经成为一种普遍现象时，惯用语的出现与流行才有可能。比如类似于第三者的人古已有之，但是只是现在才有了公开亮相的机会，第三者插足的问题成了社会的焦点问题，第三者这个惯用语才有了立足之地。随着社会的发展，人们观念的改变，这个词的流行程度也会慢慢降低。我们通过 BCC 语料库的历史检索可以看出这一趋势。

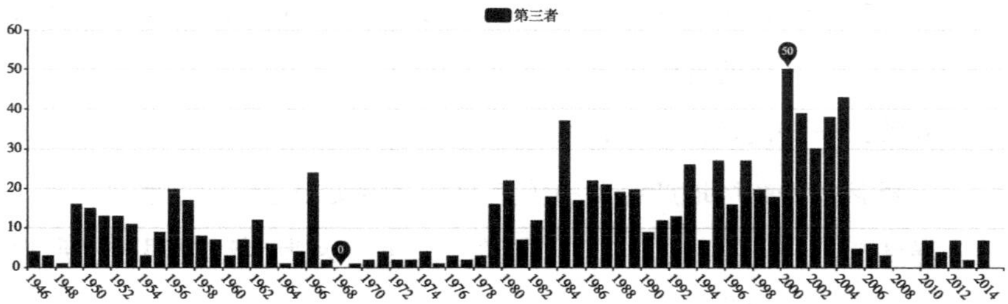

我们从语料库中可以看到“第三者”这个词在 1946 年就出现了，但那个时候是不是有了第三者插足的“第三者”这个意思我们不得而知，到 2000 年左右这个词的使用频率达到了高峰。现代社会是个复杂多变的社会，各种各样的社会现象层出不穷，为了描写或表述这个不断变化的社会，人们创造出许多生动的词汇。惯用语就是这些生动的词汇家族中最活跃的成员。

现代社会是一个信息社会，各种各样的传播媒体应运而生。它们是惯用语传播的主要媒介。尤其是进入网络时代之后，各种自媒体如雨后春笋般地涌现出来。微信、微博、QQ 空间、快手、抖音都是惯用语滋生的土壤，也是惯用语流行的媒介。

我们的惯用语研究主要以现代社会为基底，所以我们必须了解我们所处的这个时代到底是个什么样的时代。

我们所处的这个时代是个向现代化飞速迈进的时代，是互联网的时代，是大数据的时代，是自媒体的时代。随着旧的社会结构形式的解体与新的社会结构形式的重组，人们的思想意识和价值观念也随之发生了变化。这个时代有很多时代特征：比如人口爆炸、信息爆炸、环境恶化、地球变小、全球变暖，人与人之间的关系空间距离越来越近，而心灵距离越来越远，人与自然的关系脱离了天人合一的传统轨迹，社会管理专家化，人民思想自由化，社会生活多样化，此外还有生产机械化、文化大众化、艺术通俗化、科学功利化、学术商业化、教育职业化、道德西方化、宗教世俗化、政治民主化、享乐奢侈化、价值观多元化……随之而来的是人们开始忘却生活的终极目的，人变成了物质的奴隶，人们开始对自己周围的环境感到不安，人们失去了自己的精神家园，人们对紧张的生活节奏和激烈的竞争压力感到惶恐，于是人们便需要发泄，于是人们便用冷峭的言语表达自己的不满，或用机智幽默的自嘲来维持自己内心的平衡，于是便有了惯用语。惯用语的外部包装没有什么特别之处，但是惯用语的内核都透着按捺不住的讥讽意味和掩饰不住的焦躁气息。从语言上来讲，几乎所有的惯用语都是修辞用法，几乎所有的惯用语都是一种隐喻用法，几乎所有的惯用语都表达负面意义，我们不能从字面意义上去理解它们，而必须推求字面以外的意义，因为这才是惯用语的真实意义。下面我们就结合实在的例子分别讨论。

第二节　惯用语与社会时代病

每个时代都有每个时代的特色，每个时代都有值得赞扬的地方，也都有应该鞭挞的地方。我们无意贬低我们所处的这个时代，希望读者不要误会，在这一章里，我们主要讨论惯用语与现代社会的关系，而惯用语的语言特色又是讥讽多于歌颂，所以我们的讨论所涉及的社会层面与前一章完全不同，在这里我们会更多地看到对社会的批评而不是赞美。这个批评包括对人的批评，也包括对社会现象的批评。在这一节里，我们主要讨论两个问题：一个是惯用语所反映出来的社会丑恶现象，另一个是市场经济统治下的人际关系。我们把它们称为时代病是因为它们无论从哪个角度看都不能说是健康的。

一、惯用语中的社会丑恶现象

所谓社会丑恶现象指的是社会中庸俗的、黑暗的、丑陋的、恶劣的、不健康的、不道德的、不文明的、与大众利益相违背的，为一切正直、厚道、善良的人们所不齿的人和事。我们希望并相信随着社会的进步，人民文明程度的不断提高，这些社会丑恶现象会被扫进历史的垃圾堆。不过，今天我们还是有必要以科学的态度来正视它们，研究它们。

1. 惯用语所描写的奸佞之徒

任何一个时代，任何一个社会都会有正人君子，也会有奸佞之徒。奸佞之徒是社会的渣滓，是势利小人，是一群通过不正当手段谋取利益的得志便猖狂的“中山狼”，他们靠献媚为生，靠欺上瞒下发迹，靠蝇营狗苟得势，靠结党营私自肥。因为喜欢逆耳忠言的人毕竟是少数，而喜欢别人甜言蜜语的吹捧毕竟是人性的弱点。在这个世界上，类似于“花剌子模”的国度毕竟并非只此一家（据说中亚古国有花剌子模，君王喜欢听好消息，不喜欢听坏消息，因此凡是来报喜者均得到提升奖赏，凡是来报忧者统统拿去喂老虎）。也就是说，奸佞之徒总有市场和舞台，古今中外概莫能外，因此我们看一看这些人的嘴脸还是很有警示意义的。

下面一些惯用语都是与奸佞之徒有关的：

吹喇叭——比喻吹捧某人或某事。

抬轿子——比喻吹捧别人并为之出力效劳。

拍马屁——对上司或地位比自己高的人献媚，谄媚奉承。

戴高帽——用一些不符合实际的奉承话恭维别人或受人恭维。

灌米汤——比喻用甜言蜜语奉承迷惑人。

捧臭脚——捧场，溜须，拍马。

舔屁股——不知羞耻地拍马屁。

攀高枝——比喻跟有权有势的人拉关系或结亲戚。

以上几个惯用语都带有贬义的感情色彩，说的都是一些令人不齿的下作行为，有这些行为的人被称为“马屁精”“势利眼”“狗腿子”“害人虫”等，这些人在场面上都是“老油条”，他们都是善于掩饰和伪装的“变色龙”，你有权有势，他们就围着你、巴结你；一旦你无权无势了，这些人变脸最快。在领导面前他们是“吹鼓手”，专门为领导“抬轿子”。这样的小人古今中外都有，只不过不同的时代有不同的说法。这些人对上摇尾乞怜，极尽奴颜婢膝之能事，表现的是地道的奴才相；对下则颐指气使，横眉立目，一副盛气凌人的架势。老百姓对他们恨之入骨，因此在汉语词汇中特意为他们留出一块地方，立此存照。

2. 惯用语中描写的市侩众生相

所谓市侩，本来指的是买卖的中间人，他们是一些唯利是图的奸商，后来泛指所有贪图私利的人。可以说，人人都有自私的一面，这是人的本性的一部分，古人有所谓“人不为己，天诛地灭”的说法，但是“君子爱财，取之有道”，我想这是一般人与市侩的根本区别。老百姓对市侩的态度是厌恶、鄙视的。下面一些惯用语描写的就是市侩的所作所为。

拉关系——本义指跟本没有关系的人联络、拉拢，使彼此产生一种利益上的关系。这里特指向对自己有用的人施行贿赂，以求从中得到某种利益上的回报。

吃回扣——在商业活动中甲方经手人（多半是买方代表）与乙方经手人约定，在生意成交之后，乙方应从支付的价款中扣除一部分作为甲方经手人的佣金。这通常是甲方经手人以牺牲甲方整体利益为代价而为自己换取的好处费。

捞外快——用不正当的手段取得正常收入以外的好处。

买关节——用钱财买通关键人物以达到自己的目的。

黑吃黑——坏人和坏人之间彼此火并，一方抓住另一方做坏事的把柄借机榨取钱财。

发横财——通过不正当的手段获取大量财物。

类似的例子还有很多。有些人为了达到自己的目的，拉山头，搞宗派，结党营私，打的是自己的小算盘，揩的是国家的油，他们利用自己手中的权力为自己建立起一个四通八达的关系网，侵吞国家资财或者利用职权为自己以及自己的关系户（亲戚、朋友、子女等）大开绿灯，这些人实际上是国家的蛀虫，是我们生活中的土耗子。

3. 惯用语中所描写的“变色龙”

“变色龙”比喻在政治上善于变化和善于伪装的人，这些人老奸巨猾，善于察言观色，善于看风使舵，在风云多变的政治风浪中他们是“不倒翁”“骑墙派”。老百姓给他们送了许多外号，如：

老狐狸　老油条　老滑头　鬼聪明　老江湖　八面光
搬不倒　墙头草

他们有很多手腕，如：

观风向　看眼色　看苗头　赶风头　避风头　耍花招　使手段

变色龙是一种巧人，在现代社会里，伪装自己适应环境并非个别人的专利，很多人都学会了看风使舵，虽然没有学会孙猴子七十二变的本事，“见什么人说什么话，到什么山唱什么歌”还是会的。自从达尔文“物竞天择，适者生存”的理论深入人心以后，变色龙越来越多。一个社会如果变色龙多了，诚实朴厚的君子就少了，社会生态就变了。

4. 惯用语中所描写的整人术

在社会生活中，人与人之间的勾心斗角是社会的丑恶现象之一。在各种各样的窝里斗的实践中，一些“斗争专家们”发明了许多“斗争”的艺术。为了保护这些人的发明专利，我们不准备将它们的底牌和盘托出，以免让外人学了去。但是为了说明我们所言非虚，有一些“斗争专家”的方术我们在这里还得略陈一二。我们把他们的发明统称为“整人术”，其实里边还有一些花样的变化。我们试举一些例子看看：

打棍子	扣帽子	穿小鞋	戴眼罩儿	泼脏水	扣屎盆
揪辫子	小动作	挖墙脚	卡脖子	打黑枪	打闷棍
告黑状	上眼药				

写匿名信、打小报告、散布谣言是这些人的惯用伎俩。这些小动作都是“阴招儿”，也都是损招儿，它们都不能在光天化日下进行，挨整的人“哑巴吃黄连——有苦说不出”。中国古代就很讲究用计之道，在历史教科书里，在演义故事里，我们可以毫不费力地找到各种各样的计谋。著名的历史演义小说《三国演义》通篇都充满了计谋。这一方面可以说明我们的先祖的确很聪明，同时也说明我们的先祖很善于搞阴谋。所谓计策就是用各种各样的方法诱使别人往圈套里钻，然后让他们俯首帖耳地听凭摆布，或者将他们置之死地。

上面介绍的都是一般的招数。还有更高明的“专家”发明了更高明的招数。他们可以在崇高的旗帜下把整人合法化。具体的招数有：

关牛棚　割尾巴　拔白旗　抓典型　洗脑子　揭盖子　坐飞机

古训说“家丑不可外扬”，说穿了就是护短，讳病忌医，他人是一面镜子，历史也是一面镜子，我们不妨以人为鉴，以史为鉴，时时照照镜子，发现自己的污点并且清理它们。这样我们才能真正远离丑陋。

二、惯用语与“国民劣根性”

鲁迅先生在他的杂文和小说里，曾经多次揭露我们这个民族的一些劣根性，“哀其不幸，怒其不争”，应该说，鲁迅是很了解这块土地和这块土地上的人民的。我们的人民在这块土地上繁衍生息，他们看到了许多他们不愿意看到的东西，归纳起来有以下一些内容：

1. 奸懒馋滑

奸懒馋滑四样德行，没有一样是讨人喜欢的。与奸懒馋滑相联系的惯用语有：

二流子——不务正业，整天游手好闲的人。

泡蘑菇——故意磨蹭。

吃干饭——除了吃饭什么事也不做。

白吃饱——除了吃饭什么也不会干的人。

寄生虫——比喻不劳而获、靠剥削他人生活的人。

八面光——比喻世故圆滑，善于周到地应付各种各样事务的人。

属猴的——猴子是很聪明的，我们常说一个人“猴精猴精的”，比喻过分精明的人。

蹭饭吃——想方设法不花钱捞吃喝。

吃白食——不付出代价而得到吃喝。

“泡蘑菇”是奸，“二流子”“吃干饭”“白吃饱”是懒，“蹭饭吃”是馋，“八面光”“属猴的”是滑。

2. 嫉贤妒能

竞争是人类的本性，但是竞争的方式有所不同。有的人看到别人比自己好会想到如何通过正当的竞争超过他，即古人所说的“见贤思齐”，这样的竞争应该是好事，是社会进步必不可少的动力。也有人看到别人比自己好心里特别难受，于是就千方百计地毁损别人，或者为别人设置障碍，或者制造绯闻，败坏他人的名誉，用这种方式来使自己的心理得到平衡，这就是嫉妒。嫉妒是一种心理疾患，其症状就是眼红眼热，说话带着醋意，酸溜溜的。具体表现如：

红眼病——看到别人比自己好心里很难受，眼红眼热。

大醋缸——嫉妒成性，动不动就吃醋泼酸的人。

泼酸雨——醋意大发，不断地说酸话。

乌眼鸡——好斗的人；经常睁圆了眼睛盯着别人的人。

眼睛热——看到别人得到好处自己眼睛发热，比喻嫉妒。

看不得别人比自己好的人就是得了“红眼病”，嫉妒成性的人，我们把他们叫作“大醋缸”或者“醋坛子”，动不动醋意大发，泼酸雨，把嫉贤妒能的本领发挥得淋漓尽致。

3. 爱慕虚荣

为了减轻自尊心受到挑战所承受的巨大压力，为了留住往日的骄傲，人们往往会寻求另一种满足：也就是阿Q常常挂在嘴边上的一句话：“我们先前——比你阔的多啦！你算是什么东西！”大凡古老的民族都会有这样的情结。

遮丑、护短也是人类的本性，人们都愿意把自己最美丽的部分展示给别人看，所以爱慕虚荣对于很多人来说是很难避免的。我们中国人大多很讲面子，一些人很会往自己脸上贴金，打了败仗要说成是胜败乃兵家常事，不以成败论英雄，逃跑要说成是“战略性撤退”，明明是一部丑化中国人的电影，有些人偏要说它“表现了中国人自强不息，不向命运低头的精神”，这种要死面子的做法有时到了一种十分可笑的地步。说实话却招来别人的群起而攻之，这也是一种讳疾忌医。

从下面的惯用语里我们可以看出“面子”对于国人来说是多么重要：

爱面子　要面子　留面子　给面子　驳面子　丢面子　没面子

面子大　讲排场　摆阔气　装门面　出风头　搽胭脂　吹牛皮

当然，爱面子也是一种自尊心的表现，但是什么东西都要适度，自尊心过于敏感就会变成一种病态，就不正常了。而讲排场、装门面、摆阔气就不是什么自尊心的问题了，纯粹是一种陋习，这种行为的背后是爱慕虚荣和缺乏自信。

4. 保守偏狭

中国从历史上看是个农业大国，中国人民是农耕型的人民，即使是到了 20 世纪 90 年代，中国也仍然属于一个庞大的农业国，农业人口占绝对多数。当然现在情况有了变化，城镇化和人口自由流动之后，一些农村人口开始向城市转移。乡村出现了空心化的现象。几千年来的小农经济最大的特点就是自给自足，人民过着封闭的生活，与外界保持着“鸡犬之声相闻，老死不相往来”的关系，人民被牢牢地束缚在有限的生活空间里。这就决定了一些中国人即使生活在现代也还是带有强烈的小农意识，其最显著的特点就是：目光短浅，没有远见；思想保守，自以为是；随遇而安，不思进取；自私自利，缺乏公心；傻子过年看隔壁，凡事随大流等。前面说的奸懒馋滑、妒贤嫉能以及爱慕虚荣都是保守偏狭的表现。当然不能说所有的人都具有这样的特点，但带有一定的普遍性。另外还有，比如前些年或近年来流行的各种各样的“热”风：气功热、淘金热、出国热、下海热、考证热、股票热、集邮热、书画热、古董热、追星热、减肥热、美容热、离婚热、养狗热、体育热、读书热、排球热、足球热……人们对潮流趋之若鹜，看到别人做什么，自己就想跟风。都想做时代的弄潮儿，哪个行当热门就往哪个行当里面去。这从表面上看起来似乎是非常积极的生活态度，一点儿也不保守，实际上这种“一阵风，一窝蜂，大拨轰，大呼隆”的做法本身就是没有主见，“随大流，随风倒”是一种目光短浅，只顾眼前利益的表现。更有甚者，有人看见别人发了不义之财自己眼红，也随大流发起了不义之财，他们的哲学是：“法不责众”“天塌大家死，过河有矬子”“撑死胆大的，饿死胆小的”“窃钩者诛，窃国者侯”。近年来，大众传播媒体制造了各种各样的时髦，推销了各种各样的时髦，老百姓也跟着追赶这些时髦，这是一种很耐人寻味的社会现象，它也从一个侧面反映了大众心理上的不平衡，以及国人走出保守偏狭的艰难。随着中国对外敞开大门，各种各样的价值观念涌了进来，生活样态的多样性，思想观念的多样性，已经让人们选择的机会增加了很多，保守偏狭的状态正在被逐渐打破。人们已经不再认为外国的月亮比中国的圆，也不再像过去那样非常在意别人怎么生活，或者别人对自己怎么看。

5. 撒痴撒泼

温柔敦厚、风流蕴藉是中国古代知识分子心性修养的标准，也是大众追求的目标，这种品性被认为是文明进步的标志，它影响了一代又一代中国人，使他们在待人接物方面变得彬彬有礼，虽然没有能够把中国变成全员君子国，但是总是在某些方面使她的人民变得更可爱一些、更文明一些。一个极端的例子就是夫妻之间也要“举案齐眉，相敬如宾”，人民鄙视那种口出秽言没有礼貌的村野之人。但是曾几何时人们忘记了我们祖先“温良恭俭让”的谆谆教诲，开始追求粗野，以粗野为潇洒，以粗野为时髦。此风一吹，遍地“野牛”，一些“新潮人士”言必称“三字经”（“他妈的”），一些詈骂语成了许多人的口头禅。惯用语中有许多不够雅驯的例子：

拍马屁　舔屁股　臭狗屎　狗崽子　放狗屁　猪脑子　猴屁股
狗屎堆　狗吃屎　犟眼子　溜沟子　喝马尿　割尾巴　狗腿子
开裆裤　穷光蛋　钻狗洞　吹牛皮　喝猫尿

撒泼撒痴的风气造就出来一批“厚脸皮”“母老虎”“母夜叉”“滚刀肉”，还有一些流氓阿飞。他们学会了“骂大街”或者“骂山门”。有一个现象值得注意：汉语的惯用语大多是三个音节的，而汉语的詈骂语大多也是三个音节的，这是一种巧合吗？还是有什么韵律上的规律？英语的詈骂语大多是四个字母的，所以叫作 four-letter-words，可见这种对应关系不是偶然的。

第三节　舞台大世界，世界小舞台

我们所生活的这个世界充满了各种人物，他们在这个世界上创造了各种各样的故事，或者悲壮，或者惨烈，或者滑稽，或者欢喜，但是大部分已经湮没无闻，只剩下一些可歌可泣、可憎可笑的人物还活跃在我们的戏剧舞台上、演义故事里、历史典籍中。他们的名字已经进入日常用语的词典，取得了类型意义。

一、古典文学故事中的人物

中国古典文学故事中的人物都是家喻户晓的，而且是脸谱化的。

所以这些古典文学名著当中的人物在现实生活中已经取得了熟语意义。他们的名字已经不再是仅仅指称他们本人，而是泛化为一种可以归为一类的人物。这是认知语言学里面所说的转喻现象，也是我们传统修辞学里所讲的借代现象。例如中国四大古典文学名著《三国演义》《水浒传》《西游记》《红楼梦》中的人物形象已经深入人心，每一个人物的名字都可以代表一类人。

1.《三国演义》人物

诸葛亮——足智多谋的代名词。

关老爷——侠肝义胆的代名词。

曹阿瞒——阴险狡诈的代名词。

猛张飞——勇武鲁莽的代名词。

刘阿斗——软弱无能的代名词。

赵子龙——武艺超群、骁勇善战的代名词。

2.《水浒传》人物

花和尚（鲁智深）——不忌酒色的僧人或者指贪恋女色的男人。

黑旋风（李逵）——外表粗鲁但为人仗义的人。

武大郎——指内心怯弱窝囊惧内的男人。

镇关西——为非作歹的地头蛇。

及时雨（宋江）——为人仗义扶危济困的英雄豪杰。

潘金莲——美丽风流又心狠手辣的女人。

非常有意思的是，《水浒传》中的梁山好汉一百零八人，凡是出场的人物都有一个绰号。如：

豹子头林冲　　九纹龙史进　青面兽杨志　　智多星吴用

玉麒麟卢俊义	小旋风柴进	扑天雕李应	霹雳火秦明
双枪将董平	小李广花荣	急先锋索超	镇三山黄信
锦毛虎燕顺	白花蛇杨春	没羽箭张清	跳涧虎陈达
花和尚鲁智深	赤发鬼刘唐	两头蛇解珍	花项虎龚旺……

3.《西游记》人物

《西游记》里面的人物形象个性鲜明，很有代表性。

孙大圣——指那些本事高强、神通广大而又不愿意受拘束的人。师徒4人去西天取经，遇到什么困难都是由孙大圣出面解决，但是他头上的紧箍咒一直束缚着他，只要他做错了事，师傅就念紧箍咒，他就会疼得原地翻滚。在现实生活中这样的人到处都有。

沙和尚——指那些很忠诚厚道，但是没有多大本领的人。在《西游记》中，沙和尚很忠诚，但是本事不大。这样的人物在现实生活中也比比皆是。

猪八戒——指那些长得很丑，懒惰而又好色，经常偷奸耍滑的人。在《西游记》中，猪八戒是天蓬元帅下凡，他的人物画像是懒惰，好色，贪吃。只要一遇到困难，就想着要回到高老庄去找高小姐，贪图享乐。

在《西游记》中还有很多人物也都非常有代表性，比方说白骨精、牛魔王等。“白骨精”本是白虎岭上的一具化为白骨的女尸，偶然采天地灵气，受日月精华，变幻成了人形，习得化尸大法，可以变化出不同的人形，她一心一意想吃唐僧肉，但最终被孙悟空制服。今天“白骨精”又取得了另外的含义：白领骨干精英。

4.《红楼梦》人物

《红楼梦》的故事情节和人物形象几乎家喻户晓，妇孺皆知，因此其中的人物常常被借用来指代现实生活中与之类似的人物。例如：

林黛玉——指聪明敏感多愁多病的少女。

贾宝玉——指有小才无大用的富家公子，每天和女孩子周旋。

王熙凤——泼辣能干治家有方的女强人。

薛宝钗——温柔贤淑而又深藏不露的女子。

刘姥姥——指那些没见过世面的乡愚。

我们所生活的这个社会就像一个大舞台，有各种人物在这里粉墨登场，而我们的文艺作品（包括小说和戏剧）塑造了许许多多的人物，他们的名字或者雅号有些就变成了惯用语。《三国演义》中的诸葛亮、关云长、曹孟德、司马懿等，《水浒传》中的及时雨、花和尚、黑李逵、武大郎等，《红楼梦》中的林黛玉、王熙凤、贾宝玉、薛宝钗等，《西游记》中的孙大圣、猪八戒、白骨精等也都成了现世社会的惯用语词汇。

二、传统戏剧与样板戏人物谱

中国在历史上是个宗法观念很强的社会。在中国各地，尤其是在中国南方有些地方，差不多每一个家族都有一个祠堂。逢年过节的时候会在祠堂的舞台上演戏，跟祖先共同分享一年来的丰收喜悦。中国各地差不多都有自己的本土地方戏，在没有广播电视、没有网络、交通不发达的过去，它们是中国社会精神生活的主要内容，对人们的思想方法、道德建设、价值取向都起到了非常重要的教化作用。中国戏剧有一定的程式，故事情节的编排大同小异，但是剧中的人物类型却是很有特色的。生旦净末丑一看便知。戏中人有时就会变成现实生活中的人。如“黑老包”“佘太君”“小白菜”“诸葛亮”“林妹妹”等剧中人已经变成了现实生活中常用的惯用语。

中国传统戏剧人物的影响随着传统戏剧的式微而逐渐减弱，取而代之的是样板戏人物的影响。20 世纪六七十年代，全国上下只有八个样板戏，样板戏的故事和人物大家都很熟悉，甚至样板戏的每一个唱腔大家都很熟悉。在一段时间里，样板戏的人物成了家喻户晓的人物。于是样板戏人物便成了大众口中的惯用语。比如“南霸天”成了独霸一方、鱼肉百姓的恶霸的代名词，“黄世仁”成了欺男霸女、盘剥农民的恶霸地主的代名词，“座山雕”成了占山为王、为非作歹的土匪头子的代名词，“王连举”成了无耻叛徒的代名词，“杨子荣”是智勇双全的英雄，“李玉和”是视死如归的勇士，“白毛女”是受尽磨难不肯屈服的女子，“杨白劳”是旧社会的受害者，“阿庆嫂”是党的地下工作者，还有许多：“刁德一”“胡司令”“穆仁智”“刁小三”都是反面人物，“李奶奶”“李勇奇”“沙老太”“赵勇刚”“小铁梅”都是正面人物。这些人物形象都非常具有典型性，所以人们会拿他们来指代某一类具有共同特征的人。

三、革命英雄人物

新中国成立以来，中国社会涌现了许许多多的英雄人物，他们的事迹通过新闻媒介和政府宣传部门的宣传变得全国上下妇孺皆知。因此这些英雄人物的名字有的就成了临时创造的惯用语。例如：

活雷锋——像雷锋那样做好事不留名、助人为乐的人。

张思德——全心全意为人民服务的好战士。

白求恩——国际主义战士。

黄继光——舍身堵枪眼的战斗英雄。

焦裕禄——勤勤恳恳、一心想改变贫穷落后面貌的好干部。

这些英雄人物的名字在使用的时候有一个特点，我们可以说“他是活雷锋”“他是张思德”“他是白求恩”“他是黄继光”“他是雷锋式的人物”“他是张思德式的好战士”“他是白求恩式的国际主义战士”“他是黄继光式的英雄”。这种表达方式我们是很熟悉的。

第四节　人界、鬼界、神界

古人云：“天道远，人道迩。”所以孔夫子说：“务民之义，敬鬼神而远之。”在中国文化里，关于鬼神的概念是非常混乱的，这与中国人敬鬼神而远之的观念有关，可以说，中国文化的核心是人本主义的。哲学、宗教都要解决天和人的关系问题，所关心的不仅仅是现世人的生存问题，更关心来世鬼神的生存问题，也就是说，哲学家和宗教家所关心的不仅仅是此岸的问题，他们更关心彼岸的问题。而我们所研究的熟语，主要与此岸的问题相关，因为熟语是大众文化的题目，中国大众文化的一个最主要的特征就是实用主义。虽然在中国有丰都鬼城这样的地方，但是中国人对于鬼界所持的态度似乎并不很严肃，鬼界的一切都带有幽默色彩。

在汉语惯用语里，与鬼神有关的例子并不少见，但是这些惯用语的意义都与它们的本义有相当的距离。我们举例来说。

财神爷——本义指天上掌管人间财物分配的神，现在用来比喻掌管财权的人，或者能给人们带来财运的人。

阎王爷——本义指地狱的最高统治者，现在常常用来指代死神。

门神爷——本义指春节期间贴在门上保护家宅安宁的神像，

现在常常用来描写那些面目狰狞的人。

老天爷——本义指神界的最高主宰，相当于基督教的上帝，或者伊斯兰教的真主，现在一般只用来表达惊讶、感慨、喜悦等感情色彩。

活阎王——比喻凶恶可怕的人。

活地狱——比喻极其黑暗、极其悲惨、极其恐怖的地方。

活菩萨——比喻世间以救苦救难为己任的人。

活见鬼——人死了以后才能见到鬼，活见鬼比喻事情离奇，不可思议。

活无常——无常是鬼界中勾魂的恶鬼，形状可怖，活无常比喻长相吓人，跟无常鬼一样。

跟鬼界、神界有关的惯用语还有“冒失鬼”“机灵鬼”“鬼精灵”“鬼主意”“鬼把戏”“鬼聪明”“鬼心眼儿”等，这里“鬼”的意思是聪明、精明，多少有点儿可爱的意味。此外还有“煽阴风”“点鬼火”“说鬼话”“怀鬼胎”[1]等惯用语形式，它们的意义跟鬼神已经没有多大的关系了。在现实生活中，人们对神灵还是比较尊敬的，但是对鬼就没有那么多的敬意了。所以一个人如果喝得醉醺醺的就叫作“醉鬼”或“老酒鬼”，抽烟的人被称作“老烟鬼”，好色的人被称作“老色鬼”，靠盘剥别人而致富的人被称作“吸血鬼”，不招人喜欢的人被称作“讨厌鬼”，顽皮的人被称作“调皮鬼”，不走运的人被称作“倒霉鬼”，没有道德的人被称作“缺德鬼”，贪婪的人被称作“贪心鬼”，吝啬的人被称作“小气鬼”，专门巴结权贵或者富豪的人被称作“势利鬼”……可见“鬼”的构词能力非常强，相比之下，“神”的构词能力就要逊色得多了，尤其是在三音节的惯用语当中，它出现的频率很低。

1　这里“鬼”的意思指只有在黑暗中才敢进行的事，不能见人的事。

鬼是由人变的，但是人人都很怕鬼，因为谁也不知道鬼是什么样子的。鬼是由人造出来的，人们在想象中把鬼描绘得十分可怕。因为人们相信屈死冤死夭折暴亡的人都会变成厉鬼向人间实施报复，民间故事里人死后鬼魂复仇的情节都被描写得很生动、很逼真。据说吊死鬼或者溺水而死的人必须找到替死鬼才能转世，后来"替死鬼"一词成了代人受过者的代名词。俗话说"平生不做亏心事，半夜不怕鬼敲门"[1]，所以人们常常把做见不得人的事叫作搞鬼，把搞鬼的人描写成鬼鬼祟祟的人。心里没有鬼的人是不怕鬼的。

1　一作"平生不做亏心事，半夜敲门心不惊"。

第五章　汉语谚语与中国人的人生经验和人生智慧

第一节　谚语是人生百科全书

人的生命是短暂的，面对这短暂的人生，古人曾发出“对酒当歌，人生几何，譬如朝露，去日苦多”（曹操《短歌行》）的感慨。虽然个人的生命历程是短暂的，但是整个人类的繁衍生息已经经历了相当长的历史阶段了。人们在与天地鬼神、自然环境、人类自身打交道的过程中认识了天地鬼神、自然环境和人类自己，积累了丰富的人生经验和人生智慧。当然“吾生也有涯，而知也无涯”，人类距离真正认识天地鬼神、自然环境还有很远的路要走，人类对自己的认识就差得更远了。

世界上许多古老的民族都有自己的谚语，中华民族是世界上最古老的民族之一，所以汉语中存在着大量的谚语。这些谚语都是中国人人生经验和人生智慧的总结，其中的精华是非常有价值的。由于汉语谚语特殊的构造形式，它们在大众之间广泛流传，成了中国人社会生活和生命历程中不可或缺的人生百科。

我们说汉语谚语是人生百科全书一点儿也不过分，因为汉语谚语几乎涉及了人生的方方面面。比如：

生活方面：修身、养生、交友、治家、治学、做人、识人、娱乐等；

生产方面：气象、节气、农业、牧业、渔业、工业、副业、商业等；
事理方面：得失、有无、高下、难易、大小、多寡、贵贱、进退、远近、荣辱、正邪、恒变、善恶、是非、祸福、爱憎、甘苦、真假、表里、天人、情理等。

谚语说："水滴积多盛满盆，谚语积多成学问。"谚语中的学问太多了，但是事实上谁也无法掌握汉语中全部的谚语，因此我们的总结只能是概略的。

应该说明的是，汉语谚语和其他熟语形式一样有它的地域性，由于中国幅员辽阔，不同的区域地理环境、人文环境、自然环境相差很大，方言之间的语音差别、词汇差别也很大，因此不同地区、不同方言区的谚语有所不同，尤其是生产谚，地域性特征十分明显。我们的研究主要以北方话为基础，因为北方话词汇是普通话词汇的基础。

一、人生不满百，常怀千岁忧

中国古代有个杞国，杞国有一个人担心天塌下来后自己的身体无所寄托，因此吃不下饭睡不好觉（见《列子·天瑞》），后人有"杞人忧天"的成语，用来讽刺杞人的愚蠢，认为那是完全没有必要的担心。其实那个忧天的杞人一点儿也不愚蠢，因为天地总有崩塌的那一天。正因为有了杞人之忧，我们人类才发现了许多宇宙的秘密，人类才开始了认识太空的漫漫征程。中国谚语有"人生不满百，常怀千岁忧"的说法，道出了人类追求知识"打破沙锅问到底"的特性。人类在一切未知面前都表现出强烈的好奇心，当然，并不是所有的人都会为来世或子孙万代操心，只顾眼前利益追求现世享乐的人在当今社会随处可见，因为很多人并不相信有来世，更不关心自己身后的世界。其结果就是忧天的杞人越来越少，嘲笑杞人的"聪明人"越来越多。

我们嘲笑杞人的根据有很多，但是更多的可能跟我们对公共事务漠不关心的传统心态有关。谚语中有“天塌大家死，过河有矬子”“各人自扫门前雪，莫管他人瓦上霜”“今朝有酒今朝醉，莫管明日愁与忧”的说法，可以看出一些人的极端个人主义[1]思想以及及时行乐的思想。我们用“鼠目寸光”来形容那些只顾眼前享乐、目光短浅的人，同时对那些“拔一毛以利天下，不为也”的极端个人主义者理应充满鄙夷。

二、穷居闹市无人问，富在深山有远亲

随着人类社会的发展，人们对宇宙洪荒的兴趣逐渐被尘世间纷繁复杂的事物排挤到一个极小的角落，大概只有在寂无人语的秋夜，面对着满天繁星，人们才会偶尔想一想尘世之外的事。中国的谚语大部分都离不开人们的世俗生活。对于人世间的是非成败、恩怨情仇、进退荣辱、世态炎凉，人们有深切的体会，从而也总结出许多真理，并把它们用谚语的形式表达出来。“穷居闹市无人问，富在深山有远亲”就是人们对世态炎凉的经验总结。这一条谚语揭露出人性中趋炎附势、嫌贫爱富的一面，虽然有些刻薄，却是实话，它是现实生活的真实写照。与此相似的还有“人穷街前无人问，富人千里结宾朋”，这条谚语跟“穷居闹市无人问，富在深山有远亲”异曲同工。“人往高处走，水往低处流”也是自然之理，其实没有什么好奇怪的。就连历史上有名的隐士也总是“翩然一只云间鹤，飞来飞去宰相家”。在这个世界上，总有一些人依附心理作怪，希望“背靠大树好乘凉”“一人得道，鸡犬升天”，一旦攀附上了权贵，多少总能借点光，就好像刘姥姥进大观园，每次都不会空手而回，万一靠不上了，“树倒猢狲散”，各人奔各

1　这里所说的极端个人主义与西方人所说的 individualism 有所不同，极端个人主义就是自私自利的同义语，而 individualism 则强调个体独立，个性解放，这是不能不加以说明的。

人的前程去了。这是典型的市侩哲学，是人性的弱点。认识到这一点很重要，它告诫世人得意时不要太张狂，要想到失意的那一天，因为一旦失意，身边灿烂的笑容就会变成霜打的茄子，再也活泼不起来了。所以谚语中还有另外的告诫："人情莫道春光好，只怕秋来有冷时。"人情冷暖本来就是世间常态，身居高位的人或者大富大贵的人感受不到，一旦失去权力或者失去财富马上就会体会到老百姓的智慧是多么深刻。

这些谚语说得很深刻，也很冷峻。它反映了一个民族在智慧上的成熟，同时也说明这个民族已经丢掉了一些天真。在我们的社会生活中，少年老成的人太多，这是我们这个民族的悲哀。

三、是非只为多开口，烦恼皆因强出头

人生当中有许多苦恼，这是因为人有欲望。按照佛家的说法，人生就是大苦，过去、现在、未来三世皆苦，要想脱离苦海，必须虔心修行，根除人欲，消除业障，积德行善，达到清凉安住的境界。老百姓对烦恼有自己的解释，他们认为太要强就是烦恼产生的根源。人世间的一切是非都是自己造成的，所以谚语告诫人们"多喝开水，少说闲（咸）话"，做三缄其口的金人。从这个角度看问题，人世间的争权夺利是毫无意义的，所以谚语劝导人们"该放手时须放手，得饶人处且饶人"，很多人都是"身后有余忘缩手，眼前无路想回头"，我们看到一些大贪官一味地贪污腐败，不知道悬崖勒马。一旦被抓才知道"临崖勒马收缰晚，船到江心补漏迟"。汉语谚语有一部分叫作劝诫谚，它规劝人们应该做什么，不应该做什么，如果说"穷居闹市无人问，富在深山有远亲"是对世道人心的客观描写的话，那么"是非只为多开口，烦恼皆因强出头"则已经是一种理性的概括和总结了，它已经带有哲学的味道。汉语谚语中存在着许多这种带有哲学思辨色彩的句

子，它们是谚语中的精华。例如：

近水楼台先得月，向阳花木易为春。
酒逢知己千杯少，话不投机半句多。
临崖勒马收缰晚，船到江心补漏迟。
良言一句三冬暖，恶语伤人六月寒。
江海不拒细流，泰山不拒土石。
良药苦口利于病，忠言逆耳利于行。
留得五湖明月在，何愁无处下金钩。
流水不腐，户枢不蠹。
逢人只可三分话，未可全抛一片心。
画虎画皮难画骨，知人知面不知心。

“近水楼台先得月，向阳花木易为春”从字面上看是在说自然现象，实际上是在说人世间的事情，我们今天经常会用“近水楼台”来比喻因为接近某些人或某个位置而获得某种优越的地位或者利益。“酒逢知己千杯少，话不投机半句多”“良言一句三冬暖，恶语伤人六月寒”说的是在人际交往当中，趣味相投的人有很多话可以说，趣味不相投的人半句话都不要说；与人交往的时候要尽量多说好话，不说恶语。谚语还告诉我们，在陌生人面前不要什么都说，“逢人只可三分话，未可全抛一片心”，因为“画虎画皮难画骨，知人知面不知心”。“祸从口出，病从口入”，是非只为多开口，要沉默是金。但是对家人和朋友就要说实话，哪怕是逆耳的话，“良药苦口利于病，忠言逆耳利于行”。我们说谚语是人生百科全书是有根据的，在教育不发达的年代，谚语就是人们的教科书。人们通过谚语学习生活知识、生产知识、做人的道理，即使在教育比较普及的今天，也还存在着一些教育滞后的地区和人群，谚语仍然是他们最基本的知识来源，甚至在教育很发达的地区，谚语也仍然在为人们提供精神食粮，弥补正规教育之不足。谚语是人们通过口耳相传，一代代传下来的，所以它比较准确完整地反映了我们这个民族内心深处的某些观念和思想，今天我们出版了许多记录汉语谚语的词典、汇编，这是非常宝贵的资料，我们可以透过这些谚语了解中国社会的人文精神，继承其精华，扬弃其糟粕。

第二节　谚语中的修身养生之道

一、修身是为了立身

人的生命是宝贵的，对于任何人来说，生命都只有一次，所以珍视生命是理所当然的事。人们在珍视生命方面有两种选择：其一是通过修炼求得长生，即使不能达到长生不老的目的，至少利于长寿，气功导引、炼丹服药、饮食锻炼都属于此类；其二是知道长生不老是不可能的，于是追求在有限的生命里实现精神的永生，这就是说，在有生之年，通过现世的努力实现永垂不朽的梦想。中国受儒家文化影响最深，所以儒家提倡的不朽之道在人们思想观念中很有市场。修身、齐家、治国、平天下是儒者一生的奋斗目标，而最终的目的还是为了名垂青史，在现世博得荣华富贵、封妻荫子的好处，在身后留下万古流芳的美名。修身有一整套方法，有各种各样的约束和规定，要控制自己的欲望，要遵守礼法。谚语中反映出来的只是一部分。

修身之道在于修心，修心之道在于修德。孔子说："德之不修，学之不讲，闻义不能徙，不善不能改，是吾忧也。"（《论语·述尔第七》）孔子最担心的是天下人不注意提高自己的道德修养，不重视真正的学问，不能见义勇为，不能从善如流。这里实际上讲了德、学、义、善四个方面的要求。德仍然是最重要的。对于孔子来说，德的内容并不是很具体的，它属于形而上的东西，但是对于大多数中国人来说，德是很具体的东西，就是“不做亏心事”，不能丧良心。这是消极的自我约束，积极的态度是助人为乐，行善积德。自我约束说的是不能做什么，如“宁可人负我，切莫我负人”“宁拆十座庙，不毁一门婚”“宁可清贫，不可浊富”“宁可正而不足，不可邪而有余”“宁可直中取，不可曲中求”“宁可站着死，绝不跪着生”“宁为玉碎，不为瓦全”“不欺暗室，不愧屋漏”“宁可当众亮丑，不往脸上贴金”“不学杨柳随风摆，要学青松立山冈”“骗人骗自己，害人害自己”“贫贱之交不可忘，糟糠之妻不下堂”；助人为乐、行善积德说的是应该做什么，比如“人在难时帮一把，胜过送佛上西天”“与其修饰面容，不如修正胸怀”“公买公卖，童叟无欺”“与其庙里磕头烧香，不如在家孝顺爹娘”“与其锦上添花，不如雪中送炭”“平时肯帮人，急时有人帮”“公修公德，婆修婆德”“救寒莫如重裘，止谤莫如自修”“敬人者人恒敬之，欺人者人恒欺之”“满招损，谦受益”等。

修身还包括对自己意志的磨炼，正如同世界上的许多宗教信仰一样，我们的先民相信（现在很多人仍然相信）修身应该“劳其筋骨，饿其体肤”，应该吃苦耐劳，应该任劳任怨，应该清心寡欲，应该苦修不辍，应该丰富自己的知识，应该以天下为己任，“先天下之忧而忧，后天下之乐而乐”（范仲淹《岳阳楼记》），还应该在日常生活中接受一些行为规范的约束。下面一些谚语可以为证：

不吃苦中苦，难得甜上甜。

虚心使人进步，骄傲使人落后。

少壮不努力，老大徒伤悲。

人在事上练，刀在石上磨。

要想人前显贵，就得人后受罪。

世事洞明皆学问，人情练达即文章。

站如松，坐如钟，行如风。

富贵不能淫，贫贱不能移。

事到万难须放胆，理无两可要平心。

宝剑锋从磨砺出，梅花香自苦寒来。

中国人有许多清规戒律，这些清规戒律来自人们对自己的道德约束，正因为有了这些道德约束，所以中国人看起来恭谨有礼，性格矜持，比较内敛，处事秉承中庸之道。并不是中国人缺乏强烈的感情体验，而是因为中国人懂得应该“发乎情，止乎礼”。

修身是为了立身，谚语说“人的名，树的影”“人过留名，雁过留声”“上有天，下有地，中间有良心”“人活一张脸，树活一张皮”，人生在世不能被人家戳脊梁骨。俗话说“好人难做”，但是我们还是要做难做的好人，“富贵不能淫，贫贱不能移，威武不能屈，此之谓大丈夫”。人类文明的发展使人类自己不断地反省自己的过去，不断地修正自己的道德观念，不断地完善做人的原则，不管人之初是性善还是性恶，或者混混沌沌本无所谓性善性恶，人类的所作所为、所思所想总是受人类道德观念的约束，所以修身的任务永无止境。在中国文化的语境中，修身是一个大课题，是一个需要终身学习和实践的问题。

二、养生是为了长生

中国人自古重视养生之道，所以写了许多成系统的养生学著作，如《黄帝内经》《素女经》《玄女经》《本草纲目》《景岳全书》《千金要方》《玉房指要》《万氏家传养生四要》等。这里面包括医、药、房事、食补等许多内容。尤其是到了花甲之年以后，朋友聚会，大家讨论的多半跟养生话题有关。也会有人编一些顺口溜，在微信朋友圈广泛散发。例如：“太阳出来晒晒背，新鲜空气洗洗肺，五谷杂粮养养胃，漫步走走别太累，常和朋友聚聚会，多喝茶，酒别醉，少熬夜，早点睡，身体健康第一位。”人们日常生活中的很多内容都与养生有关，因此老百姓总结了一套养生保健的方法，并且以谚语的形式在民间广为流传。

这些谚语大多跟饮食养生有关，在中国，人们对于饮食的重视是非同寻常的。例如：

生瓜梨枣，多吃不好。
饭后百步走，活到九十九。
不吃冷酒，不坐心病。
酒多伤身，气大伤人。
少吃多得味，多吃活受罪。
吃饭七成饱，穿戴适当少。
耐点饥与寒，益寿又延年。
冬吃萝卜夏吃姜，不用医生开药方。
不喝隔夜茶，不喝过量酒。
饱食伤身，忠言逆耳。
暴食暴饮易得病，定时定量保平安。
病人不忌嘴，大夫跑断腿。
能忌烟和酒，活到九十九。
吃饭不说话，酒醉不骑马。
食不言，寝不语。
每餐留一口，活到九十九。
不干不净，吃了生病。

少吃多餐，病好自安。

吃饭细嚼慢咽，身心健康平安。

也有一些谚语强调人的精神作用，认为心地澄明、少私寡欲、精神愉快有利于健康，例如：

人逢喜事精神爽，闷上心头瞌睡多。

心平气和，五体安宁。

笑一笑，十年少；愁一愁，白了头。

忧伤脾，怒伤肝。

人活一口气，神靠一炷香。

一日三笑，不用吃药。

不气不愁，活到白头。

当然，养生之道最重要的是体育锻炼，关于体育锻炼方面的谚语如：

手舞足蹈，九十不老。

一天舞几舞，活到九十五。

若要健，日日练。

水停百日要生毒，人闲百日要生病。

头要常凉，脚要常热，身要常动，心要常静。

有意思的是汉语谚语中关于锻炼方面的谚语并不是很多，中国传统的体育项目有中国的武术，但是武术并不是一种普及型的体育活动，中国人练武的目的不仅仅在于强身健体，而在于它可以防身和进行格斗。武术的进攻性特点决定了武术的意义重在武，而非重在养生。传统的养生之道一在嘴，注意饮食保健；二在心，注意心神安宁，不急不躁；三在锻炼，每天都要运动一下。饮食养生发展到极致就是药膳，中国有些地区的饮食习惯就很有意思，菜肴羹汤里少不了各种中草药，比如各种植物的根块、茎叶花果，有明目的，有健脑的，有补肾的，有壮骨的，有强筋的，有保胎的，有美容的，应有尽有。心性锻炼发展到极致就是气功、太极等，养浩然之气，汲取天地万物之精华，达到天人合一、物我两忘的境界。

第三节　谚语告诉我们如何与人打交道

一、交友之道

“天下之达道五，所以行之者三：曰君臣也，父子也，夫妇也，昆弟也，朋友之交也。五者天下之达道也。”（《中庸》第二十章）在中国文化中朋友是五伦之一。君臣、父子、夫妇、昆弟、朋友是我们社会生活中最重要的人际关系。人是社会生物，人的活动离不开社会，每个人都生活在各种各样的社会圈子里，要跟各种各样的人打交道，于是如何与人相交、与什么样的人相交就成了问题。中国古代有许多关于朋友之道的佳话，比如伯牙和钟子期“高山流水赏知音”的故事，李白和杜甫的故事，刘关张桃园结义的故事，等等，他们之间的友谊感人至深。中国人对交友之道非常重视，因为朋友是人生中不可缺少的角色，没有朋友将会孤独寂寞地度过一生，但是真正的朋友也是非常难得的，谚语有“千金易得，知音难求”的说法，伯牙鼓琴，得到了钟子期的欣赏，于是伯牙把子期视为知音，子期死后，伯牙终生不再鼓琴，这就是知音的可贵。所以后世有人慨叹：“人生得一知己足矣，斯世当以同怀视之。”谚语云：“相识满天下，知音能几人？”这说明人生在世总是希望有人能理解自己，能和自己一道分享快乐和幸福，分担忧愁和不幸，人生总是在不断地追求远处地平线上那一抹红霞，期望她能照亮自己生活的旅程，给自己的人生增加一些绚丽的色彩，让自己走出孤独。月白风清的秋夜，一个人去品味清冷、孤寂，总会令人生出几分自怜，不如有一个解人结伴同行，可以增添几分雅致。"雪夜闭门读禁书"，倒是不希望有人来打扰，然而雪霁天晴之后，常常想望能够与人"奇文共欣赏，疑义相与析"。宋人赵师秀《约客》诗最能体现这种心境：

黄梅时节家家雨，青草池塘处处蛙。

有约不来过夜半，闲敲棋子落灯花。

朋友有各种类型，最好是知音型的，不过知音太难得了，知音以外，也还有别的朋友，我们在第三章里曾经列举过各种各样的朋友，如：

布衣之交　杵臼之交　忘年之交　忘形之交

患难之交　谏诤之交　肺腑之交　生死之交

金兰之交

这些都是好朋友，也还有一些假朋友、酒肉朋友，他们或以势相交，或以财相交，一旦失势或者变成穷人，就会门前冷落车马稀。更有甚者，有一些口蜜腹剑的假朋友，当面一套，背后一套。比如：

口里叫哥哥，背后摸家伙。

酒朋饭友，没钱分手。

明是一盆火，暗是一把刀。

在汉语谚语里，交什么样的朋友以及如何交友都有说法：

君子之交淡如水，小人之交甜如蜜。
酒肉之交朝朝有，患难之交一世无。
酒肉面前知己假，患难之中兄弟真。
近朱者赤，近墨者黑。
近鲍者臭，近兰者香。
投之以桃，报之以李。
岁寒知松柏，患难见真情。
跟好人，学好人，跟着老虎学吃人。
非亲有义须当敬，是友无情不可交。

古人十分推崇君子之交，“君子之交淡如水”，而真正的友谊是要经受时间考验的，谚语有“路遥知马力，日久见人心”的说法；朋友交情还要经受艰难困苦的考验，谚语有“岁寒知松柏，患难见真情”和“遇旱知泉甘，患难见真友”的说法；朋友之间应该讲情义而不是讲钱财，谚语有“娶妻娶德不娶色，交友交心不交财”的说法；朋友之间应该是“情越多，礼越少”。交朋友与穿衣服不同，衣服是新的好，朋友是旧的好，谚语有“衣不如新，人不如故”的说法。人人都有朋友，“男有男朋，女有女朋，叫花子有顶烂斗篷”，所以交友之道不分贵贱贫富，每个人都回避不了。交友之道是人生的重要课题，古人提出“友直，友谅，友多闻”的交友标准，还提出“勿友不如己者”，这也就是取法乎上的意思，在现实生活中很难做到。

二、识人之道

每个人一生当中都会面临许多选择。交朋友要择善而从，选拔干部要知人善任，与人相处要“近君子，远小人”，找工作要择良木而栖，选择居住地要“危邦不入，乱邦不居”（《论语·泰伯》）。这些都需要判断力，我们把这种判断力称作识人之道。俗话说“人心隔肚皮”，所以识人很难。谚语说“人心难测，海水难量”，又说“十丈深水易测，一人心思难量”，要想真正了解你身边的各种各样的人，必须学一点儿识人之道。

我们认识事物总是遵循一定的程序：由表及里，由近及远，从大到小，从少到多。但是在实践中人们学会了如何透过现象看本质，比如“人不可貌相，海水不可斗量”“好马不在鞍，好人不在衫”等。习惯上，人们总是把人分成好人和坏人两大类，或者叫作君子和小人。比如人们对能言善辩、能说会道的人总是怀有戒心，谚语说“能言不是真君子，善处方为大丈夫”，另外人们对笑面虎也总是没有好感，谚语说“不怕黑李逵，就怕笑刘备”“不怕红脸关公，就怕抿嘴菩萨”“不怕怒目金刚，就怕眯眼菩萨”。人们对笑里藏刀、口蜜腹剑的人痛恨之极，认为“点头哈腰笑嘻嘻，一定不是好东西”。有人喜欢人前搬弄是非，须知“来说是非者，便是是非人”，要做到“近君子，远小人”必须明辨是非，知道什么人是君子，什么人是小人。

识人不是一朝一夕的事，有的人可能需要一生的时间去认识，对于这一点，人们有清醒的认识。比如“隔山隔海不知深，知人知面不知心”“海枯终见底，人死不知心”，可见知人之难，难于上青天。人们又说“路遥知马力，日久见人心”“试玉要烧三日满，辨才须待七年期”，可见要知人也不是不可能的，只不过要多下一些功夫而已，“要知山下事，请问过来人”，还要时时擦亮眼睛，提高警惕，尤其是在一个骗子横行的年代，“眼睛不亮，到处上当”。

三、做人之道

“格物，致知”是儒家必修课，“正心，诚意”也是儒家的必修课。做人之道就离不开“正心，诚意”四个字。每个人都希望自己所交的朋友是好朋友，须知要想得到好朋友，自己必须具备成为别人好朋友的条件，也就是说，自己首先要学习做人之道。

做人有很多原则，这些原则在谚语里说得明明白白。比如说做人以忠厚为根本，谚语有“刻薄不赚钱，忠厚不折本”的说法。再比如做人应该襟怀坦白，不藏机心，谚语说“使碎自己心，笑破他人口”，又说“使心用心，反害其身”，处处用心机的人总以为别人是傻子，殊不知到头来害了自己，“讷讷寡言者未必愚，喋喋利口者未必智”“君子坦荡荡，小人长戚戚”。下面一些谚语可以从一些侧面反映出中国人的做人原则：

1. 对人恭敬，遇事忍让

　　恭可息怒，让可息争。

　　在人矮檐下，怎敢不低头。

　　敬人人敬，薄人人薄。

2. 洁身自好，随遇而安

　　不干己事不开口，一问摇头三不知。

　　各人自扫门前雪，莫管他人瓦上霜。

　　瓜田不纳履，李下不整冠。

　　平生不做亏心事，半夜敲门心不惊。

3. 与人方便，自己方便

　　摆渡到对岸，救人救到底。

　　帮人帮到底，救人救到头。

　　己所不欲，勿施于人。

4. 谨言慎行，圆融守拙

守口如瓶，防意如城。

腿长沾露水，嘴长惹是非。

宁失骏马，勿失已言。

手稳口也稳，到处好藏身。

不会烧香得罪神，不会讲话得罪人。

话不能说死，路不能走绝。

见着秀才说书，见着屠夫说猪。

若要人不知，除非已莫为。

事不干己休多管，话不投机莫强言。

谨慎能捕千秋蝉，小心驶得万年船。

5. 宽厚洒脱，中庸勤勉

量大福也大，机深祸也深。

遇饮酒时需饮酒，得高歌处且高歌。

身后有余忘缩手，眼前无路想回头。

勤不受馑，和气生财。

前留三步好走，后留三步好行。

在人们的社会生活里，如何处理好人与人之间的关系是非常重要的，因此怎样做人就是一个不可忽视的问题。谚语从某种意义上说就是一种软法（soft-law），它在很多方面规范着人们的行为。谚语里有很多劝诫性的话，告诉人们如何做人，如何行事。例如：

人前莫说人短长，始信人中更有人。

若争小可，便失大道。

爽口食多终作疾，快心事过必为殃。

若要断酒法，醒眼看醉人。

前事不忘，后事之师。

一失足成千古恨，再回头已百年身。

为人莫贪财，贪财不自在。

未晚先投宿，鸡鸣早看天。

往者不可谏，来者犹可追。

莫道君行早，更有早行人。

山外青山楼外楼，强中自有强中手。

这些谚语都说得很妙，仔细琢磨就会发现其中蕴含着深刻的道理。“人前莫说人短长，始信人中更有人”“山外青山楼外楼，强中自有强中手”“莫道君行早，更有早行人”说的都是一个道理：人外有人，山外有山；“爽口食多终作疾，快心事过必为殃”表面上是说好吃的东西不可多吃，开心的时候要想到可能会发生的不幸；谚语还告诫人们要未雨绸缪，“未晚先投宿，鸡鸣早看天”“早霞不出门，晚霞行千里”；要以史为鉴，以前人为鉴，“前事不忘，后事之师”。

做人难，做好人就更难，可是人们还是希望好人越多越好。中国人在做人方面有一些独特的地方，有人说中国人太世故圆滑，其实也不尽然。从上面的例子就可以看到，中国人做人的原则是很多元的，内容十分丰富，所以在讨论中国人怎样做人时，不能一概而论。

第四节　治家、治国与治学

一、治国从治家开始

家庭是社会最基本的细胞，所以传统的中国社会非常重视家庭。四世同堂、父慈子孝、妻贤夫贵、兄弟友于、和顺平安、儿孙满堂是中国人对于家庭的传统理想。如何实现这一理想，这是家长必须考虑的。在家长制家庭里，人与人之间的关系既体现了家庭中的亲情关系，又体现了社会等级关系。治家之道包括很多内容，第一是家庭成员之间的团结，谚语有“夫妻不睦奸人乘，兄弟不和外人欺”的说法。家庭成员之间的团结首先是夫妻之间的团结，谚语说“夫妻一条心，黄土变成金”，又说“夫妻和好，白头到老”。夫妻之间的团结首先要防止的是第三者插足，谚语说得好：“野花上床，家败人亡。”封建社会虽然允许纳妾，但是一般的家庭对纳妾是有明确规定的，比如说妻子不能生育，为了接续香火应该纳妾，因为“不孝有三，无后为大”。一夫一妻是普通家庭的基本模式，“一马一鞍，一夫一妻”，人们相信“两人拜堂成对成双，三人拜堂家破人亡”。但是人们对“媳妇”的要求是相当苛刻的，认为“媳妇不打，上房揭瓦”，所以做人家媳妇的女人日子比较难过。谚语有“千年的小溪流成河，百年的媳妇熬成婆”的说法。一个“熬”字道出了中国妇女的多少酸辛！当然也有的谚语说“一个鼎锅一个盖，各人妻子各人爱”“鲜花虽美怕寒霜，夫妻恩爱寿无疆”“亲不过父母，近不过夫妻”，中国人认为能够结成夫妻都是前世千年修来的缘分，“百世修得同船渡，千世修得共枕眠”。治家之道的第二个内容是如何教育孩子的问题。在一般的家庭里，最常见的模式是严父慈母。对孩子严格要求、不骄不纵，孩子才能成才，才能有出息，将来才能光宗耀祖，为了让孩子按照家长设计好的道路成长，有时不惜对孩子进行体罚。因为很多家长认为“棒头出孝子，箸头出忤逆”“玉不琢磨不成器，孩子不打不成材”“宠是害，严是爱”“青柴难烧，娇子难教”。治家之道的第三个内容是艰苦创业，勤俭持家。要保证一个家庭（尤其是封建大家庭）的安定团结，必须有相应的物质保证，而要得到这些必要的物质保证必须有长远打算，一步一个脚印地走。谚语说“兴家犹如针挑土，败家犹如浪打沙”，败家容易成家难。创业艰难，守业更艰难，为了子孙后代能够铭记祖先创业的艰难，社会提倡勤俭持家、艰苦奋斗的精神。下面这些谚语都是关于吃苦耐劳、勤俭节约方面的：

年轻多受苦，年老能享福。

年轻饱经忧患，老来不怕风霜。

勤耕苦做样样有，好吃懒做样样无。

勤俭永不穷，坐食山也空。

勤男长的好庄稼，勤女穿的好衣服。

勤是摇钱树，俭是聚宝盆。

天寒不冻织女手，饥荒不饿牛郎星。

治家之道在中国不仅仅是个人的事，因为治家和治国有密不可分的关系。谚语说“不能治家，焉能治国”，可见人们把治家看得很重。儒家的理想“修齐治平”四项，“修身”和“齐家”看似个人私事，实际上它们是和“治国”“平天下”对等的，可以认为四者同样重要，也可以认为“修身、齐家”是为了“治国、平天下”。

中国是个以农业为基础的国家，对大多数农民来说，一般的理想可能就是“两亩地，一头牛，老婆孩子热炕头”；中国又是个诗书礼乐之邦，耕和读是人们生活中的两件大事，耕是为了保障生存的需要，即人们对物质食粮的需要；读是为了保障发展的需要，即人们对精神食粮的需要。对于中国的小康之家来说，“家有余粮鸡犬饱，户多书籍子孙贤”是最高的理想。中国有一个对联，上联是“数百年旧家无非积德”，下联是“第一件好事还是读书”，可以说晴耕雨读是中国农业社会很多人所追求的最高理想。

二、“一事不知，儒者之耻”

虽然孔夫子说过：“学而时习之，不亦乐乎？”然而其实中国知识分子所走的治学之道是十分艰苦的。人们常说“书山有路勤为径，学海无涯苦作舟”，所以，对学者来说，吃苦是通向成功的必由之路，人们相信“宝剑锋从磨砺出，梅花香自苦寒来”“吃得苦中苦，方为人上人”。古人说：“吾生也有涯，而知也无涯。”有人一辈子皓首穷经，到头来一事无成，所以有人认为读书无用。中国知识分子的治学之道有两条：一是读书，二是实地考察，所以谚语有“读万卷书，行万里路”的说法，又有“读不完的书，走不完的路”的说法。后来实地考察渐渐式微了，闭门读书成了治学、求知的唯一途径。所以谚语中又有“两耳不闻窗外事，一心只读圣贤书”的说法。毛泽东后来曾经强调说：“读书是学习，使用也是学习，而且是更重要的学习。”强调实践的重要性。应试教育最大的问题就是读书的功利性，死记硬背成了读书的重要方法。今天我们的教育理念已经发生了变化，特别重视理论学习和应用实践的联系。除了在书本中学习之外，还要到社会中去学习。“与有肝胆人共事，从无字句处读书。”

关于治学的具体方法，谚语有一些现成的说法。例如：

师傅领进门，修行在自身。

书读千遍，其义自见。

学习从来无捷径，循序渐进登高峰。

三分教，七分学。

东西越用越少，学问越学越多。

为学日益，为道日损。

旧书不厌百回读，熟读精思子自知。

在上一节里，我们曾经说过，对于中国的小康之家来说，“家有余粮鸡犬饱，户多书籍子孙贤”是理想，所以教子弟读书是小康之家的重要工作之一，“万卷藏书宜子弟，三田聚宝真生涯”。劝人读书的谚语也有很多。例如：

不为不知而羞，要为不学而愧。
少年不知勤学苦，老来方知读书迟。
少壮不努力，老大徒伤悲。
一日读书一日功，一日不读十日空。
学习不怕根底浅，只要迈步总不迟。
学海无涯勤是岸，云程有路志是梯。
人贵有志，学贵有恒。
学问勤中得，巧自熟中生。
玉不琢不成器，人不学不知义。

陆放翁有诗云：“万卷古今消永日，一窗昏晓送流年。”这是读书人的真实写照。读书、治学，历来被人们看得很神圣，甚至有人把读书、治学看成自己生命的一部分，于是“格物、致知”就成了知识分子生活的重要组成部分。人的生命是短暂的，但是人们对终极真理的追求是不会停止的，人们知道“山外有山，天外有天”，所以人们一直不能放弃学习，放弃对真理的追求。

第五节　智慧之花

一、事理概括

中华民族是讲理的民族，也是明理的民族，因此在事理的总结概括方面也有许多独到之处。常言道“有理走遍天下，无理寸步难行”，可见“理”是一件很重要的事。那么什么是理？“理”本来指物质组织的纹路，事物内在的条理和秩序，后来引申为自然的规律、真理，它实际上是人们对客观世界的认识。任何事物的存在、发展、变化都是有规律的，也就是说，任何事物都在一定的条件下存在、发展、变化，这个看起来纷纭复杂的世界其实到处都体现着规则性，这些规则就是“事理”。谁掌握了这些事理谁就会在自然和社会面前游刃有余。自然之理我们以后再说，我们所说的事理主要是人们在处事方面的经验。

聪明与迷蒙　聪是指耳朵好，明是指眼睛好，有一副好耳朵和一双好眼睛就不会在复杂的世事面前迷失方向，不明是非。但是仅仅是耳聪目明还不够，还得注意方法，俗话说“兼听则明，偏听则暗”，要听取各方面意见才能做出正确的判断。另外，“当局者迷，旁观者清”，作为事件的当事者对事物的认识往往不如与事件无关的人，要想不被表面现象所迷惑，有时需要站在旁观者的立场上看一看，想一想。犯错误并不可怕，可怕的是明知犯了错误却讳疾忌医，不敢正视自己的错误，一误再误，这就是愚蠢，这就是不明事理。谚语有云：“迷途知返，得道不远。”如果迷途不知返的话，结果只能是南辕北辙。人人都希望自己聪明，不希望自己愚蠢。怎么才能变聪明呢？就是要多用脑子。“脑怕不用，手怕不动”“镜子越擦越亮，脑子越用越灵”，还要善于总结经验教训，“吃一堑，长一智”。

积少成多，集腋成裘　中国人深知，“一锹挖不出个井，一口吃不出个胖子”。凡事都有开头，凡事都得从一点一滴做起。“千里之行，始于足下”“不积跬步无以至千里，不积小流无以成江海”“屋檐滴水石板穿，点点滴滴汇成川”“聚沙成塔，积少成多”，这些谚语从不同的侧面说明了事物发展变化的过程，事物由量变到质变的规律，以及事物由小到大、从少到多、由微观到宏观、由部分到整体的发展脉络。

必然与偶然 “水满则溢，月满则亏”，任何事物发展到极致就会走向它的反面，就像爬山一样，到了顶峰就该走下坡路了，这是事物发展变化的必然规律。所以中国人做事不求完美，不求圆满，知道适可而止。“热极生风，乐极生悲”，这是必然。有些事看似偶然，实际上偶然之中蕴藏着必然因素，谚语说“常在河边站，难保不湿鞋”，湿鞋是一件偶然的事，而河边站是湿鞋的必然因素。中国人的人生里充满了朴素的辩证法，这些朴素的辩证法使我们变得聪明，也使我们变得世故，它使我们多了一些智慧，也使我们少了一些果敢，它告诉我们凡事要三思而行，也告诉我们好事坏事都不可做绝。谚语说“弓满易折，月满易缺”，世上没有尽善尽美的事；又说“弓硬弦常断，人强祸必随”，做人不可强出头。

机不可失，时不再来 做任何事情都必须把握时机，“机不可失，时不再来”“明者因时而变，智者随事而制”，一旦失去机会，成功的希望就很渺茫了，“机会来时当果断，优柔寡断毁终生”，遇事要当机立断，不可优柔寡断，也不可因循守旧，“前机多为因循误，后悔皆以决断迟”，中国人深知此中的道理，所以告诫人们珍视机会，珍视时间，“从现在做起，从我做起”，不可把今天该做的事推到明天，“明日复明日，明日何其多”。

辅车相依，唇亡齿寒 此语出自《左传·僖公五年》，是当时的谚语。晋侯要讨伐虢国，欲假道虞国，即从虞国过境，宫之奇劝虞国不要同意，因为虢国是虞国的邻国，虢国被灭了，下一个遭殃的就该轮到虞国了，“谚所谓‘辅车相依，唇亡齿寒’者，其虞虢之谓也”。辅车相依中的“辅”指的是嘴旁的脸颊骨，“车”指的是牙床骨，辅和车，唇和齿都是互相依存的关系，两者之间任何一方受到伤害都会影响到另一方。中国人把这个道理应用在处理外交关系上，提出了睦邻友好的外交政策，与邻邦和平共处，共生共荣。

集体主义和小集团主义　上文说过，中国是个幅员辽阔、人口众多的国家，她的大部分地区属于农耕型经济，因此农业社会所具有的特点在中国表现得极为突出，其中聚族而居、家长制管理又是中国广大农村地区比较常见的社会模式。家族内的所有人都是家族的共有财产，他们所做的一切都是为了家族的利益，他们的一切奋斗都是为了光宗耀祖。因为他们知道“三人同心，黄土成金”“一个篱笆三个桩，一个好汉三个帮”“人多力量大，柴多火焰高”“天上无云地上旱，大河无水小河干”“一花独放不是春，百花齐放春满园”。一个家族就是一个小社会，家族的利益高于个人的利益。对于个人来说，家族是集体，一个人从小就生活在集体中，培养成了集体主义的精神；对于家族来说，国家就是集体，集体主义表现为爱国主义，精忠报国的思想渗透到每一个人的血液中，尤其是在国家面临危难的时刻，来源于集体主义精神的爱国主义精神就会表现为“为了国家利益虽赴汤蹈火在所不辞”，生命固然重要，但是一个深明大义的人在关键时刻会毫不犹豫地舍生取义。

二、谚语中的价值取向和传统观念

最能反映中国人价值取向的是一些表达思想观念的谚语。因为谚语是人生经验的总结和生活智慧的结晶，所以总是说得很精辟；又因为谚语都是一些老话儿，常常是由年长的人那里传下来的，所以往往带有劝诫性。谚语结构整齐，有时还合辙押韵，容易记诵，所以是很好的口头教材，许多没有机会接受学校教育的人就是在谚语里认识世界的。正因为如此，我们可以在谚语里看到人们的价值取向。

众人拾柴火焰高　在中国人的观念里，人多是一件好事。这方面的谚语有很多：如“柴多火焰高，人多主意好”“一人计短，百人计长”“百事靠人多，牌坊抬过河”。农耕型社会的特点是定居、族居，有事大家合作，所以人多是一件好事。在今天的中国农村，多子多福的观念仍然根深蒂固，在生产力水平比较低下的部分地区，人就是劳动力，人多好干活。从另一个角度看，中国人集体意识非常强，因为大家有一个信念：“一起吃才甜，一起抬才轻。”有了快乐应该与人分享，这样一份快乐就变成了两份，有了困难要和别人一起承担，这样一份困难就变成了半份。只要和群众在一起，胆子就会陡然增大，“天塌大家死，过河有矬子”，什么事都不可怕。即使是犯法的事，只要是大家一起干的，人们就会寄希望于这样一条古老的信念：“法不责众。”这不由得使人想起村里的械斗和城里的打群架。村里的械斗几乎总是人多的一方获胜，农人为了争田争水，甚至是争一口井，会手持铁锨、挥舞镢头疯狂地冲向对方同样疯狂的人群，这种疯狂多半来自人多势众所带来的勇气，一个人恐怕没有这样的勇气和胆量。在这种场合，我们很容易理解“一人进山难打虎，万人下海可擒龙”“人怕单行，雁怕离群”这样的谚语。类似的谚语还有“树要成林，人要成群”“一人踩不倒地上草，众人能踩出阳关道”“风大就凉，人多就强”“一人难挑千斤担，众人能移万座山”“一根线容易断，万根线能拉船”“一方有难，八方支援”“多一个铃铛多一声响，多一支蜡烛多一分光”“只要人手多，石磨挪过河”“万人万双手，托着泰山走”“轻霜冻死单根草，狂风难毁万木林”。

富贵不能淫，贫贱不能移　富贵，人之所欲也，贫贱，人之所恶也。然而为富不仁是要遭人唾弃的。《论语》中有这样的话：“不义而富且贵，于我如浮云。”可见古人对发不义之财的人就很鄙视。在中国人的观念里，富贵要有富贵的德行，贫贱也要有贫贱的操守，君子爱财，取之以道，即使是大富大贵也不能为所欲为，谚语说“穷莫失志，富莫癫狂”，就是这个意思。贫富并不是一成不变的，“穷有好时，富有倒时”，但是“乍富不知新受用，乍贫难改旧家风”，暴发户式的富贵和破落户式的贫穷都会有一些难堪的时刻，可见贫穷有贫穷的烦恼，富贵也有富贵的烦恼，正所谓“穷有穷愁，富有富愁”，家家都有一本难念的经。这个世界真的很有趣，有人“玉宇琼楼夸富贵”，也有人“竹篱茅舍爱平安”，对于那些“贵易友，富易妻”的人，人们总是羞与为伍的。所谓“富贵不能淫，贫贱不能移”，这只是人们的观念，对于真正“富贵”或“贫贱”的人来说，要做到不淫、不移还是相当不易的。富贵和贫穷不是一成不变的，“天无三日雨，人无一世穷”“穷不生根，富不长苗”“门前有马非为富，家中有人不算穷”“留得青山在，不怕没柴烧”，只要有人，只要努力，只要足够聪明，都可以脱贫致富。

苦尽甘来　我们常说中国人能吃苦耐劳，这也与中国人的某些人生价值取向有关。“富贵必从勤苦得，男儿须读五车书。”要想富贵，必须先吃苦。谚语说“年轻饱经忧患，老来不怕风霜”，人们相信“年轻多受苦，老来能享福”“不吃苦中苦，难得甜上甜”“书山有路勤为径，学海无涯苦作舟”。吃苦耐劳常常是和勤俭联系在一起的，谚语中关于“勤”和“俭”的说法也有很多，比如“勤俭好似针挑土，浪费犹如浪淘沙”“勤耕苦做样样有，好吃懒做样样无”“勤是摇钱树，俭是聚宝盆”“勤勤俭俭粮满仓，大手大脚仓底光”。在中国人的意识里，勤俭节约、吃苦耐劳是值得赞赏的优良品质，所以在中国文化中，特别推崇松、竹、梅，它们被誉为岁寒三友，因为松坚韧挺拔，不畏严寒，冬夏常青，咬定青山不放松；竹虽苦有节，虚怀若谷，生命力旺盛，“野火烧不尽，春风吹又生”；梅盛开在三九天，越冷越姣妍，而且有一种暗香。老百姓认为“要学惊人艺，须下苦功夫”“寒门出孝子，朱门出纨绔”。贫寒能培养人的品质，艰苦能磨炼人的意志。所以谚语又说“笑脏笑拙不笑补，笑馋笑懒不笑苦”，脏可以嘲笑，笨可以嘲笑，但是不能嘲笑衣服打补丁的人，馋可以嘲笑，懒可以嘲笑，但是不能嘲笑受苦的人。

宁为鸡口，不为牛后　一说“宁做鸡头，不做牛尾”，这也是中国人人生经验的总结。鸡比牛小得多，但是鸡口是比较重要的部位，是进食的部位，而牛尾巴的地位就要逊色多了，比喻宁可在一个比较小的地方当头儿，自己说了算，也不愿意到一个大的地方听任别人摆布。自己做主自由自在，人人都愿意自己主宰自己的命运，自己决定自己的未来，一旦做了别人的附庸，就会感到不自由，就会生出“人在江湖，身不由己”的慨叹。可见自由是多么可贵！而人们对自由的追求又是多么迫切！在官场上，有人愿意自己在一个比较小的地方为尊，而不愿意到一个比较大的机关去听命他人，这也可以说是中国官场的经验总结。谚语又说“生当作人杰，死亦为鬼雄”，可见人人都不甘平庸，就连死后到了阴间也不愿意受制于他鬼，真是人同此心，鬼同此理。

宁向直中取，莫向曲中求　这里所强调的是办事应该光明磊落，不能搞歪门邪道。这话说得很聪明，事实上搞歪门邪道的人永远都不会成功，也许他会一时一事得逞，但是他不会一世得逞，一切光明正直的人最终会得到人们的尊敬，而搞歪门邪道的人最终会被人们唾弃，“聪明反被聪明误”。中国人认为“吃亏是福”“不贪便宜不上当，得便宜时失便宜”，从现象上看，“直中取”比“曲中求”要难得多，但是靠真本事得来的心安理得，而靠蝇营狗苟得来的终究不能理直气壮。所以靠拍马屁往上爬的人活得很累，因为他随时有可能摔下来；靠贪污受贿得来的钱财是不义之财，一旦被揭发出来，不仅会落得个身败名裂，还会遗臭万年。可惜总是有人不听祖宗的教导，见利忘义，或者利令智昏，忘了“宁向直中取，莫向曲中求”的祖训，到头来追悔莫及。我们应该以史为鉴，以人为鉴，“以史为鉴知兴替，以人为鉴知得失”“不义之财莫取，不正之风不沾”。

山外青山楼外楼，强中自有强中手　中国人民具有谦虚谨慎的美德，因此含蓄、内敛成了人们推崇的品质，人们相信“满招损，谦受益”。“真人不露相，露相不真人”“君子泰而不骄，小人骄而不泰”“天不说自高，地不说自厚”，有本事的人都很谦虚，从不轻易显示自己的本事，因为“谦虚使人进步，骄傲使人落后”。因为中国人相信即使自己做得很出色，总还会遇到比自己还出色的人，所以不要骄傲自大，要内蓄以刚，外示以柔，以柔克刚。“山外有山”，告诫我们应该追求更高的目标，不要做井底之蛙；“人外有人”，告诫我们不可妄自尊大，要虚心学习别人的长处。令人不解的是，我们的祖先曾经为我们说过这么精辟的话，可是曾几何时，日子过得稍微好一点儿就认为“老子天下第一”，这种盲目的优越感十分可笑。当我们从发昏中睁开眼睛吃惊地发现“外面的世界真精彩”时，想起祖宗的教诲不禁脸红耳热，羞愧难当。不能像一些暴发户那样，兜里有几个钱，脖子上要戴大金链子。谚语说“水深不响，水响不深”，真正有本事的人或者真正富有的人都是深藏不露的。

力微休负重，言轻莫劝人　俗话说“人贵有自知之明”，可见有自知之明的人是很少的。谚语告诫人们不要做自己做不到的事，“没有金刚钻，别揽瓷器活”“不会拿钻，别当石匠；不会念经，别当和尚”“有多大的本钱，做多大的买卖”。凡是超出自己能力范围的事都属于非分之想，中国人比较实际，一般不存非分之想，这有一个好处，就是可以明哲保身，不惹祸，不招灾，不做无谓的牺牲。它的负面作用是教人懦弱，不敢仗义执言，缺乏冒险精神，遇事知难而退，当时代需要弄潮儿和慷慨勇猛之士的时候，就会发现懦夫太多。中国封建文化提倡的“武死战，文死谏”，确实培养了一些战场上的英雄，官场上的勇士，但是总的来说，在关键时刻敢于冒死上谏的人毕竟是少数。历史上多数人明知君王无道，却仍然助纣为虐；明知君王暴戾，却甘心为虎作伥。

财多惹祸，树大招风　不敛财，不聚财，不贪财，不爱财，这是中国知识分子的传统思想，他们认为“钱财如粪土，仁义值千金”“金钱是万恶之源”。但是中国知识分子却不愿意掩饰自己的才华，一旦有机会，就会在众人面前显露一番，以此为荣。聪明是无形的资产，在科举时代，人们把聪明都用在了考场上，穷书生唯一的希望在于“十年寒窗无人问，一举成名天下知”，名声能带来什么呢？可能是福，也可能是祸。要学会藏拙，懂得“木秀于林，风必摧之”的道理。中国古代的文字狱无一不是以才致祸，聪明反被聪明误，这时人们便体会到树大招风的滋味了。所以苏东坡有诗曰：“人皆养子望聪明，我被聪明误一生。但愿生儿愚且鲁，无灾无难到公卿。”

男不看西游，女不看红楼　在中国传统观念里，男人和女人的社会角色是不一样的，他们的社会地位也是不一样的，因此他们在社会中的行为受到不同的约束，就连读什么样的书都有不同的规范。在人们的观念里，男人是大丈夫，从小就应该立志博取功名，因此读书只能读四书五经，像《西游记》这样专写精怪的书属于消闲解闷一流，不利于将来事业的发展，所以不能读。而女人的理想是做个淑女，将来做个贤妻良母，为丈夫的事业和生活牺牲自己的一切娱乐活动是天经地义的事，《红楼梦》是什么书？专门讲“情”的书，轻则教人心旌摇荡、魂不守舍，重则教人学坏，诲淫诲盗，因此女人不能读红楼。封建社会对人的约束是很多的，这些约束通过谚语的形式流传下来，形成一股无形的力量，规范和制约着人们的行为，形成了中国社会的基本结构模式。比如说“男主外，女主内”是一般的家庭模式，今天的中国社会大多数家庭仍然延续这一模式。另外一条谚语可以作为这条谚语的注解：“男人无妇财无主，女人无夫身无主。”妻子是丈夫的内助，丈夫是妻子的靠山。再比如说“男人三十一枝花，女人三十老人家”，同样的年龄，男人仍然魅力无穷，女人就已经成了半老徐娘，不再有众多的追求者，所以中国的婚姻模式基本上是男大女小，男人比女人大十岁一点儿也不奇怪，如果女人比男人大十岁，就会招来许多闲言碎语。重男轻女是中国社会固有的特点，“头发长，见识短”是歧视妇女的谚语，“男人无刚，不如粗糠”是激励男人的谚语，“男人大丈夫，流血不流泪”是褒扬男人的谚语，“母鸡司晨，骒马驾辕”是贬抑女人的谚语，“媳妇不打，上房揭瓦”是描写中国传统家庭模式的谚语，而家暴的渊薮。既然这是一个男尊女卑的社会，所以人们感叹：“为人莫作妇人身，百年苦乐由他人。”现在时代已经变了，“妇女能顶半边天”，优秀的女性越来越多，她们可以在社会的各个领域与男人一样并肩前行。

天时不如地利，地利不如人和　天时、地利、人和是事业取得成功的三个有利条件，从重要性上看，人和第一，地利第二，天时第三。三国时期刘备以劣势取得天下三分之一，靠的就是人和。所谓人和就是内部团结，没有内讧，没有内耗，人们的心气儿都很足，谁能够把大家团结在一起，调动起所有人的积极性，谁就能领导一个集体披荆斩棘，所向披靡。上至一国之君，下至一家之主，懂得了人和的重要意义就会品味到成功的喜悦，否则就会品尝到失败的苦涩。

车到山前必有路，船到桥头自然直　忧天的杞人毕竟是少数，大多数中国人对生活、对未来的态度是乐观的，他们认为“没有过不去的火焰山”“世上无难事，只怕有心人”“天无绝人之路”，即便是火烧眉毛了，也应该从从容容，稳如泰山，这种沉着确实令人钦佩，可也令人懊恼，那就是我觉得很多中国人有时候太缺乏进取精神，对什么事都不温不火，盲目乐观，没有危机感，没有忧患意识，这样在世界舞台的激烈竞争中是没有立锥之地的。也许是“虱子多不咬，债多不愁”吧，中国人在经历了那么多的苦难之后，对一切事都看得比较淡然了吧！正如人们常说的“曾经沧海难为水”了，经历过大风大浪的人自然就有了饱经沧桑、临危不惧、视死如归的品格。“车到山前必有路，船到桥头自然直”是一种顺应自然、随遇而安的人生态度，与此类似的谚语还有一句“山高自有客行路，水深自有渡船人”，它与“车到山前必有路，船到桥头自然直”如出一辙，可以互为参照。“天下本无事，庸人自扰之”，这句谚语也可以从另一个侧面反映出中国人的生活态度。所谓庸人就是凡人，不高明的人，说这话的人肯定不属于庸人之列了，他是高明的人。高明人说聪明话，至于这是不是一种逃避现实的鸵鸟政策，读者可以见仁见智。

三、生产经验的总结

在几千年的生产实践中，中国人民积累了许多宝贵的经验。由于中国在过去和现在都是以农业为主的国家，所以，我们的生产经验基本上离不开农业生产。当然我们这里所说的农业应该理解为大农业的概念，其中包括林果、渔猎、畜牧等。这些经验以谚语的形式一代代流传下来，成为人们日常生活中非常重要的参考资料。从这个角度看，汉语的生产谚语是中国人民的知识库，其中蕴藏着丰富的资源，很值得我们后辈子孙继续挖掘。应该看到，生产谚是汉语谚语中极为重要的部分，以往的学者都没有忽视这一点，但是我们在本书中重点探讨汉语熟语中的人文精神，所以只用一节的篇幅来介绍汉语谚语中所包含的生产经验。

与生产经验有关的谚语大致可以分成以下三个方面：一是关于农时的，这与中国的历法是分不开的；二是关于农事的，内容包括很多，从土肥水种到田间管理，几乎无所不包；三是关于气象的，因为靠天吃饭不能不时时注意天气的变化。

头伏萝卜二伏菜，过了三伏种荞麦　一年分为四季，春夏秋冬，早在春秋战国时期，中国人就有了日南至、日北至的概念，后来人们根据日月运行的位置把天气和植物生长等自然变化联系起来，把一年平分为二十四等分，并给每个等分取一个名字：立春、雨水、惊蛰、春分、清明、谷雨、立夏、小满、芒种、夏至、小暑、大暑、立秋、处暑、白露、秋分、寒露、霜降、立冬、小雪、大雪、冬至、小寒、大寒，这就是平时人们所说的二十四节气（实际上应该说是十二个节气加上十二个中气），它所对应的是地球围绕太阳公转时在公转轨道上的二十四个不同的位置。从它们的名字上我们可以大致知道一年中当太阳处于不同的位置时中国中原地区的自然状况。劳动人民根据二十四节气来安排农业生产。一年当中“二分”“二立”是四季的分界线，其中最热的日子又称为伏日（伏天），夏至后第三个庚日为头伏，第四个庚日为二伏（中伏），立秋后第一个庚日为三伏（末伏）；从冬至起，每九天为一九，一共九九八十一天，其中从冬至后第十九天到第二十七天是一年中最冷的时候，称为三九天。每个节气该做什么事在谚语中都有说法，“头伏萝卜二伏菜，过了三伏种荞麦”就是关于农时的。此外还有“春肥满筐，秋谷满仓”“冬天多刨地，春天苗子齐”，对于农民来说，了解每个季节的特点是很重要的。“芒种西南风，夏至雨连天”“麦收时节停一停，风吹雨打一场空”“芒种不种，再种无用”“秋后不深耕，来年虫子生”，这些谚语都是生产经验的总结。不误农时是中国农民的基本信念，“春播一粒种，秋收万担粮”是中国农民的期盼。

民间流传的二十四节气歌本身就是一段谣谚，在这里我们可以看到节气与天时变化、农业生产之间的关系：

打春阳气转，雨水沿河边，惊蛰乌鸦叫，春分地皮干，
清明忙种麦，谷雨种大田；立夏鹅毛住，小满鸟来全，

芒种五月节，夏至不纳棉，小暑不算热，大暑三伏天；
立秋忙打甸，处暑动刀镰，白露烟上架，秋分不生田，
寒露不算冷，霜降变了天；立冬交十月，冬至不行船，
小雪封了地，大雪地封严，小寒大寒又一年。

“清明种麦，谷雨种田”，这应该是中国东北地区的农谚，华北地区的麦子是要越冬的，秋后就要种下，不能等到清明才种。下面我们再举一些例子来看看与节气有关的谚语：

惊蛰不浸谷，大暑禾不熟。
春分有雨家家忙，先种瓜豆后插秧。
秋分白云多，处处好田禾。
秋分不收葱，霜降必定空。
夏至东风飘，麦子顺水捞。
春分麦起身，一刻值千金。
夏至不刨蒜，蒜在泥里烂。

这是跟农业生产有关的谚语，下面一些例子涉及的就不仅仅是农业了，这里包括垂钓、采茶、养蚕、植树等：

春钓边，秋钓滩，夏季钓中间。
春茶苦，夏茶涩，要好喝，秋露白。
谷雨前茶，沁人齿牙。
清明前，好孵蛋。
春蚕不吃小满叶，夏蚕不吃小暑叶。
播种不过清明关，移栽不过立夏关。

对于农民来说，掌握好农时是非常重要的，庄稼汉的学问一半在此。下面我们再来看一些农民耳熟能详的农谚。

庄稼一枝花，全靠肥当家　适时播种、伺弄、收获、储藏之外，了解土壤的脾性、熟悉肥料的功用、掌握作物生长的规律、通晓土肥水种密保管工之间的关系也是庄稼汉的必修课程。谚语就是他们最好的教科书。下面一些谚语都是跟农业生产有关的，包括林业、果木业、畜牧业、蔬菜种植、田间管理等各个方面。

地向阳，果树强。

桃三杏四李五年，无空莫种白果园。

种桃宜密，种李宜稀。

养猪养羊，有肉有粮。

沙里多栽杨，泥里多栽柳。

高山松柏核桃沟，沿河两岸栽杨柳。

山上多栽树，等于修水库，雨多它能吞，雨少它能吐。

种田不用问，全靠水和粪。

要想吃蔬菜，浇水要勤快。

要想虫害少，除尽田边草。

耕地深又早，庄稼百样好。

秋后不深耕，来年虫子生。

谷除深，麦除浅，豆子露着半个脸。

水是庄稼血，肥是庄稼粮。

多收少收在肥，有收无收在水。

麦子稠了一扇墙，谷子稠了一把糠。

要想豌豆肥，多施草木灰。

种子节节选，产量节节高。

冷土换热土，一亩顶两亩。

积肥如积粮，粮在肥中藏。

这方面的谚语太多了，我们不能一一列举。这里所列的都是经验之谈，在农业科学还没有普及的今天，它们仍然是指导我们如何搞好生产的实用教材，在这里，你可以学到关于土壤、肥料、水分、种子、光照、田间管理（如耕地、治虫、除草）、合理密植等方面的知识。

不刮春风，难得秋雨　气象学在农业社会里有着举足轻重的地位，因此准确地预测天气的变化就是难得的能力了。在长期的预测实践中，人们积累了丰富的经验，总结出一些气象变化的规律来，他们可以根据一些自然现象的变化来预测天气的变化，准确率还是很高的。汉语谚语中有大量的气象谚，这些气象谚也是非常有意思的，有兴趣的读者不妨检验一下它们的应验率。当然，气象预报不可能百分之百准确，即使有了气象卫星拍照下来的云图，我们还是不能十分准确地预测天气的变化。中国幅员辽阔，地理构造复杂，所以在不同的地方可能有不同的情况。下面我们举一些谚语来看看：

朝霞不出门，晚霞行千里。

蚂蚁搬家蛇过道，大雨不久要来到。

先下牛毛没大雨，后下牛毛不晴天。

天上钩钩云，地上雨淋淋。

虹高日头低，大雨流满溪；虹低日头高，大河无水挑。

早上朵朵云，下午晒死人。

闪烁星光，雨大风狂。

黑猪过河，大雨滂沱。

太阳颜色黄，明日大风狂。

日晕三更雨，月晕午时风。

以上谚语都属于短期天气预报，主要依据是日月星云的变化和一些动物的表现来预测天气的变化。早上起来如果天上有朝霞，多半会是阴雨天，晚上如果西边有晚霞，明天一定是大晴天，这是我们的农民朋友经过观察验证得出的结论，其中包含着一定的科学道理。天上的云霞、霓虹、星光和日月，地上的蚂蚁、蛇、飞鸟都可以作为预测天气变化的依据。下面的谚语则是中长期预报，这就得考虑时令、节气之间的相互关系了。

立春落雨到清明，一日落雨一日晴。
头九二九下了雪，头伏二伏雨不缺。
小暑锄头火，来年雨水多。
三九不冷看六九，六九不冷倒春寒。
夏天有奇热，冬必有奇寒。
八月十五云遮月，正月十五雪打灯。
重阳无雨看十三，十三无雨一冬干。

短期天气预报比较容易验证，准确性也高一些，中长期的天气预报验证起来比较困难，准确性也要相对差一些。这些气象谚也有地域性，所以不能把它们看作是普遍规律。但不管怎么说，它们是祖先传下来的宝贵经验，它们反映了祖先的聪明才智，在过去的漫漫岁月里，它们所起的作用是不可低估的，它们让后世子孙感到自豪和自信，我相信在将来的日子里，它们仍将继续造福于华夏子孙，它们自身也还会继续丰富和发展。如果用现代的科学方法对它们进行检验和实证研究，将会是很有意思的课题，比如说：不同的节气之间彼此有什么样的因果联系？为什么会有这样的因果联系？三九天和六九天如果不冷的话，为什么一定会有倒春寒？

第六章　汉语歇后语与中国式的幽默

幽默是外来语，是英语 humour 的音译，其意为“有趣的或可笑的而又意味深长的”，汉语中的“诙谐、俏皮、风趣、好笑”大致与“幽默”义近。幽默是智者眼中的世界。大千世界的万事万物在智者眼中都含有幽默的成分，无论是欢乐还是痛苦，是成功还是失败，是严肃还是诙谐，是宽容还是计较，是赞扬还是讥讽，每一种心绪都可以成为智者织造幽默的材料。每个民族都有自己的幽默形式和独特的幽默点，我们从事汉语国际教育的人都有过这样的经验：面对来自不同文化背景的学习者讲述同一个故事，故事的情节很简单，但是故事的结尾是一个包袱，抖开之后有的人放声大笑；有的人点头微笑；有的人摇头不语，看着别人笑自己莫名其妙；有的人皱着眉头沉思；有的人茫然不知所措。其实故事大家都听懂了，有的人觉得很可笑，于是便放声大笑，有的人会意地点头，他能够欣赏故事中幽默的智慧，有的人根本没有被触到痒处，觉得没什么可笑的，而有的人在琢磨其中的道理。这个经验说明，不同的文化背景会孕育出不同的民族性格，培养出不同的幽默感。辜鸿铭在他的《中国人的精神》[1]序言中认为中国人性格中有四大特征：深沉、博大、纯朴和灵敏[2]（deep, broad, simple and delicate）。其实中国人在纯朴之中不乏幽默。因为幽默是智慧的外溢，一个充满智慧的国度如

1　原著英文书名为 *Spirit of The Chinese People*，中译本为《中国人的精神》，又名《春秋大义》或《原华》。海南出版社，1996 年。

2　delicate 翻译为优雅、细腻似更合作者原意。

果她的人民没有幽默感那是不能想象的。汉语依托于汉文化，在长期的发展过程中产生了歇后语这样的语言形式，这绝不是偶然的。并不是所有的语言里都有歇后语这样的语言形式的，有人甚至认为“歇后语是汉语特有的”（施宝义、吴书荫等编，1985：《歇后语例释》序）。这种语言形式的产生和大量繁殖与中国人的某些偏好有关。我们在本章主要想探讨一下汉语歇后语与中国式的幽默之间的关系。

歇后语有很多别名，如缩脚语、譬解语、解后语、俏皮话、谐谑语等。这是从不同的角度命名的。缩脚语跟歇后语的意思一样，都是着眼于这种语言形式的后一部分可以省去这个特点；而譬解语、解后语则着眼于这种语言形式前后两部分的联系，前一部分是譬喻，后一部分是对前一部分的解释；俏皮话、谐谑语着眼点在于歇后语的内容，也就是歇后语特有的幽默。我们在这里要讨论的正是歇后语的这一特点。今天大家都接受了歇后语这个称呼，这是一个使用范围最广、接受程度最高的名称。歇后语的形成和发展与中国人的猜谜心理有关，也与汉语的表达方式、汉字的表意特点有关。

第一节 歇后语与谜语——猜谜心理

中国人喜欢谜语，所以汉语中有大量的谜语，其中优秀者集新、奇、巧、贴切、俏皮于一身，这是中国人民聪明和智慧的结晶。谜语的谜面和谜底之间的联系是多种多样的，制谜的人把它们分成各种谜格，比如秋千格、卷帘格、徐妃格、白头格、梨花格、粉底格、素心格、上楼格、下楼格、燕尾格等，其复杂程度完全可以单独成为一门学问。谜语利用语言和现实中的各种关系造成一个结，猜谜的人只有打开这个结才能得到答案。比如：

人面不知何处去（打一双音节常用词）谜底：丢脸

谜面是一句诗，谜底是一个词，二者之间的联系是曲折的。“人面”就是“脸”，“不知何处去”可以理解为“找不到了”，也可以理解为“丢了”，“脸丢了”可以从语序上掉换一下，变成“丢脸”。其实“丢脸”的意思不是“脸丢了”，而是“做了不光彩的事觉得脸上无光”，这里取的是字面意义上的关联。再比如：

拖欠公款不还（打《红楼梦》人物一） 谜底：赖大家的

这条谜语谜面和谜底的联系也是很曲折的。“公款”就是“大家的财产”，“拖欠不还”就是“赖账”，也可以单说“赖”，这样“拖欠公款不还”就可以理解为“赖大家的”，这是一个述宾结构，结构层次为“赖 / 大家的”；而《红楼梦》中的人物从字面上看也是“赖大家的”，但是结构层次是定中结构，“赖大 / 家的”，意思是“赖大的老婆”。这种曲折正是谜语的趣味所在。谜语的这种趣味性我们也可以理解为一种幽默。

与谜语相似的是，歇后语也是由前后两部分构成的：前一部分叫作歇面，后一部分叫作歇底。歇面和歇底的联系也是多种多样的，但是有一条与谜语不同，就是曲折程度不如谜语高。谜语是越难越好，而歇后语是越简明越好，因此歇后语的歇面和歇底之间的联系一般来说不那么复杂，因为如果太复杂理解起来有困难就达不到交际的目的了。比如：

豆腐掉到灰里边——吹不得，打不得

腊月里穿裙子——美丽动（冻）人

麻子照镜子——自我观点

大水冲了龙王庙——自家人不认自家人

泥菩萨过河——自身难保

搭戏台卖螃蟹——买卖不大，架子倒不小

这些歇后语的歇面部分给人一个具体的意象，但是它们并不是说话人表意的重点，说话人的表意重点在歇底部分，也就是说，说话人真正想说的是后边的意思，只不过说话人不直接把它说出来，而是先设一个比喻，让人联想到这个比喻与歇底之间的关系，从而实现一种特殊的表达效果。当然歇面与歇底之间的联系必须贴切，这样听话人才觉得巧妙，另外，歇面与歇底之间的联系必须俏皮，这样听话人回味起来才有滋味。歇底的部分可能是谐音双关，如“吹不得，打不得”，表面是说豆腐上沾了灰尘，既不能吹也不能打，其真实的意义是说，一个人既不能责骂也不能打，只能宽容或者宠着；歇底的部分也可能是意义双关，如“自身难保”表面上说的是过河的泥菩萨，其真实的意义是说某个人不能保护自己，更没办法去拯救别人。一些常用的歇后语歇底可以省去，因为大家都知道歇底是什么，如：

飞蛾扑火——（自取灭亡）

竹篮打水，水中捞月——（一场空）

黄鼠狼给鸡拜年——（没安好心）

丈二和尚——（摸不着头脑）

武大郎开店——（比自己高的别进来）

猪八戒照镜子——（里外不是人）

还有一些歇后语歇面和歇底一起说，成为自注式俗语，比如：

瞎子点灯白费蜡

芝麻开花节节高
兔子尾巴长不了
打破沙锅问（璺）到底
火烧眉毛顾眼前
竹篮打水一场空
新媳妇上轿头一回
瓜子虽小是人（仁）心
泥牛入海无消息
三十六计走为上
老虎屁股摸不得

还有一些双体结构的歇面和歇底一起说，成为自注式谚语：

爹死娘嫁人，各人顾各人。
哑巴吃黄连，有苦也难言。
和尚打伞，无法（发）无天。
老牛追兔子，有劲使不上。
千里送鹅毛，礼轻情意重。
老鼠跳在糠箩里，一场欢喜一场空。
韩信将兵，多多益善。
司马昭之心，路人皆知。

可以省去歇底的歇后语、成为自注式俗语或自注式谚语的歇后语在歇后语的运用中很常见，但是更为常见的情况是在言语行为中说话人先说出歇面，以引起听话人的注意，稍稍卖个关子，等听话人还没有反应过来的时候给出歇底，这样，听话人就有一个猜谜的过程，这个过程本身就增添了歇后语这种语言表达形式的魅力。但是，有一点必须声明，当说话人给出歇底时，听话人应该立刻领会到歇面与歇底之间的联系，否则就真的成了谜语而不是歇后语了。歇后语的这种谜语似的表达方式使语言交际变得生动活泼，使语言交际活动产生张力，富于变化，因为这里蕴含着交际者的智慧：说者有心，听者会心，交际双方会在这种轻松幽默的气氛中交流智慧，这是令人心旷神怡的事情。中国人的猜谜才能在日常交际中得到发展，猜谜的心理在日常交际中得到满足，这不是一举两得吗？中国有文字游戏的传统，猜灯谜就是一种文字游戏，这种活动在中国是很普及的，只不过谜语有雅俗之分，知识分子喜欢雅的，老百姓喜欢俗的。歇后语是老百姓喜闻乐见的语言形式，所以歇后语一般都很通俗易懂。对于中国人来说，这种通俗的表达方式是比较容易理解的，而对于来自其他文化背景的外国人来说，这种通俗恰恰就成了最难理解的东西。

歇后语一般不如谜语精致，也不如谜语曲折，但是说的人和听的人所表现的心理和交际过程与猜谜活动有许多相似之处。所以我们可以说：汉语歇后语的存在与汉语谜语之间有一种天然的联系，这种天然的联系使得汉语歇后语有了生长、繁殖的土壤。

谜语从内容上看有字谜，有词语谜，有人名、地名谜，有事物谜，有知识谜，可以说包罗万象。例如：

谜面	谜底	解说
晒（打一字）	夕	日落西方为夕，日西拆字
古屋（打一现代作家名）	老舍	屋就是房舍，简称舍，古屋就是老舍
昔称蜀郡（打一外国地名）	古巴	昔就是过去，也可以说古代，蜀郡古代称作巴蜀，简称巴，与美洲的“古巴”谐音
赤壁之战（打一食品名）	火烧	赤壁之战是三国时期的一次战役，吴蜀联合用火烧了曹操的战船，火烧与“火烧”字形相同

续表

谜面	谜底	解说
不要紧，不要紧（打一词牌名）	声声慢	不要紧就是不要着急，连声说“不要紧”隐含声声慢的意思
十二金钗（打体育名词一）	女子单打	金钗是女子的饰物，代称女子，十二为一打，一为单，一打就是单打，量词“打”与动词“打”字形相同
南北走向（打一六字俗语）	水里来，火里去	中国的传统文化中八卦和八方相配，又五方和五行相配，东方为木，南方为火，西方为金，北方为水，中央为土，所以南北走向就是火和水的方向，走向与“来去”相关
嘉陵江水长滔滔（打成语一）	川流不息	嘉陵江在四川（以前重庆没有成为直辖市之前归属于四川），嘉陵江水隐川流，长滔不息
午后照相（打三字惯用语一）	拍马屁	十二地支与十二生肖相配，子鼠丑牛寅虎卯兔辰龙巳蛇午马未羊申猴酉鸡，午就是马，马的后面就是马屁，照相可以说拍照，简称“拍”

谜语中的词语谜与歇后语有许多相似之处，词语谜的谜底有很多就是熟语。汉语歇后语与谜语有着不解之缘，这是毫无疑问的。而汉语中之所以有歇后语这样一种言语形式，也是跟中国人喜欢谜语类语言游戏这个现象分不开的。

第二节　歇后语与比喻——曲直选择

我们多次提到，中国人在语言表达方面有一种特殊的机敏，具体表现在说话、作文时喜曲不喜直，这种曲直的选择体现了中国人的思维习惯和审美情趣。我们说的喜曲不喜直并不是说中国人说话喜欢拐弯抹角，而是说中国人在说话时喜欢来一点儿语言游戏，一是因为说话者有太多的聪明无处发挥，二是因为这样可以激起听话者的兴趣，因为人们对机智、幽默的反应总是很强烈的，听话人的欣赏使得说话人思维敏捷，他会以更高的热情去发挥新的机智、创造新的幽默。说话艺术在日常生活中也是非常重要的，会说话的人无论走到哪里都很受欢迎。说话的艺术发挥到极致，就是我们后来看到的相声表演、脱口秀表演和小品表演。我们在汉语歇后语中看到，歇面大都是一些与现实社会距离比较远的事物，它们通常是一些虚构的事物，在歇后语中它们通常只是一些比喻，说话人的目的是想通过这些比喻与其他事物之间的联系实现一种特殊的表达效果，那就是歇后语所特有的幽默。比如：

电线杆上插鸡毛——好大的胆子（掸子）
八百年前插的杆儿——老光棍
肉包子打狗——有去无回
骑驴看唱本——走着瞧
鸭子听雷——不知所云
被窝里踢球——不见起
猪鼻子插大葱——装相（象）
王八吃秤砣——铁了心了
茶壶煮饺子——肚子里有东西，就是嘴上道（倒）不出来
高射炮打蚊子——大材小用

这些歇后语的歇面部分如果是真实的，你会觉得很荒谬，事实上谁也不会认为它们是真实的。在现实世界中我们找不到这样的场景：在电线杆上插鸡毛，八百年前插下的杆儿，用肉包子打狗，骑着驴看唱本，在被窝里踢球，王八把秤砣吃了，在茶壶里煮饺子，用高射炮打蚊子，等等。歇面部分的荒谬让人一下子就会知道说话人是在运用

修辞手段。而荒谬的歇面与歇底之间的联系是多种多样的，有语音上的联系，有语义上的联系，如果这种联系是直接的，幽默的效果就会减弱，所以适当的曲折是构成歇后语幽默特色的必要条件。听话人要通过想象、分析把歇面和歇底的联系找出来，一般来说，要找到这种联系并不困难，尤其是在具体的语境里。一些常用的歇后语大家都耳熟能详，找到歇面和歇底之间的联系，自然更不费力。不过也有一些歇后语需要说话人给出歇底才行。比如：

A：他那张脸皮呀，真是皇帝的老娘。

B：怎么讲？

A：太厚（太后）。

“脸皮”跟“皇帝的老娘”没有直接关系，它们之间的联系可用下面的示意图来说明：

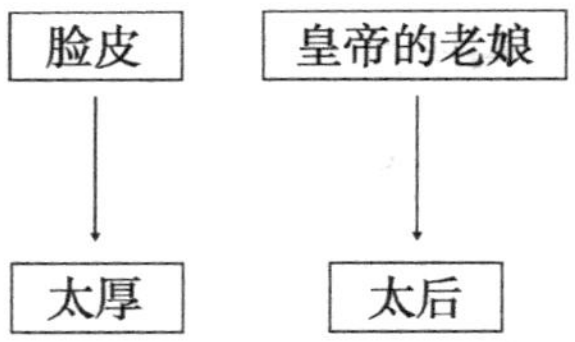

“太后”与“太厚”是一种同音联系，通过这种同音联系把“脸皮”与“皇帝的老娘”联系在一起了。由于歇面和歇底的联系不止一条途径，所以听话人有时反应不过来。一些常用的歇后语不需要给出歇底大家也知道说话人想说什么，但是一些新创造的歇后语或者比较生僻的歇后语就需要说话人给出答案，否则不能保证听话人一定理解其中的奥妙。例如：

半夜里吹喇叭——四邻不安

炒了一盘麻雀脑袋——多嘴多舌
炒菜的勺子——尝尽了酸甜苦辣
洗脸盆里扎猛子——不知道深浅
老牛撵兔子——有劲使不上
黑瞎子叫门——熊到家了
叫花子胸口挂钥匙——穷开心
柏油马路——没辙
公鸡害臊——不提（啼）了
麻袋片做大衣——不是那块材料
又当巫婆又当鬼——两头出面装好人
何仙姑回娘家——云里来，雾里去
近视眼配眼镜——解决眼前问题
砍柴的下山——两头担着心（薪）

歇后语的妙处就在于说话人用特殊的方式引起听话人的注意，表达中的曲折不仅不影响说话人的表达效果，反而会给交际双方带来一种幽默的气氛，使交际更顺利。当然，不能不看场合随意使用歇后语，谚语有云："到什么山唱什么歌，见什么人唠什么嗑。"[1] 歇后语一般用在比较轻松、随意的场合，比较庄重、正式的场合我们一般不用歇后语。当然这只是一般的语用原则，具体情况还得具体分析。另外，曲折表达也不止歇后语一种方式，我们在交际过程中还有其他的选择。

第三节 歇后语与"包袱"——风雅及风趣

巧妙的歇后语能够给人带来欢娱，而能够给人带来欢娱的是歇后语中的"包袱"。所谓包袱是一种形象的说法，指的是传统曲艺（比

1 "唠嗑"是东北方言，意为聊天儿。

如相声、快书）中的笑料，设计者把笑料放在一个“包袱”里，听话人不知道说话人葫芦里卖的是什么药，一直跟着说话人的思路往前走，直到最后，说话人把包袱抖开，听话人才恍然大悟。要想让听话人有恍然大悟的感觉，那么说话人的“包袱”必须设计得巧妙，而且要抖得开，抖得及时。要做到这些，歇后语中的“包袱”一要贴切，要对景儿，此情此景与彼情彼景是有区别的，包袱与场景应该天衣无缝；二要出其不意，也就是在人的意料之外，使听话人在一种看似荒谬的语言意味中找到合情合理的东西。比如下面这些歇后语，歇面和歇底的联系都很有意思，歇面看起来很荒谬，而歇底却意味深长：

苍蝇落在玻璃上——有光明没前途

郎中兼开棺材铺——死活都要钱

脑门子上扑粉——拍的不是地方

十冬腊月穿背心——抖起来了

给你个棒槌——你可别当真（针）

卤水点豆腐——一物降一物

袋鼠赴宴——吃不了兜着走

卖了白面买笼屉——不蒸馒头争（蒸）口气

豁牙子啃瓜——尽是道道

擀面杖吹火——一窍不通

嗑瓜子嗑出个臭虫来——什么人（仁）都有

狗吃青草——长了一副驴心肠

阎王爷的小舅子——惹也惹不起，躲也躲不起

歇后语的语义焦点在歇底部分，歇面只是一座通往最终目的地的桥梁。没有这座桥梁，只有歇底部分，说话人的意图表达得也很清楚，

但是说话者想要营造的轻松幽默、泼辣风趣的气氛没有了。如果没有前面的桥梁，也就不会形成一个“包袱”，说话人开门见山地把要说的话直通通地倒出来，听话人也就缺少了一种好奇心，交际中的跌宕起伏就变成了平铺直叙，少了许多韵味。所以在交际中适当地用一些曲折的表达方式可以使交际活动多一些波澜，至少会掀起几朵幽默的浪花儿，说的人卖个关子，听的人得个乐子，皆大欢喜。曲直的选择受各种因素制约，所以并不是在所有的场合、所有的文体中都可以随便地使用歇后语这种曲折方式，而且对歇后语也有个提炼加工的过程，取其精华，弃其糟粕。有一些以残障人士为嘲讽对象的歇后语就不宜使用，例如“汽车压罗锅——死也值（直）了”，虽然巧妙，但是不够厚道。

歇后语是人民群众创造的语言形式，它的生动、鲜活、形象、通俗使这种语言形式很快地流行开来，但是从内容上看歇后语不够雅驯之处颇多，低级趣味的东西也不少。这是我们不能不提到的。然而瑕不掩瑜，即使在一些内容上无甚可观的歇后语中，老百姓的聪明和智慧依然闪闪发光。说风雅谈不上，因为歇后语本来就不是雅俗共赏的东西；说风趣则可，因为即使不能登大雅之堂，歇后语仍然不乏知音，就是内容不健康的少数歇后语（荤面素底或者荤底素面）因为设计得巧妙也总能找到一些知音，它们在大众辛苦、单调的生活底色上抹上了一层刺眼的粉红色，这也未尝不是一件好事。我们都知道任何一种语言都不可能绝对纯洁，因为我们在生活中需要表达各种各样的情绪、态度和立场。

第四节　歇后语与语气——情趣及情绪

歇后语中可以看见老百姓的嬉笑怒骂，而且是一种艺术化了的嬉笑怒骂。这种嬉笑怒骂代表了一种情绪。当说话人使用歇后语的时候，说话者常常语含讥讽。很多歇后语都含有一种挖苦的味道，这种挖苦如果用平铺直叙的方式来表达，一是不够生动形象；二是没有力度；三是很难把说话人笑着骂人的那种挥洒自如的神态表现得淋漓尽致。从这个意义上看，我们说歇后语具有攻击性，它可以使说话人的语气得到加强。例如：

1. 敌人已经是秋后的蚂蚱，蹦跶不了几天了。

2. 他不会说话，一说话就得罪人，就是好话，一到他嘴里也特难听，所以这些年没少碰钉子，真是噘嘴骡子卖个驴价钱，吃亏吃在嘴上了。

3. 你看这个人，办的这叫什么事！癞蛤蟆上身，不咬人它恶心人不是？

4. 在这些老人眼里，她是药店里卖杂碎，不是正经货！

5. 有些人职位不高，但却官气十足，老百姓说他们搭戏台卖螃蟹，买卖不大，架子倒不小。

6. 一些人说起社会风气来，一肚子的牢骚，骂完张三骂李四，好像自己很廉洁，其实他们也是乌鸦落到猪身上，看得见别人黑看不见自己黑，他们和张三李四一样。

7. 我们局长一开会就讲话，一讲起来就没完没了，啰唆得就像懒婆娘的裹脚布，又臭又长。

8. 这人太做作，无论在什么场合，总是西服革履，一举手一投足都是老贾家姑娘嫁给老贾家，假门假势（贾门贾氏）的。

9. 你怎么临上轿现扎耳朵眼儿？早干嘛去了！

歇后语是一种口语化程度很高的话语形式，因此它能够表达比较强烈的语气，它也可以代表说话人的情趣和情绪。先说情趣，选择什么样的表达形式与说话人的语言修养和个人情趣有关，知识分子说话一般比较文雅，他们在心理上离歇后语这样的大众表达方式比较远，不是说他们不能欣赏歇后语当中的幽默，只是他们在生活中没有太多的机会接触像歇后语这样鲜活的群众语言，因此对歇后语不如普通百姓那样喜闻乐见；此外，知识分子毕竟是读书人，受的是温良恭俭让的教育，不善于运用这种具有强烈感情色彩而又比较粗俗的表达方式。再说情绪，在什么样的情绪支配下才会用讽刺性的歇后语，那要看场合和对象。幽默感是一种很好的东西，但是也不能滥用，滥用就变成油滑了。打一个比方：歇后语中的幽默只是语言交际中的调料，它毕竟不能代替主菜，只不过每个人的口味不同，有人喜欢味道重一些、有人喜欢味道淡一些而已。如果调料放得太多就会影响主菜的味道，那就得不偿失了。因此歇后语的使用要掌握度，掌握分寸，掌握火候，掌握时机。

在这一章里我们讨论了歇后语中的幽默，讨论了这种幽默形成的根源和它的结构方式，以及歇后语所蕴含的感情色彩。歇后语是具有中国特色的语言形式，也是一种具有民间特色的表达方式，对于其中所包含的智慧我们应该继承和学习，而对于其中的一些低级趣味的内容，我们可以摈弃。在中国的文学艺术中，在普罗大众的日常语言生活中，我们经常能够遇到歇后语这种语言形式，因此了解它们的特色、学会欣赏其中的智慧是很有必要的。当然对于第二语言学习者来说，要真正理解歇后语的意义，并悟到其中的妙处，还是有一定的难度的。

结 语

语言作为一个静态的符号系统是普通语言学的研究对象，而语言作为交际工具和思维工具则是社会语言学和心理语言学的研究对象。作为交际工具和思维工具的语言也是一个系统，这个系统是在静态的符号系统的基础上诞生的新系统，我们在本书的弁言里说过：“这个新的系统是一个知识库，它一方面可以反映出人类知识的普遍特性，另一方面也可以反映出此知识库区别于彼知识库的个体特性。”现在我们回过头来强调这段话，相信读者会有新的体会。汉语熟语的社会语言学研究可以给我们提供一个很好的例证。我们用汉语这个符号系统来描写和表述汉语熟语所蕴含的人文信息，读者通过汉语这个符号系统来认识和理解这些人文信息，看起来不会有什么障碍，但事实上读书也是一个翻译解码过程，能否顺利地完成这个过程取决于作者的表达方式和读者的阅读方式，每一个作者都希望自己的表达方式能够合乎读者的要求，然而任何一个作者都不能指望他的表达方式会适合所有人的阅读需要。我们在表达方式上尽量采取比较容易为大多数读者接受的方式，但是书中引用的一些古代文献可能会成为阅读的障碍，不喜欢的读者完全可以跳过去。在第三章关于成语的叙述中，考虑到一些成语可能会成为某些读者阅读时的障碍，所以我们对这些成语进行了一般性的解释。这些解释是在参考现有工具书的基础上做出的，而这些工具书的权威性是显而易见的，所以应该说是可信的。

我们研究汉语熟语可以有不同的角度，可以研究熟语的结构方面的特点，也可以研究它们与汉民族历史文化的关系。我们从汉语熟语中找到了许多关于中国人文世界的重要信息，从这个意义上说，汉语熟语是我们认识中国社会的一列直通快车。反过来说，如果我们要学习汉语的熟语，有关中国、中国人、中国历史和中国文化的一切内容都是不能回避的。只有把语言的学习和背景知识的学习结合起来才能真正学好语言，同时还可收到一举两得、一石二鸟的功效。

我们说熟语是语言中比较特殊的、人文信息十分丰富的、最具有民族特色的东西，而汉语又是熟语非常发达的语言之一，因此研究汉语的熟语对我们了解中国、认识中国是会有帮助的。当然，因为我们身处汉语和汉文化这个大语境之中，所以许多在外人看来很奇特的东西我们反而习焉不察，如果没有一个参照系统的话，我们就很难确认哪些是汉语特有的，哪些不是。事实上我们在讨论汉语熟语的时候是有一个参照系统的，只不过这个参照系统时隐时现，不是很明朗，它就是那个我们笼而统之地称作西方文化的那个东西。

由于汉语有着悠久的历史，又由于记录汉语的汉字也有着悠久的历史，而且贯通古今，畅行南北，因此用汉字记录下来的熟语无论在数量上还是在变体的多样性上都是不可穷尽的。我们的研究只能凭借一些现有的工具书，好在这一类的工具书所在多有，我们非常感谢那些工具书的作者，没有他们具体而微的工作，我们的研究就会举步维艰。尽管在材料的占有方面我们能够走一点儿捷径，但是在材料的分类、分析方面我们花费了比较多的时间。最令人头痛的还是理论的思考和观点的表述，我们尽量做到深入浅出，但是由于所积不厚，浅陋之处在所难免，之所以敢于不揣冒昧地把它们写出来，就是希望就教于广大读者，他们最有资格提出批评意见。

附录　汉语熟语研究参考资料

一　著作目录

1. 鲍迪富等编著，1989，《家常保健食谱》，上海科学技术出版社。
2. 河北医学院主编，1980，《中医学》(上)，人民卫生出版社。
3. Lakoff, George & Mark Johnson (1980) *Metapors We Live By*, The University of Chicago Press.
4. 刘洁修，1985，《成语》，商务印书馆。
5. 刘易斯·托马斯，1995，《细胞生命的礼赞——一个生物学观察者的手记》，李绍明译，湖南科学技术出版社。
6. 马国凡，1973，《成语》，内蒙古人民出版社。
7. 马国凡、高歌东，1979，《歇后语》，内蒙古人民出版社。
8. 马国凡、高歌东，1982，《惯用语》，内蒙古人民出版社。
9. 倪宝元，1979，《成语辨析》，中国社会科学出版社。
10. 史蒂芬·霍金，1995，《时间简史——从大爆炸到黑洞》，许明贤、吴忠超译，湖南科学技术出版社。
11. 史　式，1979，《汉语成语研究》，四川人民出版社。
12. 孙维张，1989，《汉语熟语学》，吉林教育出版社。
13. 谭永祥，1984，《歇后语新论》，山东教育出版社。
14. 温端正，1985，《歇后语》，商务印书馆。
15. 温端正，1985，《谚语》，商务印书馆。
16. 温端正、周　荐，2000，二十世纪的汉语俗语研究，书海出版社。
17. 武占坤，2007，《汉语熟语通论》(修订版)，河北大学出版社。
18. 武占坤、马国凡，1980，《谚语》，内蒙古人民出版社。
19. 向光忠，1985，《成语概说》，湖北教育出版社。

20. 徐振邦编选，1980，《歇后语选编》，延边人民出版社。
21. 许肇本，1980，《成语知识浅谈》，北京出版社。
22. 杨天戈编著，1982，《汉语成语溯源》，外语教学与研究出版社。
23. 赵子逊，1984，《海阔天空话习语》，新加坡国际图书出版公司。
24. 朱瑞玫，1989，《成语与佛教》，北京经济学院出版社。

二　论文目录

1. 昌　煊、全　基，1958，论成语，《中国语文》第10期。
2. 陈楚祥（译述），1992，成语的民族特征和通用性质是语言学的研究对象，《外语与外语教学》第2期。
3. 崔希亮，1992，汉语三字格惯用语考察，见黄河燕主编《机器翻译研究进展》，电子工业出版社。
4. 崔希亮，1993，汉语四字格的平起仄收势——统计及分析，《当代修辞学》第1期。
5. 郭在贻，1985，俗语词研究概述，《语文导报》第9期。
6. 侯兰笙，1993，"大惊小怪"别义，《中国语文》第4期。
7. 霍旭东，1956，论"谚语"，《山东大学学生科学论文集刊（人文科学）》第1期。
8. 李比纲，1987，歇后三式论，《宁夏大学学报（社会科学版）》第1期。
9. 李道一，1981，试论譬解语及其与歇后语、成语、谚语的区别，《浙江师范大学学报》第1期。
10. 李丽芳，1993，谚语格言的社会学透视，《中国社会科学院研究生院学报》第4期。
11. 李宇明，1982，歇后语中的笑，《复印报刊资料（语言文字学）》第12期。
12. 林文金，1959，从性质和特点看成语的范围，《中国语文》第2期。
13. 刘恒志，1980，谈谈成语的发展，《语文学习》第7期。
14. 卢卓群，1992，四字格成语的有形断裂及其作用，《世界汉语教学》第4期。
15. 卢卓群，1993，十余年来的成语研究，《语文建设》第7期。
16. 马国凡，1958，成语的定型和规范化，《中国语文》第10期。
17. 马国凡，1958，成语的演变，《语言文学》第2期。

18. 马国凡，1958，汉语的成语，《内蒙师院学报》第 1 期。
19. 马国凡，1960，谚语的特点，《中国语文》第 11 期。
20. 马国凡，1960，谚语与歇后语，《内蒙师院学报》第 2 期。
21. 马国凡，1980，惯用语的性质，《语言文学》第 1 期。
22. 马国凡，1987，四字格论，《内蒙古师范大学学报》第 3 期。
23. 马清文，1983，谚语的起源、发展和散失，《民间文学》第 10 期。
24. 倪宝元，1960，成语的套用现象，《中国语文》第 11 期。
25. 牛思涌，1989，熟语探微，《郑州大学学报（哲学社会科学版）》第 3 期。
26. 潘允中，1980，成语、典故的形成和发展，《中山大学学报（哲学社会科学版）》第 2 期。
27. 齐 翼，1961，科学的小诗哲学的小诗——我对谚语的认识，《民间文学》第 10 期。
28. 沈萃芜，1952，论习惯语，《大公报》7 月 2 日。
29. 沈孟璎，1982，现代汉语惯用语初探，《文史哲》第 2 期。
30. 施宝义、姜林森、潘玉江，1982，汉语惯用语简说，《语文教学与研究》第 4 期。
31. 史锡尧，1993，成语、熟语中的家畜，《语文月刊》第 12 期。
32. 宋芳彦，1979，成语的约定俗成问题，《菏泽师专学报》第 1 期。
33. 孙汝见，1979，数词在成语中的运用，《语言教学与研究》第 6 期。
34. 孙慎之，1956，试谈“成语”，《山东大学学生科学论文集刊（人文科学）》第 1 期。
35. 谭达元，1962，广东谚语的表现手法，《南方日报》1 月 21 日。
36. 唐松波，1960，熟语和成语的种属关系，《中国语文》第 11 期。
37. 童致和，1957，成语与歇后语，《语文知识》第 9 期。
38. 汪见薰，1955，谈成语的褒贬，《语文学习》第 9 期。
39. 王梦熊，1961，漫谈农谚的语言特点和表现手法，《民间文学》第 10 期。
40. 王 勤，1982，论惯用语，《语文研究》第 1 期。
41. 王书贵，1979，谚语 · 成语 · 格言，《语文学习》第 4 期。
42. 王书贵，1980，谈谚语，《武汉师范学院学报》第 Z1 期。
43. 王希杰，1993，反成语，《语文月刊》第 10 期。

44. 王　骧，1958，论我国古代的谚语，《文史哲》第 11 期。
45. 王　毅，1961，略论中国谚语，《民间文学》第 10 期。
46. 王　瑛，1989，俗语探源，《中国语文》第 3 期。
47. 温端正，1981，歇后语的语义，《中国语文》第 6 期。
48. 温端正，1983，略论“歇后语”前后两部分的关系（对几种流行说法的商榷），《语文研究》第 1 期。
49. 温端正，1984，谚语的语义，《中国语文》第 4 期。
50. 吴剑扬，1959，试谈成语的新发展，《中国语文》第 2 期。
51. 吴　越，1978，同义成语的来源与辨析，《天津师院学报》第 4 期。
52. 吴　越，1979，成语的修辞，《语文教学通讯》第 1 期。
53. 武占坤，1962，有关“成语”的几个问题，《河北师范大学学报》第 2 期。
54. 武占坤、张　莉，1991，论熟语的民族气质，《河北大学学报（哲社版）》第 4 期。
55. 瓖　一，1958，成语、谚语、格言、俗语、俚语的区别，《语文学习》第1期。
56. 向光忠，1979，成语与民族自然环境、文化传统、语言特点的关系，《中国语文》第 2 期。
57. 向光忠，1989，论成语蕴含的时代因素，《南开学报》，第 5 期。
58. 肖庚远，1978，谚语浅探，《齐齐哈尔师院学报（哲学社会科学版）》第 2 期。
59. 欣　向，1958，成语的特性，《中国语文》第 10 期。
60. 盐见邦彦，1993，日本江户后期的汉语俗语研究，《河北师院学报》第 2 期。
61. 杨欣安，1961，成语和谚语的区别，《中国语文》第 3 期。
62. 姚鹏慈，1985，成语研究的新发展，《语文导报》第 7 期。
63. 袁　宾，1985，俗语词零札，《中国语文通讯》第 5 期。
64. 袁　宾，1986，俗语词零札，《天津师大学报》第 2 期。
65. 袁　宾，1986，俗语词零札，《语文园地》第 3 期。
66. 袁　宾，1986，俗语词零札，《语文月刊》第 11 期。
67. 袁　宾，1987，俗语词零札，《语文月刊》第 6 期。
68. 云　生，1959，关于“熟语”，《中国语文》第 7 期。
69. 张拱贵，1952，成语中的音韵关系，《大公报》8 月 26 日。
70. 张拱贵，1953，数词成语的构成方式，《语文知识》第 7 期。

71. 张清常，1993，再说惯用语，《语言教学与研究》第 2 期。
72. 张熙侯，1960，关于成语，《学语文》第 1 期。
73. 张子盟，1960，谈成语，《学语文》第 6 期。
74. 章康美，1993，数字成语的抽象义说略，《逻辑与语言学习》第 2 期。
75. 振　甫，1965，成语的运用，《中国语文》第 6 期。
76. 周中明，1980，艺术皇冠上的明珠——谈《红楼梦》中对俗语的运用，《红楼梦学刊》第 1 辑。
77. 周祖谟，1955，谈“成语”，《语文学习》第 1 期。
78. 朱安群，1979，谚语概论，《江西师院学报》第 1 期。
79. 朱剑芒，1955，成语的基本形式及其组织规律的特点，《中国语文》第 32 期。
80. 朱靖宇，1980，成语探源，《北京教育》第 12 期。
81. 朱毓芝，1979，《红楼梦》中成语的使用，《教学与研究》（浙江师院）第6期。
82. 朱泽吉，1956，论谚语的思想和艺术，《河北师范学院学报》第 1 期。
83. 朱泽吉，1957，论民间谚语所表现的阶级意识和社会风貌，《天津日报》1 月 5 日。
84. 祝鸿熹，1992，汉语四字成语的意义切分，《语文建设》第 8 期。

三　常用工具书

1. 《常用典故词典》，于石、王光汉、徐成志编，1985，上海辞书出版社。
2. 《常用俗语手册》，徐宗才、应俊玲编著，1985b，北京语言学院出版社。
3. 《分类成语词典》，王理嘉、侯学超编著，1985，广东人民出版社。
4. 《分类实用成语词典》，高光烈编，1987，吉林文史出版社。
5. 《古今汉语成语词典》，《古今汉语成语词典》编写组编，1985，山西人民出版社。
6. 《惯用语例释》，徐宗才、应俊玲编著，1985a，北京语言学院出版社。
7. 《汉语成语词典》，李一华、吕德申编，1985，四川辞书出版社。
8. 《汉语成语大词典》，湖北大学语言研究室编纂，1985，河南人民出版社。
9. 《汉语成语分类词典》，叶子雄等编，1987，复旦大学出版社。
10. 《汉语成语分类大词典》，《汉语成语分类大词典》编写组编，1987，内蒙古人民出版社。

11.《汉语成语英译词典》，喻家楼编著，1991，中国科学技术大学出版社。
12.《汉语惯用语词典》，施宝义、姜林森、潘玉江编，1985，外语教学与研究出版社。
13.《汉语新成语词典》，史式、赵培玉编著，1987，陕西人民出版社。
14.《汉语谚语词典》，孟守介、邱万紫、鲁启华等编著，1990，北京大学出版社。
15.《明清俗语辞书集成》（全三册），[日]长泽规矩也编，1989，上海古籍出版社。
16.《实用成语词典》，常晓帆编，1984，知识出版社。
17.《实用成语词典》（增订本），常晓帆编，1990，台声出版社。
18.《万条成语词典》，颜毓书主编，1986，黑龙江人民出版社。
19.《歇后语20000条》，郑世忠编，1991，中国城市出版社。
20.《歇后语大全》，李兴望、闵彦文编，1983，甘肃人民出版社。
21.《歇后语大全》，中国民间文艺出版社资料室、北京大学中文系资料室编，1987，中国民间文艺出版社。
22.《歇后语例释》，施宝义、吴书荫、卢晓逸、吴叔平编，1985，商务印书馆。
23.《中国成语大辞典》，集体编写，1987，上海辞书出版社。
24.《中华成语大辞典》，向光忠、李行健、刘松筠主编，1986，吉林文史出版社。
25.《中华大字典》，陆费逵等编，1915，中华书局。
26.《中外典故大词典》，周心慧、邹晓棣、桑思奋主编，1989，科学出版社。

原版后记

1990年，我给外国研究生开了一门课，叫作“汉语熟语研究”，由于他们对汉语的熟语不熟悉，结果我花了大量的时间来解释熟语的意思，研究课变成了语言学习课。第二年和第三年，我把课程改名为“汉语熟语与中国文化”，重点讨论汉语熟语和中国文化的关系，听的人很感兴趣，研究生们也提出了许多有意思的问题。于是我决定把这个题目继续做下去，非常幸运的是，这个想法得到了北京语言学院和国家教委的支持，研究课题被列入学校和教委八五规划项目。经过三年的努力，现在这本书终于脱稿了，在此，我要向听过我的课的研究生表示感谢，“教学相长”，是他们促成了我写这本书的决心；我也还要感谢北京语言文化大学（原北京语言学院）和国家教委，没有他们的资助我也不可能下决心写这本书。现在，北京语言文化大学出版社愿意出版这本书，我要特意向他们表示感谢。本书的责任编辑陈华兰女士为本书的完善付出了很多心血，没有她的匡谬正误，这本书会很不像样子的。当然书中的谬误之处自当由本人承担责任。

在烈日炎炎的夏日，北京的溽热令人头晕目眩，那时我坐在电脑前挥汗如雨，几乎忘记了酷暑；在风雪交加的冬夜，书房温暖如春，我陶醉在研究的自得其乐之中。那是大学的暑假和寒假带给我的恩惠。可是在繁忙的季节，教学任务和其他工作很重的时候，我几乎想要放弃我的写作，是同事们的鼓励和朋友们的鞭策使我能够继续下去。两年前，我开始带现代汉语语法方向的研究生，大部分精力放在现代汉语语法的研究和教学上，对熟语问题的关注相对来说少一些了，但是，我仍然觉得熟语中还有很多东西没有挖掘出来。这本书不是一个结束，我希望它是一个开端。

崔希亮

1996 年初冬于北京二里庄

修订后记

这本书完稿于 1996 年。那一年我女儿出生，我很兴奋地当了爸爸。这本书是我写的第一本书，看到自己的著作出版，我也同样兴奋。二十几年过去了，这本书再版过一次，但是那一次没有时间对它进行大的修订。2019 年在新冠疫情的逼迫之下，我们减少了出差和旅行的时间，可以自由支配的时间变得充裕起来。这使得我有机会对这本书进行全面修订。原来闭门著书的感觉如此奇妙！重读二十几年前写的东西，会发现我们的时代已经很不同了，在这二十几年里，中国社会发生了翻天覆地的变化，其中变化最剧烈的是人的思想观念。因此在修订的过程中，我们改正了一些已经过时的说法，增添了一些新的内容。

在《汉语熟语与中国人文世界》里，我们试图从汉语熟语的角度入手来观察中国人文世界，这也让我有机会对中国的正史文化和民间文化重新进行省思。我们原来以为很熟悉的思想观念——包括我们的世界观、人生观、价值观——今天看来有些已经非常有隔膜了。在修订的过程当中重读了一些先哲们的经典著作，尤其是儒家、道家、法家的一些经典著述，从中发现一些思想的根源以及这些思想的嬗变过程，这是很有趣的。很多普通老百姓可能并没有读过四书五经，对古代先哲们的思想也许并不熟悉，但是他们对民间流行的一些老话、古语、俗话、谚语是很熟悉的，这些语言形式支配着他们的日常生活。“饥来吃饭倦时眠”，日出而作，日入而息，这是一种很自然的人生状态。这本书的修订再版没有任何功利目的，完全是由兴趣驱动的。这才是中国传统知识分子做学问的本真状态。我曾经说过，学术研究要么有用，要么有趣。如果既有用又有趣，那就是最佳选择。汉语的熟语，包括成语、俗语、谚语、惯用语和歇后语，还包括一些名言警句等。这些熟语形式，有些已经在中国社会流传了上千年甚至更久，有的产生的时间并不长，它们真实地记录了中国社会的真实面貌，反映了中国人文世界里人们的思想观念、价值取向和认知过程，因此对汉语熟语进行梳理和阐释是非常有意义的，它可以从另外一个角度来帮助我们认识中国和中国人。这本书写作的最初动因本来是为来华留学的研究生讲授中国的熟语和中国文化，让来自不同语言背景和文化背景的学习者从词汇学的角度入手来认识中国。但是这本书出版之后得到了很多普通读者的热烈反响，他们说我们也同样需要了解我们自己语言当中的文化因素，虽然我们长期处于这个文化语境当中，但是对很多现象习焉不察，一经点破，有一种恍然大悟的感觉。

中国文化包罗万象、博大精深，要想把中国文化讲清楚是很困难的，而想要深入浅出地来阐释汉语熟语和中国文化之间的关系就更加不容易。在本次修订的过程中，我们添加了一些新的语料，这要感谢北京大学汉语语言学研究中心的 CCL 语料库和北京语言大学的 BCC 语料库，让我得以很方便地查找自己所需要的东西。还要特别感谢这本书的责任编辑卢娟女士，对这本小书的修订再版给予支持和鼓励并修正了一些错误。我期待这本小书的修订和重新出版能满足读者的需求并为语言学及应用语言学和国际中文教育事业添砖加瓦。

崔希亮

2023 年岁杪　于北京朝暾堂